高等职业教育财经商贸类专业基础课系列教材

国际贸易实务

张成武　主编

清华大学出版社
北　京

内 容 简 介

本书以国际贸易基本认知为前提,以国际贸易合同为基础,以各种国际贸易惯例和新规则为依据,按照业务联系、交易磋商、签订合同、履行合同、业务善后的业务流程来安排内容,突出对国际贸易实践专业知识的运用,围绕高职高专人才培养目标和教学模式改革发展方向,重点培养学生的职业应用能力和自主创新能力。本书共 11 章,包括国际贸易认知、国际交易磋商、国际贸易合同标的、国际贸易术语、国际价格核算、国际价格结算、国际货物运输、国际货物运输保险、国际贸易争端处理、国际贸易合同履行、出口退税和外汇核销等内容。

本书比较完整地叙述了国际贸易的工作过程,可作为高等职业院校经济贸易类专业的教材,也可作为成人教育、中等职业教育相关课程的教材,还可作为相关从业人员的参考书。

图书在版编目(CIP)数据

国际贸易实务/张成武主编. —北京:清华大学出版社,2022.8
高等职业教育财经商贸类专业基础课系列教材
ISBN 978-7-302-61575-0

Ⅰ.①国… Ⅱ.①张… Ⅲ.①国际贸易-贸易实务-高等职业教育-教材 Ⅳ.①F740.4

中国版本图书馆 CIP 数据核字(2022)第 145560 号

责任编辑:刘士平 强 溦
封面设计:傅瑞学
责任校对:袁 芳
责任印制:朱雨萌

出版发行:清华大学出版社
   网 址:http://www.tup.com.cn,http://www.wqbook.com
   地 址:北京清华大学学研大厦 A 座 邮 编:100084
   社 总 机:010-83470000 邮 购:010-62786544
   投稿与读者服务:010-62776969,c-service@tup.tsinghua.edu.cn
   质量反馈:010-62772015,zhiliang@tup.tsinghua.edu.cn
   课件下载:http://www.tup.com.cn,010-83470410
印 装 者:三河市科茂嘉荣印务有限公司
经 销:全国新华书店
开 本:185mm×260mm 印 张:16.5 字 数:373 千字
版 次:2022 年 9 月第 1 版 印 次:2022 年 9 月第 1 次印刷
定 价:49.00 元

产品编号:092757-01

前言

随着我国经济的快速发展和国际贸易总量的日益上升,我国融入世界经济和贸易体系的程度越来越高。近年来,我国国际贸易形势有了新的变化,越来越多的外贸企业进行了适应新的贸易形式的改革。高等职业院校必须加快培养与时俱进的、懂得国际贸易业务流程和具体操作方法的应用型人才。为此,编者根据多年本学科的教学经验和国际贸易实践及最新的国际惯例编写了本书。

本书围绕高职高专人才培养目标和教学模式改革发展方向,以国际贸易认知为引线,重点介绍了国际交易磋商、国际贸易合同标的、国际贸易术语、国际价格核算、国际价格结算、国际货物运输、国际货物运输保险、国际贸易争端处理、国际贸易合同履行、出口退税和外汇核销等核心内容。本书的特点如下。

(1)与时俱进。本书在编写过程中注重结合各种国际贸易惯例和新规则,如 INCOTERMS 2020、UCP 600、URC 522、ISP 98、CISG 1988 等,保证内容的时效性,以适应现代科技手段在国际贸易活动中的运用,符合新贸易方式不断涌现的现实需求。

(2)注重应用。本书与国际贸易的实际业务紧密相连,设置有丰富案例及案例分析,力求提高学生思考问题的能力。每章后均有配套练习题,对学生参加报关员、报检员等从业人员资格考试有一定的帮助。

(3)强调国际贸易实践过程。本书以国际贸易基本认知为前提,以国际贸易合同为基础,按照业务联系、交易磋商、签订合同、履行合同、业务善后的业务流程来安排内容,突出对国际贸易实践专业知识的运用,重点培养学生的职业应用能力。

(4)注重专业人员参与,具有更强的实践性。本书编者在编写过程中与一些从事外贸业务、报关业务、货运代理业务等方面的专业人员进行了交流与讨论,对相关业务操作内容进行了审核与调整,确保理论与实践的良好结合。

本书的出版得到清华大学出版社的大力支持,在编写过程中也得到本校和兄弟学校各级领导、同仁的帮助,并参阅和借鉴了一些专家、学者的著作、教材和文献,在此一并表示衷心的感谢。本书可作为高等职业院校经济贸易类专业的教材,也可作为成人教育、中等职业教育相关课程的教材,还可作为相关从业人员的参考书。

由于编者水平有限,书中难免存在不足之处,敬请广大读者批评、指正。

编　者
2022 年 4 月

目录

国际贸易认知

第1章

学习目标

(1) 了解国际贸易的定义和特点。

(2) 了解国际贸易的基本原则。

(3) 掌握国际贸易的业务流程。

(4) 理解国际贸易适用的法律和惯例。

素质目标

(1) 形成正确的价值观和贸易观,树立法律意识。

(2) 体会我国国际贸易的优势,增强道路自信、理论自信、制度自信和文化自信。

本章关键词

国际贸易　国际贸易实务　国际贸易法　国际贸易惯例

1.1 国际贸易的定义和特点

1.1.1 国际贸易的定义

国际贸易是指世界各个国家(或地区)在商品和劳务等方面进行的交换活动,是各国(或地区)在国际分工的基础上相互联系的主要形式,反映了世界各国(或地区)在经济上的相互依赖关系,是由各国对外贸易的总和构成的。

国际贸易又称世界贸易或进出口贸易。它可以调节国内生产要素的利用率,改善国际供求关系,调整经济结构,增加财政收入等。

国际贸易实务是指从事国际贸易的实际事务,是出口商从采购供应商货物开始到货物交到进口商手中整个过程的实际事务,包括货物的位移和单证的处理两个方面。

1.1.2　国际贸易的特点

1. 国际贸易所涉及的政策、法律问题远比国内贸易复杂

不同国家或地区在政策措施、法律体系方面可能存在差异和冲突,在语言文化、社会习俗等方面也可能出现差异和冲突。

2. 国际贸易交易双方承担的风险大

国际货物贸易的交易数量和金额一般较大,运输距离较远,履行时间较长,因此交易双方承担的风险远比国内贸易大。

3. 国际贸易容易受到交易双方条件的影响

例如,国际贸易容易受到所在国家的政治、经济变动、双边关系及国际局势变化等条件的影响。

4. 国际贸易过程复杂

国际货物贸易除了交易双方外,还涉及运输、保险、银行、商检、海关等部门的协作、配合,过程较国内贸易复杂得多。

1.2　国际贸易的基本原则

根据《联合国国际货物销售合同公约》(以下简称《公约》)和许多国家国内法规定,在国际货物买卖中,交易双方应在平等互利的基础上,应本着契约自由和诚实信用等原则,依法订立合同、履行合同和处理争议。

当事人在订立合同、履行合同和处理合同纠纷时,应当遵循下列基本原则。

1. 平等原则

民事主体在民事活动中的法律地位一律平等。订立、履行合同和承担违约责任时,当事人都享有同等的法律保护,任何一方不得将自己的意志强加给另一方,也不允许在适用法律上有所区别。

2. 自愿原则

订立合同应当遵循当事人自愿的原则,即当事人依法享有自愿订立合同的权利,违背当事人真实意思的合同无效,不具有法律效力。但是,应强调指出,实行合同自愿的原则,并不意味着当事人可以随心所欲地订立合同而不受任何限制和约束,当事人必须在法律规定的范围内订立和履行合同。

3. 公平原则

合同当事人应当遵循公平的原则确定各方的权利和义务,即在订立、履行和终止合同时,应遵循公平的原则,不得显失公平,要做到公正、公允和合情合理,不允许偏向任何一方。

4. 诚实信用原则

当事人在订立、履行合同和行使权利、履行义务时,应当遵循诚实信用的原则。此项原则将道德规范与法律规范融为一体,并兼有法律调节与道德调节双重功能。在这里,需要强调指出,诚实信用原则是一项强制性规范,不允许当事人约定排除其适用,任何违反诚实信用原则的行为,都是法律不允许的。

5. 合法原则

只有依法订立的合同,才对双方当事人具有法律约束力。当事人订立、履行合同是一种法律行为,有效的合同是一项法律文件。因此,当事人订立、履行合同,应当遵守法律,尊重社会公德,不得扰乱社会经济秩序,损害社会公共利益。否则,合同就会失去法律效力,得不到法律的保护。

1.3 国际贸易的业务流程

国际贸易通常有十个流程:报价、订货、付款、备货、包装、通关手续、装船、运输保险、提单、结汇。

1. 报价

在国际贸易中一般是由产品的询价、报价作为贸易的开始。其中,对于出口产品的报价所要考虑的因素主要包括:产品的质量等级、产品的规格型号、产品是否有特殊包装要求、所购产品量的多少、交货期的要求、产品的运输方式、产品的材质等内容。

比较常用的报价所涉及的国际贸易术语有:FOB(船上交货)、CFR(成本加运费)、CIF(成本、保险费加运费)等。

2. 订货

贸易双方就报价达成意向后,买方企业正式订货并就一些相关事项与卖方企业进行协商,双方协商达成一致后,需要签订购货合同。

在签订购货合同的过程中,主要对商品的名称、规格型号、数量、价格、包装、产地、装运期、付款条件、结算方式、索赔、仲裁等内容进行商谈,并将商谈后所达成的协议写入购货合同。这标志着出口业务的正式开始。

通常情况下,签订购货合同一式两份,并由双方盖本公司公章生效,双方各保存一份。

3. 付款

比较常用的国际付款方式有三种,即信用证付款方式、汇付付款方式和托收付款方式。

4. 备货

备货在国际贸易业务流程中具有举足轻重的地位,须按照合同逐一落实。备货的主要核对内容如下。

(1) 货物的品质、规格应按合同的要求核实。

(2) 货物的数量应保证满足合同或信用证对数量的要求。

（3）备货时间应根据信用证的规定、结合船期安排，以便船货衔接。

5．包装

国际贸易中可以根据货物的不同来选择包装形式（如纸箱、木箱、编织袋等）。不同的包装形式对其包装要求也有所不同。

（1）一般出口包装标准，即根据贸易出口通用的标准进行出口货物包装。

（2）特殊出口包装标准，即根据客户的特殊要求进行出口货物包装。

（3）货物的包装和唛头（运输标志）应进行认真检查，使其符合信用证的规定。

6．通关手续

通关手续极为烦琐又极其重要，如不能顺利通关则无法完成交易。

属法定检验的出口商品须办出口商品检验证书。

目前我国进出口商品检验工作主要有以下四个环节。

（1）报验。报验是指对外贸易关系人向商检机构报请检验。

（2）抽样。商检机构接受报验之后，及时派工作人员赴货物堆存地点进行现场检验、鉴定。

（3）检验。商检机构接受报验之后，认真研究申报的检验项目，确定检验内容，并仔细审核合同（信用证）对品质、规格、包装的规定，弄清检验的依据，确定检验的标准、方法。检验方法有抽样检验、仪器分析检验、物理检验、感官检验、微生物检验等。

（4）签发证书。在出口方面，凡列入《进出口商品检验种类表》的出口商品，经商检机构检验合格后，签发放行单，或在出口货物报关单上加盖放行章，以代替放行单。

须由持有报关证的专业人员，持箱单、发票、报关委托书、出口结汇核销单、出口货物合同副本、出口商品检验证书等文本去海关办理通关手续。其中，箱单是由出口商提供的出口产品装箱明细；发票是由出口商提供的出口产品证明；报关委托书是没有报关能力的单位或个人委托报关代理行来报关的证明书；出口核销单由出口单位到外汇局申领，是有出口能力的单位取得出口退税的一种单据；商检证书是经过出入境检验检疫部门或其指定的检验机构检验合格后得到的，是各种进出口商品检验证书、鉴定证书和其他证明书的统称，商检证书是对外贸易有关各方在履行契约义务、处理索赔争议和仲裁、诉讼举证的，需要用到的具有法律依据的有效证件，同时也是海关验放、征收关税和减免关税的必要证明。

7．装船

在货物装船过程中，可以根据货物的多少来决定装船方式，并根据购货合同所定的险种来进行投保。拼装集装箱，一般按出口货物的体积或重量计算运费。

8．运输保险

通常双方在签订购货合同的过程中已事先约定运输保险的相关事项。常见的保险有海洋货物运输保险、陆空邮货运输保险等。其中，海洋运输货物保险条款所承保的险别，分为基本险别和附加险别两类。

（1）基本险别。基本险别有平安险、水渍险和一切险（all risks）三种。

平安险的责任范围包括由于海上自然灾害引起的货物全损；货物在装卸和转船过程中的整体灭失；由于共同海损引起的牺牲、分担和救助费用；由于运输船只触礁、搁浅、沉没、碰撞、水灾、爆炸引起的货物全损和部分损失。

水渍险是海洋运输保险的基本险之一。按照中国人民保险公司的保险条款,其责任范围除了承担平安险所列的各项风险外,还承担恶劣气候、雷电、海啸、洪水等自然灾害的风险。

一切险的承保责任范围相当于水渍险和一般附加险的总和。

(2)附加险别。附加险别有一般附加险和特别附加险两种类型。一般附加险有偷窃提货不着险、淡水雨淋险、短量险、渗漏险、碰损破碎险、钩损险、混杂玷污险、包装破裂险、锈损险、受潮受热险、串味险等。特别附加险有战争险、罢工险等。

9. 提单

提单是出口商办理完出口通关手续,海关放行后,由外运公司签出、供进口商提货、结汇所用的单据。

所签提单根据信用证所要求的份数签发,一般是三份。出口商留两份,办理退税等业务,余下一份寄给进口商用来办理提货等手续。

对货物进行海运时,进口商必须持正本提单、箱单、发票来提取货物,正本提单、箱单、发票须由进口商寄给进口商。

若空运货物,进口商可直接用提单、箱单、发票的传真件来提取货物。

10. 结汇

出口货物装出之后,进出口公司即应按照信用证的规定,正确缮制箱单、发票、提单、出口产地证明、出口结汇等单据。在信用证规定的交单有效期内,递交银行办理议付结汇手续。

1.4 国际贸易适用的法律和惯例

1.4.1 国际贸易法的渊源

国际贸易法是指调整跨越国界的贸易关系及附属于这种交易关系的其他关系,即国际货物运输、保险、支付与结算以及贸易争议的调解与仲裁等关系的法律规范的总和。

法的渊源是指法律产生的根据、来源及表现形式。国际贸易法的渊源有多种形式,每种形式的约束力度及作用范围有所不同。

1. 国际条约

国际公约是国际贸易法的主要渊源,国际公约签署之后在缔约国之间生效。载有国际贸易法规范的国际条约具有世界性、区域性和双边性。

国际条约具有世界性,如 1980 年《联合国国际货物销售合同公约》、1974 年《联合国国际货物买卖时效期限公约》、1964 年《国际货物买卖统一法公约》、1964 年《国际货物买卖合同的订立统一法公约》、1924 年《统一提单若干法律规则的国际公约》(《海牙规则》)、1978 年《联合国海上货物运输公约》(《汉堡规则》)、1929 年《统一国际航空运输某些规则

的公约》(《华沙公约》)等。这类公约的作用范围大,是国际贸易法渊源的发展方向。

区域性的国际条约,如1980年欧洲经济互助委员会制定的交货共同条件,其作用范围有限。

双边的国际条约,如《中华人民共和国和朝鲜民主主义人民共和国双方对外贸易机构交货共同条件》,用于调整两国之间的商品买卖关系。

2. 国际贸易惯例

国际贸易惯例是指有确定内容,在国际上反复使用的贸易惯例,如对外贸易价格条件,它在当事人引用或认可时生效。

在国际货物买卖中,有多个有关国际贸易的惯例,如国际法协会1932年制定的《华沙—牛津规则》,又如国际商会1936年制定、1953年修订的《贸易术语解释国际通则》(后经1967年、1976年、1980年、1990年、2000年、2010年、2020年七次补充),它统一解释了国际货物买卖惯例,在国际上被广泛采用。

在国际货物买卖的支付中,如国际商会1958年草拟、1967年公布的《商业单据托收统一规则》(1978年修订、改名为《托收统一规则》)和1930年拟订、1933年公布,并于1951年修订的《商业跟单信用证统一惯例》(1962年修订、改名为《跟单信用证统一惯例》,后经1974年、1978年、1983年、1993年、2007年多次修订),在国际托收及跟单信用证等付款方法中,针对有关各方的权利与义务做了确定性的统一规定,在相关银行承认后,对当事人各方起约束作用。

3. 格式合同及标准条款

格式合同及标准条款是由国际组织、专业公司或公会规定的,供当事人签订合同时使用的合同或条款。

其中载明双方当事人的权利与义务关系,内容一般都参照国际上通行的办法。格式合同及标准条款在国际货物买卖、运输及保险中被广泛使用,并已成为习惯。

例如,中国的各进出口公司、中国远洋运输公司、中国人民保险公司,都分别制定了自己的格式合同、提单、保险单以及保险条款。双方当事人在订约时可就其中的规定进行修改或补充,但在实践中一般不作变动。

双方当事人签字后,或一方当事人签发后,表示双方已就其中规定达成协议,并在双方当事人之间生效,可以作为确定双方权利与义务关系的依据。

格式合同和标准条款构成了国际贸易法中一个具有独特性的渊源。

4. 国际货物贸易国内法

由于国际贸易不断发展,一国为了便于进行对外贸易,往往参照国际上通行的实践或规定,结合本国情况,制定本国专门调整对外贸易关系的法律,如《德意志民主共和国国际贸易法》,这种法律仅在其国内生效。

1.4.2 国际贸易法的构成

1. 国际货物买卖法

国际货物买卖法是国际贸易法的重要组成部分。它主要由有关国际货物买卖的多边条约、双边条约、国内立法、国际贸易惯例来调整,其中最重要的是《联合国国际货物销售合同公约》。国际货物买卖主要涉及国际货物买卖合同、当事人的权利与义务、风险的转移、国际货物运输与海上保险等问题。

2. 国际技术贸易法

国际技术贸易法主要调整国际有偿技术转让活动。它的主要法律规范包括国内立法、国际许可合同等,主要涉及对技术的界定、技术的转让、国际许可证协议、有关知识产权的国际保护等一系列公约。

3. 国际服务贸易法

国际服务贸易是国际贸易的新领域,并且越来越受到世界各国的关注。国际服务贸易法主要是调整跨国服务交易活动。它主要的法律规范是世界贸易组织的《服务贸易总协定》,主要涉及服务的概念、类型、成员国的权利义务等方面的内容。

4. 国际贸易管制法

国际贸易管制法也是国际贸易法不可缺少的一部分,它主要包括国家管制贸易的国内立法和世界贸易组织的多边贸易协定。国内立法主要通过关税制度和非关税制度来管制贸易,同时世界贸易组织的多边贸易协定也为各国间的贸易活动提供了行为准则和法律保障。

5. 国际货物运输法

国际货物运输法包括国际海上货物运输法、国际航空货物运输法、国际公路货物运输法、国际铁路货物运输法以及多式联运法律问题等。

6. 国际货物运输保险法

国际货物运输保险法涉及保险合同、承保风险与损失、共同海损与单独海损、代位与委付、保险单以及国际海上货物运输保险条款。

本 章 小 结

本章为本书的总论部分,主要介绍国际贸易和国际贸易实务的基本知识,包括国际贸易的定义和特点,国际贸易的基本原则,国际贸易的法律与惯例等知识。通过对本章的学习,学生们可以对国际贸易和国际贸易实务的基本知识形成总体认知,为接下来的学习打下基础。

练 习 思 考 题

一、单项选择题

1. 国际贸易实务的基本原则包括下列所有原则,除了(　　　)。

A. 平等原则　　　B. 自愿原则　　　C. 公平原则　　　D. 近因原则

2. (　　　)又称世界贸易、进出口贸易。它可以调节国内生产要素的利用率,改善国际供求关系,调整经济结构,增加财政收入等。

    A. 国际贸易   B. 国际贸易实务   C. 对外贸易   D. 世界经济

3. 国际贸易中一般以产品的(   )作为贸易的开始。

    A. 报价   B. 订货   C. 付款方式   D. 备货

4. (   )是国际贸易法的重要组成部分。

    A. 国际货物买卖法   B. 国际技术贸易法

    C. 国际服务贸易法   D. 国际贸易管制法

5. (   )是国际组织、专业公司或公会规定的,供当事人签订合同时使用的合同或条款。

    A. 格式合同及标准条款   B. 国际条约

    C. 国际贸易惯例   D. 国内法

6. (   )是国际贸易法不可缺少的一部分,它主要包括国家管制贸易的国内立法和世界贸易组织的多边贸易协定。

    A. 国际贸易管制法   B. 国际服务贸易法

    C. 国际货物运输法   D. 国际货物运输保险法

7. (   )是指有确定内容,在国际上反复使用的贸易惯例,如对外贸易价格条件,它在当事人引用或认可时生效。

    A. 国际贸易惯例   B. 国际贸易法   C. 国际公约   D. 国际贸易规则

8. 贸易双方就报价达成意向后,买方企业正式订货并就一些相关事项与卖方企业进行协商,双方协商认可后,需要签订(   )。

    A. 购货合同   B. 销售确认书

    C. 进出口贸易合同   D. 备忘录

9. 国际技术贸易法主要调整国际有偿(   )活动。

    A. 技术转让   B. 技术引进   C. 技术指导   D. 以上均可

10. 国际货物运输法包括下列所有项目,除了(   )。

    A. 国际海上货物运输法   B. 国际航空货物运输法

    C. 国际公路货物运输法   D. 跨国货物运输法

二、判断题

1. 国际贸易要涉及政策、法律问题远比国内贸易复杂。   (   )

2. 国际货物贸易的交易数量和金额一般较大,运输距离较远,履行时间较长,因此交易双方承担的风险远比国内贸易要大。   (.)

3. 订立合同应当遵循当事人自愿的原则,即当事人依法享有自愿订立合同的权利,违背当事人真实意思的合同无效,不具有法律效力。   (   )

4. 当事人在订立、履行合同和行使权利、履行义务时,应当遵循诚实信用的原则。(   )

5. 当事人订立、履行合同是一种法律行为,有效的合同是一项法律文件。   (   )

6. 国际公约是国际贸易法的主要渊源,国际公约签署之后在缔约国之间生效。(   )

7. 国际服务贸易是国际贸易的新领域,越来越受到世界各国的关注。国际服务贸易

法主要是调整跨国服务交易活动。　　　　　　　　　　　　　　　　　　　（　　）

8.商检证书是对外贸易有关各方履行契约义务、处理索赔争、议和仲裁、诉讼举证，具有法律依据的有效证件，同时也是海关验放、征收关税和优惠减免关税的必要证明。

（　　）

9.提单是出口商办理完出口通关手续、海关放行后，由外运公司签出、供进口商提货、结汇所用单据。　　　　　　　　　　　　　　　　　　　　　　　　（　　）

三、简答题

1.什么是国际贸易？它的特点有哪些？

2.国际贸易实务的基本原则有哪些？

3.国际贸易的业务流程包括哪些步骤？

4.什么是国际贸易法？国际贸易法渊源形式有哪些？

5.什么是国际贸易惯例？有关国际贸易的惯例有哪些？

6.国际贸易法的组成有哪些？

四、案例分析

1.2020年2月5日，加拿大D公司向我国H公司出售集成电路板20万块，发盘为每块FOB维多利亚港25美元。H公司接到发盘后，于2月7日还盘，将数量减至10万块，价格减至20美元，并要求对方即期装运。2月10日，D公司电传H公司，同意数量减至10万块，但价格只能降至22美元，限发盘有效期为10天。H公司于2月15日电传表示接受，但2月18日，D公司来电取消了2月10日的发盘。双方对合同是否成立发生了纠纷，双方最终诉至法院。如果你是法官，如何判决？为什么？

2.A商人在一茶馆与朋友饮茶，他对朋友谈到，他有一批中国一级兔毛，现货共计5公吨，拟按每公吨8万港元出售。B商人在附近饮茶，听到了A商人的谈话。于是，B商人在第二天向A商人表示愿意按上述条件接受这批兔毛。在上述情况下，A、B商人之间的合同能否成立？为什么？

第2章

国际交易磋商

学习目标

(1) 了解国际交易磋商前的准备。

(2) 理解国际交易磋商的基本程序。

(3) 掌握签订国际合同的作用和审核书面国际合同内容的必要性。

素质目标

(1) 在国际交易磋商时遵循互惠互利、平等协商原则。

(2) 将合法合规、诚实守信放在国际贸易磋商的首要位置。

本章关键词

国际交易磋商　国际市场调研　交易对象　签订合同　书面合同

引入案例

在某次交易会上,我方外贸部门与一法国客商洽谈出口业务。在第一轮谈判中,这位法国客商采取各种招数来探听我方底细,如罗列过时行情、故意压低购货数量。我方立即中止谈判,并搜集相关情报,得知法国一家同类厂商发生重大事故导致停产,该产品可能有新用途,在仔细分析情况后,双方继续谈判。我方依据掌握的信息后发制人,告诉对方我方的货源不多,但产品的需求很大,商品有可能不能供货。对方立刻意识到我方对这场交易背景的了解程度,甘拜下风。在经过交涉之后,对方接受了我方的价格,购买了大量该产品。法国客商为什么最终接受了我方报价?

【案例分析】在商业谈判中,口才固然重要,但是最本质、最核心的是对谈判内容的把握,这通常建立在对谈判背景的把握基础上。本案例中我方掌握情报,后发制人,有理有据。

2.1 国际交易磋商前的准备

2.1.1 选择合适的交易对象

由于交易对象关系到贸易合同能否顺利履行,所以在具体进行交易磋商之前,一定要合理选择交易对象。出口商可以通过与客户的直接接触,或通过政府机构、银行、商会、咨询公司等多种渠道全面了解客户的政治背景、政治态度、资信状况及其经营范围、经营能力、经营作风,从而选择政治上友好、资信状况良好、经营能力较强的客户作为交易对象,并与之建立稳定的贸易关系。另外,出口商还要注意不断扩大客户的范围,尽量避免对少数客户过分依赖而给自己造成的被动。

首先,出口商在条件允许时,可以派专人拜访目标市场的客户,从而寻找贸易伙伴。这种途径的优势是可以与客户直接沟通,推销其商品。但这种方式的成本较高,通常只有在事前对客户有充分了解和充分准备的情况下才可使用。其次,出口商可以选择国内外知名的专业杂志、网站或报刊刊登广告,宣传商品,从而寻找潜在的进口商。最后,企业可以通过世界各地经常举办的国际性展览会、展销会、博览会和我国每年都会举办的广交会、上交会等机会推销产品,从而寻找潜在客户。除此之外,企业还可以通过网络、第三方推介、设置网站、在国外设置分支机构等方法,主动与合适的国外客户接洽。

企业要从事国际贸易,首先需针对所要进入的某一领域的国际市场进行调研,选择合适的销售市场及交易对象;其次需针对未来的客户进行资信调查,以降低贸易风险,并可作为日后正式签订买卖合同的依据。

2.1.2 进行国际市场调研

国际市场调研是指运用科学的调研方法与手段,系统地收集、记录、整理、分析有关国际市场的各种基本状况及其影响因素,以帮助企业制定有效的市场营销决策,实现企业经营目标。

1. 国际市场调研的必要性

(1) 帮助管理者识别并制定正确的国际经营策略,如确定、分析和比较潜在的国际商业机会及其相对应的目标市场等。

(2) 通过调研能够制定正确的商业计划,确定进入市场、市场渗透和扩张所需的各种必要条件。

(3) 为进一步细化和优化商业活动提供必要的反馈。

(4) 协助管理者正确预测未来可能发生的各种事件,采取相对应的必要措施,并对各种即将发生的全球性变化做好充分准备。

2.国际市场调研的四大要素

1）新的指标

（1）关税、外币及其币值的变化指标、不同的运输方式指标和各种国际单证内容指标。

（2）国际化经营的不同模式产生的新的指标，如进行进出口业务所涉及的指标、实行产品许可经营制度相关联的指标、建立合资企业相关联的指标或者从事外国直接投资相关联的指标等。

2）新的环境要素

企业一旦进入国际市场，必然要面对陌生的环境。因此，必须要了解和熟悉当地诸如政治、经济、文化、法律等方面的情况，特别要关注商业活动中的各种风险和机遇。

3）所涉及当事人的数量

进入国际环境的企业，一定会遇到各种各样的变化，所涉及当事人的数量也会大幅增加，如何适应和协调与相关当事人的关系对企业国际商务的成败至关重要。

4）竞争的广泛性

在国际市场上，企业面临着比国内市场上更多的竞争对手、更多的竞争和挑战。因此，企业必须决定竞争的范围和宽度，对竞争性活动进行跟踪，分析这些活动对公司经营的实际和潜在的影响。

3.国际市场调研的内容

一个企业要想进入某一新市场，往往要求国际市场调研人员提供与此有关的一切信息，即该国的国际经济环境、政治局势、法律制度、文化属性、科技发展状况、地理环境等。国际市场调研的内容具体如下。

1）国际经济环境分析

国际经济环境分析是企业确定国际市场发展方向和目标的重要依据。其中包括国际经济环境特征、国际经济增长速度、通货膨胀率、工商业周期趋势等一般信息和与之相关的价格、税收、外贸等方面的政策资料。

（1）生产活动的全球化进一步密切了各国之间的分工协作关系。国际经济环境中生产活动的全球化，主要表现为传统的国际分工正演变为世界性的分工。不仅参与国际分工的国家遍及全球，而且国际分工也进一步细化，由过去单一的垂直型分工发展为垂直型、水平型、混合型等多种形式的分工，国际经济环境形成了世界性的生产网络，实现了生产资源在全球范围内的优化配置，各国只是世界生产的一个部分。

（2）贸易自由化促使世界贸易规模不断扩大。当今世界，随着世界贸易组织多边贸易体制的确立，国际贸易自由化程度不断加深，国际经济环境也进一步规范化，从而使国际贸易的范围和规模不断扩大，贸易增长速度不断加快。目前，国际经济贸易已由传统的货物贸易扩展到货物、劳务、资本、科技、信息等领域的贸易。

（3）世界范围内的信息技术革命加速了经济的流动性。国际经济环境以发达国家为中心，在世界范围内正兴起以信息技术为主要标志的新技术革命浪潮。信息技术的迅速发展，缩短了信息传递的距离，使生产要素，如商品、劳务、资本、技术的转移更为容易。

2）国际政治环境分析

国际政治环境会影响一国对外贸易政策。国际营销中不可否认而且又十分关键的现实问题之一就是，一国政府的政治倾向与合作伙伴国政府的政治倾向是否一致，决定了两国的进出口贸易商是否能成为长期的国际贸易合作伙伴。因为一国政府可以根据自己的意愿，通过采用对公司经营活动的鼓励、支持或打击、禁止、限制等方式，来控制和限制公司的经营活动。国际法赋予国家这样的主权，即它可以允许或禁止公司或个人在其境内从事经营活动，控制其国民经营的地域范围。

3）国际法律环境

（1）一国的进口或出口贸易商在进行国际贸易实践时，不可避免地会涉及他国的法律法规。国际营销法律环境是指主权国家颁布的各种经济法规法令，如商标法、广告法、投资法、专利法、竞争法、商检法、环保法、海关税法及保护消费者的各种法令，同时也包括各国之间缔结的贸易条约、协定和国际贸易法规等。

（2）国家之间的争议主要通过谈判、协商、调停的方式来解决。国家之间通过签订国际条约，声明、承认某种国际法准则，并按照国际法和国际惯例进行交往和活动，这就形成了国际法。国际法是各国间具有法律效力的条约、公约和规定，可以是双边或多边关系。

（3）国际法在国际贸易实践中广泛运用。对于大多数涉及国际贸易或国际营销的商务纠纷，国际法所关心的主要问题是到底应该适用哪国的法律以及如何将其运用到具体的案例中去。为避免出现法律上的问题，企业必须熟悉诸如定价政策和业务惯例等相关的法律。

（4）解决国际争端的方法有调解（conciliation）、仲裁（arbitration）、诉讼（litigation）。这些是解决国际争端的高级方式。遇到国际贸易争端应该采用以下步骤：首先安抚受损方；若安抚不起作用，就进行调解、仲裁，直至诉讼。

4）国际文化环境分析

文化，简单地讲就是人类的行为习惯和风土人情所营造出来的一种社会表现氛围，是相对于经济、政治而言的人类全部的精神活动。其中，既包括世界观、人生观、价值观等具有意识形态性质的部分，也包括自然科学和技术、语言和文字等非意识形态的部分。

5）科技发展的信息环境分析

科学技术的发展对实现企业长期目标有重大的战略意义，应当经常注意对本企业有用的、别人已经取得的科技成果或发明专利，并收集这些方面的详细信息资料。

6）国际地理、交通环境分析

地理环境是指一定社会所处的地理位置以及与此相联系的各种自然条件的总和，包括气候、土地、河流、湖泊、山脉、矿藏以及动植物资源等。一国不同地区的地理环境各不相同，世界各国的地理环境更是千差万别。国际贸易实践各环节都会受到国际地理环境的影响。同时，不同种类的交通运输条件也制约着国际贸易实践各环节的实施。

4.国际市场商品信息调研

商品信息是指出口商对于与拟在进口国销售的商品直接相关的各种因素的具体描述，一般包括拟销商品在当地的生产量、消费量以及厂商数量等；拟销商品在当地的进出口状况，如进出口量、贸易商、贸易渠道与方式等；当地潜在竞争对手的状况，如商品质量、规格、价格，厂商数量、规模、两者的差异等；当地企业的组织结构及与外资企业合资、合作的可能性；当地常用的付款方式及资信程度；当地习惯使用的广告媒体及其效果。

企业要把产品打入国际市场或从国际市场进口产品，除需了解国外市场环境外，还需要了解国外商品市场情况，主要有以下三个方面。

1）国际市场商品的供给情况

国际市场商品的供给情况包括商品供应的渠道、来源，国外生产厂家、生产能力、生产数量及库存情况等。

2）国际市场商品的需求情况

国际市场商品的需求情况包括国外市场对商品需求的品种、数量、质量要求等。

3）国际市场商品的价格情况

国际市场商品的价格情况包括国外市场商品的价格、价格与供求变动的关系等。

5. 国际市场营销情况调研

国际市场营销情况调研是对国际市场营销组合情况的调研，除上述已经提到的商品价格外，一般还应包括：商品销售渠道，包括销售网络设立、批发商及零售商的经营能力、经营利润、售后服务、消费者对他们的印象等；广告宣传，包括消费者的购买动机、广告内容、广告时间、广告方式、广告效果等；竞争分析，包括竞争者的产品质量、价格、政策、广告、渠道、市场占有率等。

出口商在通过进行市场调研获取资讯时，一方面可以通过自己亲自观察、询问、登记取得；另一方面可以利用他人已获得的第一手资料，经过整理分析后做出决策，通过这种方式获得的资讯，成本低、效率高，是大多数出口商所选用的调研方式。在中国，出口商要获取他人资料的渠道，除了被调查国家或国际组织发布的信息外，国内的专业性机构也经常发布各种调查报告、评估报告及进出口贸易信息，所以出口商可以通过这些渠道获得相关的信息。

2.1.3　调查交易对象资信情况

诚实可靠是交易成功的基础，调查交易对象的资信情况是确定交易对象的重要方法。在调查中要重点了解交易对象的企业性质、道德品质、贸易经验等，特别是交易对象的资金及负债情况、经济作风及履约信用等。在国际贸易中，我们的交易对象多种多样，交易前对客户的资信进行调查尤为重要。尤其是第一次与国外客户进行交易时，若对交易对象缺乏了解，很有可能导致货款两空，所以在与国外客户达成交易前，必须做好对于交易对象的资信调查工作。不仅如此，资信调查工作应该贯穿整个交易过程，需要对交易对象做动态的跟踪调查，以防不测。

国际贸易中对交易对象进行资信调查通常包括以下五个方面，习惯称为"5C"，即资本（capital）、品性（character）、能力（capacity）、状况（condition）和担保（collateral）。资本是指交易对象的财务能力，财力雄厚的进口商可以大量进口，并且付款有保证，否则进口商将无法保证及时足额地支付货款。品性是指交易对象的商业道德，品性良好的交易对象一般都比较讲究诚信，在商品的质量、交货时间、收货时间、付款等方面，都会严格遵守合同约定,较少会发生违约现象。能力是指交易对象的经营能力,能力较弱的交易对象容易受到国际市场波动的影响,在国际市场不景气的情况下,发生违约的概率较高。状况是指交易对象所属行业的发展情况及未来趋势。担保是指交易对象经常使用的担保方法,如担保物品、担保人等。

除以上调查内容外,企业还可以根据交易的具体情况,在资信调查时加以补充,如交易对象所在国家的贸易政策、外汇管理制度、政局是否稳定等内容。企业也可以通过相关的专业调查机构、银行、驻外机构等部门的协助调查交易伙伴的资信情况。

2.1.4 制订出口商品经营方案

出口商品经营方案是出口商对外洽商交易的依据,是出口商在一定时期内对外推销某种或某类商品的具体安排。出口商品经营方案的主要内容包括国内货源情况,国外市场情况,有关国家或地区的进口管制和关税情况,对其他国家或地区出口计划的初步安排,对贸易对象、贸易方式、运输方式、收汇方式的选择,对价格与佣金的掌握以及对出口经济效益的核算,另外还要对出口过程中可能遇到的问题做出预估,并提出解决关键问题的方法。在出口商品经营方案中,一定要尽可能准确地对商品出口的经济效益进行核算。各种经济效益指标有助于出口商判断出口是否有利,从而决定是否出口、出口多少以及如何掌握出口商品的价格。

2.1.5 进行客户追踪

若我方报过价而客户没有回复,可以发邮件询问进展或者原因,而不是一味地问价格怎么样。不要经常给客户发邮件,应多积累客户反馈,总结问题所在,从而改进问题,更新开发方式。此外,国际贸易工作人员应每天、每周、每月总结自己做了些什么,有什么还没有做,接下来做什么,并不断完善自己的软件,如制作精美的公司抬头以便给客户报价,针对不同客户的报价单、产品目录、邮件签名等进行更新完善。多尝试不同的抬头和签名方式,从中选择最简洁且最让人印象深刻的一种,这样更能给客户眼前一亮的感觉。

2.2 国际交易磋商的基本程序

交易磋商是指买卖双方为了买卖商品,对于交易的各项条件进行协商以达成交易的过程,通常被称为谈判。在国际贸易中,这是一个十分重要的环节。因为交易磋商是签订买卖合同的基础,没有交易磋商就没有买卖合同。交易磋商工作的好坏,直接影响到合同的签订及之后的履行,甚至关系到双方的经济利益,所以必须认真做好这项工作。

交易磋商的程序可概括为四个环节:询盘、发盘、还盘和接受。其中发盘和接受是必不可少的两个基本环节。

2.2.1 询盘

询盘是指交易的一方准备购买或出售某种商品,向对方询问买卖该商品的有关交易条件。

询盘的内容可涉及价格、规格、品质、数量、包装、装运以及索取样品等,而多数只是询问价格。所以,人们在实际业务中常把询盘称作询价。

在国际交易业务中,有时一方发出的询盘表达了与对方进行交易的愿望,希望对方接到询盘后及时发出有效的发盘,以便考虑接受与否。也有的询盘只是想探询一下市价,询问的对象也不仅限于一人,发出询盘的一方只是希望对方开出估价单。这种估价单不具备发盘的条件,所报出的价格也仅供参考。

2.2.2 发盘

发盘是指出口商或进口商向对方提出交易的主要条件,并希望对方依此达成协议,订立买卖合同的意思表示。发出发盘的一方被称为发盘人,收到发盘的一方被称为受盘人。

在国际贸易实务中,发盘也称为报盘、发价、报价,法律上称为要约。发盘可以是应对方询盘的要求发出,也可以是在没有询盘的情况下,直接向对方发出。发盘一般是由卖方发出的,有时也可以由买方发出,由买方发出的发盘称作递盘。

1. 发盘的定义及具备的条件

《公约》第 14 条第 1 款对发盘进行了解释:"向一个或一个以上特定的人提出的订立合同的建议,如果十分确定并且表明发盘人在得到接受时承受约束的意旨,即构成发价。一个建议如果写明货物并且明示或暗示地规定数量和价格或规定如何确定数量和价格,即为十分确定。"可以看出,一个发盘的构成必须具备以下四个条件。

(1)向一个或一个以上特定的人提出。发盘必须指定可以表示接受的受盘人。受盘人可以指定一个,也可以指定多个。不指定受盘人的发盘,仅应视为发盘的邀请,或视为邀请做出发盘。

(2)表明订立合同的意思。发盘必须表明严肃的订约意思,即发盘应该表明发盘人在得到接受时,将按发盘条件承担与受盘人订立合同的法律责任。这种意思可以用"发盘""递盘"等术语加以表明,也可不使用上述或类似上述术语和语句,而是按照当时谈判的情形、当事人之间以往的业务交往情况或双方已经确立的习惯做法来确定。

(3)发盘内容必须十分确定。发盘内容的确定性体现在发盘中列的条件是否是完整的、明确的和终局的。

(4)送达受盘人。发盘于送达受盘人时生效。

上述四个条件,是《公约》对发盘的基本要求,也称构成发盘的四个要素。

2. 发盘的有效期

(1)规定最迟接受的期限,如"限 6 月 6 日"。

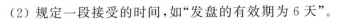

（2）规定一段接受的时间，如"发盘的有效期为 6 天"。

3. 撤回和撤销

《公约》第 15 条对发盘生效的时间作了明确规定："发盘在送达受盘人时生效。"那么，发盘在未被送达受盘人之前，如发盘人改变主意，或情况发生变化，这就必然会产生发盘的撤回和撤销的问题。在法律上，"撤回"和"撤销"属于两个不同的概念。撤回是指在发盘尚未生效的情况下，发盘人采取行动来阻止它的生效。而撤销是指发盘已生效后，发盘人以一定方式解除发盘的效力。

《公约》第 15 条第 2 款规定："一项发盘，即使是不可撤销的，得予撤回，如果撤回通知于发盘送达被发价人之前或同时送达受盘人。"

根据《公约》的规定，发盘可以撤销，其条件是：发盘人撤销的通知必须在受盘人发出接受通知之前传达到受盘人。但是，在下列情况下，发盘不能再撤销。

（1）发盘中注明了有效期，或以其他方式表示发盘是不可撤销的。

（2）受盘人有理由信赖该发盘是不可撤销的，并且已本着对该发盘的信赖行事。

这一款规定了不可撤销的两种情况：一是发盘人规定了有效期，即在有效期内不能撤销，如果没有规定有效期，但以其他方式表示发盘不可撤销，如在发盘中使用了"不可撤销"字样，那么在合理时间内也不能撤销；二是受盘人有理由信赖该发盘是不可撤销的，并采取了一定的行动。

关于发盘失效的问题，《公约》第 17 条规定："一项发盘，即使是不可撤销的，于拒绝通知送达发盘人时终止。"这就是说，当受盘人不接受发盘的内容，并将拒绝的通知送到发盘人手中时，原发盘就失去效力，发盘人不再受其约束。

在贸易实务中还有以下几种情况会造成发盘的失效。

（1）发盘人在受盘人接受之前撤销该发盘。

（2）发盘中规定的有效期届满。

（3）发盘规定的有效期内未被接受，或虽未规定有效期，但在合理时间内未被接受，则发盘的效力即告消失。

（4）发盘人依法撤销发盘。

（5）受盘人对发盘表示拒绝或还盘，该种情况下发盘失效。

（6）发盘后，发生人力不可抗拒的意外事故造成发盘的失效，如政府禁令或限制措施。

（7）发盘被接受前，发盘人或受盘人丧失行为能力、死亡或破产等，发盘的效力即告消失。

【案例 2-1】一位法国商人于 12 日上午走访我国上海外贸企业并洽购某种商品，我方口头发盘后，对方未置可否，当日下午法商再次来访表示无条件接受我方上午的发盘，那时，我方已获知该项商品的国际市场价格有趋涨的迹象。对此，你认为我方应如何处理？为什么？

【案例分析】我国与法国都是《联合国国际货物销售合同公约》缔约国，洽谈过程中，双方对《联合国国际货物销售合同公约》均未排除或做出任何保留。因此，双方当事人均应受该公约的约束。按《联合国国际货物销售合同公约》的规定，对口头要约须立即接受方能成立合同。据此,我方鉴于市场有趋势上涨迹象,可予以拒绝或提高售价继续洽商。

2.2.3 还盘

受盘人在接到发盘后,如果不能完全同意发盘的内容,那么为了进一步磋商交易,就会对发盘提出修改意见,并用口头或书面形式表示出来,这就构成还盘。

还盘的形式也有不同,有的明确使用“还盘”字样,有的则不使用,在内容中表示出对发盘的修改也构成还盘。

还盘是对发盘的拒绝。还盘一经做出,原发盘即失去效力,发盘人不再受其约束。

1. 还盘的概念

还盘又称还价,法律上又称反要约,是指受盘人对发盘中的条件不能完全同意而对原发盘提出相应的修改或变更的意见。受盘人的答复如果在实质上变更了发盘条件,就构成对发盘的拒绝,形成还盘。

2. 还盘的特点

根据《公约》规定,受盘人对货物的价格、付款、品质、数量、交货时间与地点、赔偿责任范围、解决争端办法等条件提出添加或更改,均为实质性变更发盘条件。还盘是对发盘的拒绝,否定了原发盘,导致原发盘失效,原发盘人不再受拘束。还盘是一项新的发盘,还盘人称为新发盘的发盘人,原发盘人成为新发盘的受盘人,原发盘人有权对新发盘做出拒绝,接受或再还盘决定。

3. 还盘的规律

一般来说,一方的发盘经对方改变了内容,即还盘以后就应视为失效,发盘人不再受原发盘的约束;同时,受盘人在还盘中对原发盘有任何一点的改变,或对原发盘有任何一点的减少或增加,都是对原发盘的拒绝;受盘人在还盘以后如果又愿意接受原发盘,那么发盘人既可以确认,也可以拒绝。

受盘人在收到发盘后,有两种处理办法:一种是完全同意发盘所提出的交易条件,并及时向对方发出接受通知,这就是所谓的达成交易;另一种是不同意发盘人在发盘中所提出的条件,并向发盘人提出自己的修改条件,即还盘。

此外,还有一种有条件的接受,即在答复对方的发盘时,在表示“接受”的同时,又附加上某种条件,这其实是还盘的另一种形式,实际上也是对发盘的拒绝。

4. 还盘时应注意的问题

(1)要识别还盘的形式,有的明确使用“还盘”字样,有的则不用。

(2)接到还盘后,要与原盘进行核对,找出还盘中提出的新内容,然后结合市场变化情况和销售意图,认真予以对待。

(3)还盘是对发盘的拒绝,原发盘人可以就此停止磋商。

(4)在表示还盘时,一般只针对原发盘提出不同意或需修改的部分,已同意的内容可以在还盘中省略。

交易磋商是买卖双方为买卖商品,对交易的各项条件进行协商以达成交易的过程,通常被称为谈判。在国际贸易中,这是一个十分重要的环节。因为交易磋商是签订合同的基础,没有交易磋商就没有买卖合同。交易磋商工作的好坏,直接影响到合同的签订及以后的履行,关系到双方的经济利益,因此,必须认真做好这项工作。

2.2.4 接受

接受是指交易的一方在接到对方的发盘或还盘后,以声明的形式或用行为向对方表示同意。法律上将接受称作承诺。接受和发盘一样,既属于商业行为,又属于法律行为。对有关接受问题,《公约》中也进行较明确的规定。

根据《公约》的解释,构成有效的接受要具备以下四个条件。

1. 必须由受盘人做出

接受必须由受盘人做出,其他人对发盘表示同意,不能构成接受。这一条件与发盘的第一个条件是相呼应的。发盘必须向特定的人发出,即表示发盘人愿意按发盘的条件与受盘人订立合同,但并不表示他愿意按这些条件与任何人订立合同。因此,接受也只能由受盘人做出才具有效力。

2. 明确表示接受

接受表明的方式应以口头或书面的声明向发盘人明确表示出来。另外,受盘人还可以用行为表示接受。

3. 接受的内容要与发盘的内容相符

接受应是无条件的。但在业务中,常有这种情况,受盘人在答复中使用了接受的字眼,但又对发盘的内容做了增加、限制或修改,这在法律上称为有条件的接受,不能成为有效的接受,而属于还盘。

4. 接受的通知要在发盘的有效期内送达发盘人才能生效

发盘中通常都规定有效期。这一期限有双重意义:一方面,它约束发盘人,使发盘人承担义务,在有效期内不能任意撤销或修改发盘的内容,过期则不再受其约束;另一方面,发盘人规定有效期,也是约束受盘人,只有在有效期内做出接受,才具有法律效力。

在国际贸易中,由于各种原因而导致受盘的接受通知有时会晚于发盘人规定的有效期送达,这在法律上被称为"迟到的接受"。对于这种迟到的接受,发盘人不受其约束,也不具法律效力。但也有例外的情况,《公约》第21条规定逾期的接受在下列两种情况下仍具有效力。

(1) 如果发盘人毫不迟延地用口头或书面的形式将此种意思通知受盘人。

(2) 如果载有逾期接受的信件或其他书面文件表明,它在传递正常的情况下是能够及时送达发盘人的,那么这项逾期接受仍具有效力,除非发盘人毫不迟延地用口头或书面方式通知受盘人,他认为发盘已经失效。

【案例2-2】

9月2日来电:有兴趣蝴蝶牌缝纫机JA-13000架,即请报价。

9月3日去电:蝴蝶牌缝纫机JA-13000架箱装,每架62美元CIFC2科威特,10月/11月装即期L/C,限6日复到。

9月5日来电:你3日的难接受,竞争者类似品牌,报55美元,请速复。

9 月 7 日去电：我 3 日电重新发盘，限 10 日我方时间复。

9 月 9 日来电：你 7 日来电接受，如 55 美元 CIFC3 D/P 即期，请确认。

9 月 10 日去电：你 9 日电最低价 60 美元即期 L/C，限 12 日复到。

9 月 11 日来电：你 10 日电接受，再订购 500 架同样条件，请即复。

9 月 12 日去电：你 11 日电确认，请速开证。

9 月 13 日来电：你 12 日来电 L/C，将由科威特邮政信箱第 345 号 ABC 公司开列。

根据上述交易磋商的往来函电判断上述各项是询盘、发盘、还盘还是接受。

【案例分析】

9 月 2 日来电：有兴趣蝴蝶牌缝纫机 JA-13000 架，即请报价。此电是买方询盘。

9 月 3 日去电：蝴蝶牌缝纫机 JA-13000 架箱装，每架 62 美元 CIFC2 科威特，10 月/11 月装即期 L/C，限 6 日复到。此电是卖方发盘。

9 月 5 日来电：你 3 日的难接受，竞争者类似品牌，报 55 美元，请速复。此电是买方发盘。

9 月 7 日去电：我 3 日电重新发盘，限 10 日我方时间复。此电是卖方重新发盘。

9 月 9 日来电：你 7 日来电接受，如 55 美元 CIFC3 D/P 即期，请确认。此电是买方还盘。

9 月 10 日去电：你 9 日电最低价 60 美元即期 L/C，限 12 日复到。此电是卖方再还盘。

9 月 11 日来电：你 10 日电接受，再订购 500 架同样条件，请即复。此电是买方再还盘。

9 月 12 日去电：你 11 日电确认，请速开证。此电是卖方接受。

9 月 13 日来电：你 12 日来电 L/C，将由科威特邮政信箱第 345 号 ABC 公司开列。此电是卖方接受。

2.3 国际贸易合同的签订

2.3.1 签订合同的作用

经过交易磋商，一方的发盘或还盘被对方有效地接受后，就算达成了交易，双方之间就建立了合同关系。在业务中，一般还要用书面形式将双方的权力、义务明文规定下来以便于执行，这就是签订贸易合同。

国际贸易书面合同的作用一般可归纳为以下三点：①作为合同成立的证据；②作为履行合同的依据；③有时作为合同生效的条件。

2.3.2　书面合同的内容

书面合同的内容,可分为以下三部分。

(1) 约首。约首包括合同名称,订约双方当事人的名称地址。有的合同还用序言形式说明定约意图并放在约首。

(2) 本文。本文是合同的中心部分,具体列明交易的条件、条款,规定双方当事人的权利和义务。

(3) 约尾。约尾说明合同的份数,使用的方案以及效力,订约时间、地点,以及生效时间。

2.3.3　国际贸易合同的主要条款

随着全球化进程的不断加快,国际贸易已经成为一件很平常的事情了。我们在进行国际贸易往来的时候会签订国际货物买卖合同,但是国际贸易与国内贸易区别还是很大的,国际货物买卖合同条款内容包括:①货物的名称、品质、规格条款;②货物的数量条款;③货物的包装条款;④货物的运输条款;⑤货物的保险条款;⑥货物的价格条款;⑦货物的支付条款;⑧货物的检验条款;⑨货物的索赔条款;⑩不可抗力条款;⑪仲裁条款;⑫法律适用条款。

2.3.4　合同签订原则

买卖双方经过交易磋商并达成协议后要签订书面合同,以此来作为约束双方权利和义务的依据。在国际贸易中,买卖合同一经依法有效成立,有关当事人必须严格履行合同规定的义务。因此,履行合同是当事人双方共同的责任。

2.3.5　国际贸易合同成立的时间及条件

国际贸易合同不仅关系到合同当事人的切身利益,也关系到有关国家的重大利益,而合同成立和生效的时间有时还会涉及新旧法律的适用问题。因此其具有特别重要的意义。

1. 国际货物销售合同成立的时间

在国际贸易中,合同成立的时间是一个十分重要的问题。在实际业务中,合同成立的时间以订约时合同上写明的日期或以收到对方确认的日期为准,即在签订书面合同时,买卖双方的合同关系确立。在现实经济生活中,有些合同成立的时间有特殊规定。如我国法律规定,当事人采用合同书形式订立合同的,自双方当事人签字或者盖章时合同成立,如签字或盖章不在同一时间的,则最后签字或盖章时合同成立。

2. 国际贸易合同成立的条件

国际贸易合同又称外贸合同、进出口合同,是买卖双方经过磋商,就一笔货物的进出口交易达成的协议。国际贸易合同是合同的一种,适用因合同产生的民事关系的一般原则。国际贸易合同成立的条件主要包括以下内容。

(1) 国际货物买卖合同的当事人经备案登记。在国际贸易中,作为国际货物买卖合同的当事人有个人、法人、国际组织和国家。对于我国来说,为了遵守加入世贸组织的承诺,进一步放宽外贸经营权的范围,在 2004 年 7 月 1 日起实施的《中华人民共和国对外贸易法》(以下简称《对外贸易法》)中,允许自然人从事外贸经营活动。但从事货物进出口或者技术进出口的对外贸易经营者,应当向国务院对外贸易主管部门或者其委托的机构办理备案登记,如果未按照规定办理备案登记的,海关不予办理进出口货物的报关验放手续。

(2) 双方意思表示一致且真实。实践中,通常的做法是,买卖双方就合同条款举行面对面谈判,或由一方提出标准合同文本,双方进行磋商讨论,最后达成一致意见,签订书面协议,这时意味着双方意思表示一致,双方签字的日期和地点就是合同成立的时间和地点。如果以电话或电传等直接对话方式订立合同,通常以要约方听到对方表示承诺的回答或收到电传的时间和地点作为合同成立的时间和地点。

签约双方意思必须是真实的。根据我国法律规定,有下列情形之一的,合同无效:①一方以欺诈、胁迫的手段签订合同的;②恶意串通,损害签约另一方利益的;③以合法形式掩盖非法目的的;④损害社会公共利益的;⑤违反法律、行政法规规定的。

(3) 合同内容的具体要求。《对外贸易法》第 16 条对限制和禁止进出口的产品做出了明确的规定,具体包括:①为维护国家安全、社会公共利益或者公共道德,需要限制或者禁止进口或者出口的;②为保护人的健康或者安全,保护动物、植物的生命或者健康,保护环境,需要限制或者禁止进口或者出口的;③为实施与黄金或者白银进出口有关的措施,需要限制或者禁止进口或者出口的;④国内供应短缺或者为有效保护可能用竭的自然资源,需要限制或者禁止出口的;⑤输往国家或者地区的市场容量有限,需要限制出口的;⑥出口经营秩序出现严重混乱,需要限制出口的;⑦为建立或者加快建立国内特定产业,需要限制进口的;⑧对任何形式的农业、牧业、渔业产品有必要限制进口的;⑨为保障国家国际金融地位和国际收支平衡,需要限制进口的;⑩依照法律、行政法规的规定,其他需要限制或者禁止进口或者出口的;⑪根据我国缔结或者参加的国际条约、协定的规定,其他需要限制或者禁止进口或者出口的。只要不在以上规定范围内的货物进出口都是合法的,受到法律保护。

《公约》第 11 条、第 12 条规定,买卖合同包括其更改或终止、要约或承诺,或者其他意思表示,无须以书面订立或书面证明,在形式上也不受任何其他条件的限制,可以用包括证人在内的任何方式证明。

(4) 合同的形式必须合法。世界上大多数国家对合同签订的形式一般不从法律上规定,只有少数合同才要求必须按法律规定,制定符合要求的形式。我国法律规定,除法律规定或当事人约定外,当事人订立合同可以采用书面、口头或其他方式。

(5) 合同必须有对价和约因。对价是指当事人为了取得合同利益所付出的代价。约因是指当事人签订合同所追求的直接目的。按照国际惯例要求,合同只有在有对价和约因时,才是法律上有效的合同。

合同成立与合同生效是两个不同的概念,合同成立的判断依据是接受是否生效。根据各国有关合同的法律规定,一项合同,除买卖双方就交易条件通过发盘和接受达成协议后,还需具备一定的条件,才是一项有效的合同,才能得到法律上的保护。

2.3.6 国际贸易合同的审查要点和审查形式

1. 合同签订前期风险

涉外合同签订前,国内公司通常不会去外方公司进行实地考察,也不会监督外方发货的过程,故外方的商业信誉对于合同的顺利履行至关重要。

在考察外方商业信誉上,建议国内公司可参考外国第三方行业调研机构、评级机构、咨询公司出具的行业分析报告,涉及金额大时,可委托外国律师进行调查。

2. 国际贸易合同审查要点是合同中的所有条款

1)货物名称、货物品质审查

审查合同中出现的货物名称,包括货物名称的简称。货物的名称是指货物的品名、称呼。货物的品质是指商品所具有的内在质量与外观形态法。

在货物规格的条款中,明确各成分含量(标准值+最值)、湿度、物理颗粒大小是否被注明(矿物和稀贵金属不同,矿物对规格的描述项目更多),考虑是否需要含量不达标时的价格扣减条款。

2)货物数量的审查

货物数量的审查包括审查货物数量的计量标准、方式和计量单位的选择。数量条款的主要内容是交货数量、计量单位与计量方法。数量条款应注意明确计量单位和度量衡制度法。审查数量的溢短装条款是否明确。

3)货物的包装条款的审查

货物包装是指为了有效地保护商品的数量完整和质量要求,把货物装进适当的容器。包装条款中要明确是散装还是袋装,是否对袋子标记、提手有要求。

4)货物运输条款的审查

在 CIF 合同中,卸货港必须注明。装货港非必须条款,但应建议国内公司了解装货港,以便安排办理货物在国内的相关手续。

若使用散货船进行运输,建议合同约定禁止转船,因为无论是从干线运输转支线运输使用小船,还是船舶无法靠港导致必须使用驳船,转船的海上风险都极大。

审查是否含有装运日(date of shipment)及最晚装船日(latest shipment date);实际装船日晚于最晚装船日时买方解除合同的权利是否明确。

5)保险条款的审查

国际货物买卖中的保险是指进出口商按照一定险别向保险公司投保并交纳保险费,以便货物在运输过程中受到损失时,进出口商能够从保险公司得到经济上的补偿。CIF 要求卖方承包最低险别。考虑到船舶经过战区或装运港政治不安全等因素,买方可要求卖方增加其他险别,如战争、内乱险等。保险期间必须包含从装上船到卸货完成。保单价格为 110% 的合同价格。

6）价格条款的审查

价格条款的主要内容包括每一计量单位的价格金额、计价货币、指定交货地点、贸易术语与商品的作价方法等。

审查货币种类是否明确（通常为美元 USD），临时价格与最终价格的计费方法是否明确，价格是否含税，临时发票金额、最终发票金额的计算方法是否明确，若规格不符、迟延装船时的价格扣减条款约定是否清晰。

7）支付条款的审查

国际贸易中卖方通常要求使用不可撤销的信用证，即期或远期均常见。建议国内公司分两期支付，首期支付≥合同 90％的价款，货物到港检验合格后支付尾款。

8）货物检验条款的审查

审查合同是否约定检验机构。建议以卸货港检验结果作为最终检验结果。明确合同中是否含有约定装、卸货港检验结果不一致的处理方式的条款。

9）索赔条款的审查

审查合同是否明确当发生违约情况时，一方应承担什么责任，另一方可享有什么权利。

10）不可抗力条款的审查

不可抗力条款是指合同中订明如当事人一方因不可抗力不能履行合同的全部或部分义务，免除其全部或部分责任的条款，应予明确。

11）仲裁条款的审查

涉外买卖合同争议的解决方式通常为调解与仲裁。在国际交易中，双方一般选用具有良好声誉的仲裁地进行仲裁，如伦敦仲裁、纽约仲裁，但有时也会选择区域内声誉良好的仲裁地，如在亚洲的新加坡、中国香港仲裁。

仲裁条款中须审查条款是否清晰（仲裁地、仲裁机构、仲裁规则、仲裁庭组成、需提交仲裁庭的争议）。

12）法律适用条款的审查

审查合同中是否明确宣布合同适用哪国法律。

13）货物转移审查

通常情况下货物转移需要交易方的书面提前同意。

14）合同生效变更条款（validation and alteration）的审查。

审核约定合同的适用法律，合同签字生效、变更的条件。

3. 国际货物买卖合同的审查形式

合同的审查主要是形式审查和实质审查。形式审查主要包括：①审查授权委托书，这样可以避免与无权代理人、越权代理人等签订合同；②审查合同文本形式，要求文字准确，格式规范，前后逻辑一致。实质审查主要包括：①审查合同当事人的资格、履约能力；②审查合同条款的效力、完整性；③审查付款条款，可以把货款的支付条件和对方在各阶段应履行的合同义务密切联系起来，选择合适的付款方式，减少违约风险，保证合同的顺利履行；④审查违约责任，约定违约情形、违约责任、违约所产生的损失及补偿，做好补救措施；⑤其他条款的审查，包括仲裁条款、知识产权条款、不可抗力条款等。

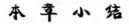

本 章 小 结

交易磋商前的准备包括交易对象的选择、国际市场调研、交易对象资信调查、制定出口商品经营方案、客户追踪等方面。交易磋商步骤包括：询盘、发盘、还盘和接受。发盘和接受是交易磋商步骤中必不可少的环节。国际合同的内容包括约首、本文和约尾三部分。一单国际交易必须要以国际合同为基础，一份国际合同的签订是随后所有其他单据和实物运动的基础。

练习思考题

一、单项选择题

1. 接受由于电信部门的延误，发盘人收到此项接受时，已经超过了该发盘的有效期，则（   ）。

    A. 除非发盘人没时间提出异议，该逾期发盘有效。

    B. 只要发盘人及时表示确认，该逾期接受有效。

    C. 该逾期接受丧失接受效力

    D. 即使发盘人及时表示确认，该逾期接受也无效。

2. 发盘于某月 12 日以电报形式送达受盘人，但在此之前的 11 日，发盘人以传真告知受益人无效，此行为属于（   ）。

    A. 发盘的撤回   B. 发盘的修改   C. 一项新发盘   D. 发盘的撤销

3. 某买主向我出口公司来电"接受你方 12 日发盘，请降价 5％"，此来电属于交易磋商的（   ）。

    A. 发盘   B. 询盘   C. 还盘   D. 接受

4. 我公司对某外商 A 就某产品发盘，下列情况中，双方可以达成交易的是（   ）。

    A. A 商在发盘有效期内，完全接受我发盘

    B. 由 A 商认可的 B 商在发盘有效期内向我公司表示完全接受发盘内容

    C. A 商根据以往经验，在未收到我发盘的情况下，向我公司表示接受

    D. A 商在有效期内表示接受，但提议将装运期提前

5. 根据《公约》的规定，合同成立的时间是（   ）。

    A. 生效的时间   B. 交易双方签订书面合同的时间

    C. 在合同获得国家批准时   D. 当发盘送达受盘人时

6. 某出口公司对外报盘某产品，根据《公约》的规定，下列情况中，一经受盘人有效接受，双方即可达成交易的是（   ）。

    A. 发盘中只规定了商品的名称、数量及价格，同时向 A、B 两个公司发出

B. 发盘中规定了各项交易条件,同时注明"以我方最后确认为准"

C. 各项成交条件,但并未规定成交的数量

D. 发盘以平邮方式发出,但在当天,发盘人又以传真方式要求撤回发盘。

7. 关于逾期接受,《公约》规定( )。

A. 逾期接受无效

B. 逾期接受是一项新发盘

C. 逾期接受完全无效

D. 逾期接受是否有效,关键看发盘人如何表态

8. 根据《公约》的规定,受盘人对发盘表示接受,可以有几种方式,除了( )。

A. 通过口头向发盘人声明　　　　　　B. 通过书面形式向发盘人声明

C. 通过沉默或不行动表示接受　　　　D. 通过实际行动表示接受

9. 根据我国相关法律的规定,除非另有规定,当事人订立合同的形式可以采用( )。

A. 口头形式　　　B. 书面形式　　　C. 其他形式　　　D. 以上任何形式均可

10. ( )不是构成一项具有法律效力的接受的必备条件。

A. 必须由知道发盘的人做出　　　　　B. 必须表示出来

C. 必须与发盘内容相符　　　　　　　D. 必须在发盘有效期内送达发盘人

E. 必须用发盘传递的方式发出

11. 一般情况下,如果接到发盘的一方不在规定的期限内答复,应视为对方的( )。

A. 接受　　　　B. 拒绝　　　　C. 违约　　　　D. 同意

12. A公司5月18日向B公司发盘,限5月22日复到有效。A公司向B公司发盘的第二天,收到B公司5月17日发出的,内容与A公司发盘内容完全相同的交叉发盘,此时( )。

A. 合同即告成立

B. 合同无效

C. A公司向B公司或B公司向A公司表示接受,当接受通知送达对方时,合同成立

D. 必须A公司向B公司表示接受,合同成立

二、多项选择题

1. 发盘的内容要明确,必须包括( )。

A. 货物的名称　　B. 货物的数量　　C. 货物的价格

D. 货物的包装　　E. 货物的运输方式

2. 发盘可以撤回的条件是( )。

A. 发盘还没有生效

B. 发盘已经生效,但对方还没有做接受通知

C. 发盘还没有到达受盘人

D. 发盘到达受盘人的时间,与撤回通知的时间是同时

3. 发盘效力终止原因包括(　　　)。

    A. 发盘的有效期内没有被接受　　　　　B. 发盘被发盘人依法撤销

    C. 受盘人还盘　　　　　　　　　　　　D. 发盘后,发生不可抗力事件

    E. 发盘人在接受前,丧失行为能力

4. 合同成立的要件包括(　　　)。

    A. 当事人有行为能力　　　　　　　　　B. 合同必是书面的

    C. 合同有对价约因　　　　　　　　　　D. 内容合法

    E. 当事人真实意思

5. 我国外贸公司业务员对外出口报价正确的是(　　　)。

    A. 每打 30 英镑 CFR 英国　　　　　　　B. 每公吨 200 美元 FOB 新港

    C. 每箱 CIF 伦敦 50 美元　　　　　　　D. 每台 300 美元 CIF 上海

    E. 每辆 40 美元 CFR 新加坡

6. 交易磋商一般有四个环节,其中达成交易的不可缺少的两个基本环节和必经的法律步骤是(　　　)。

    A. 询盘　　　　　　B. 发盘　　　　　　C. 还盘　　　　　　D. 接受

7. 对以下条款的变更,构成实质性变更发盘条件的是(　　　)。

    A. 质量、数量、交货期、包装、贸易术语

    B. 质量、数量、支付条件

    C. 价格

    D. 交货的时间和地点

    E. 赔偿的责任范围和争端的解决方法

8. 一项还盘,它的法律效力(　　　)。

    A. 是对发盘的拒绝和否定　　　　　　　B. 构成一项新的发盘

    C. 原发盘因还盘而失盘　　　　　　　　D. 有条件的接受构成一项还盘

    E. 对发盘实质性的变更即构成一项还盘

9. 对一项迟到的接受,合同可以成立的条件是(　　　)。

    A. 发盘人毫不迟延地用口头或书面形式表示接受"迟到的接受"

    B. 传递延误迟到的接受,仍然是一项有效的接受

    C. 迟到的接受是一项无效的接受,合同不成立

    D. 只要发盘人不表示反对,合同仍然成立

    E. 迟到的接受是一项有效的接受,合同仍然成立

10. 对发盘的撤销,表述正确的有(　　　)。

    A.《公约》认为在发盘人表示接受前,随时可以撤销

    B. 大陆法系认为发盘在有效期内,不可以撤销

    C. 英美法系认为发盘对发盘人没有约束力,随时可以撤销

    D.《公约》实质上是站在大陆法系的立场,一项发盘规定了有效期,则不能撤销

    E. 英美法系认为发盘对发盘人有约束力

三、判断题

1. 对一项非实质性变更的接受,合同成立的条件是:只要发盘人不表示反对。（　　）
2. 关于接受生效的时间的规定,《公约》采纳了英美法系"投邮生效"的原则。（　　）
3. 一项发盘与询盘的区别,在于对发盘人有无约束力,而不在于是否有效。（　　）
4. 根据《公约》规定,接受可以撤回但不可以撤销。（　　）
5. 根据《公约》的规定,一项迟到的接受,只要发盘人不表示反对,仍构成一项有效的
接受。（　　）
6. 《公约》把构成一项"发盘"的有效条件规定为:写明品名价格或规定价格的方法,
数量或规定数量的方法。（　　）
7. 根据《公约》的规定,受盘人可以在发盘有效期内用开立信用证这一行为表示接受。
（　　）
8. 发盘一经发出,即不可撤回。（　　）
9. 接受和发盘一样,都可以依法撤回、修改和撤销。（　　）
10. 邀请发盘也是有效发盘的一种。（　　）
11. 口头发盘要求立即做出接受。（　　）
12. 在国际贸易中,达成交易的两个必备可少的是发盘和接受。（　　）

四、简答题

1. 什么是国际市场调研? 它的内容有哪些?
2. 国际贸易中对客户进行资信调查通常包括哪些方面?
3. 交易磋商的程序包括哪些环节?
4. 什么是询盘? 询盘的内容有哪些?
5. 什么是发盘? 发盘应具备的条件有哪些?
6. 什么是还盘? 还盘时应注意的问题有哪些?
7. 什么是接受? 接受要具备哪些条件?
8. 书面合同的内容有哪些? 书面合同的作用有哪些?
9. 合同成立需要满足哪些条件?
10. 国际货物销售合同的有哪些主要条款?

五、案例分析

1. 我国 A 公司向国外 B 公司发实盘,限 6 月 10 日前复到有效,B 公司于 6 月 8 日来
电要求降价,A 公司于 9 日与另一家公司达成交易。同一天即 9 日,B 公司又来电要求撤
回 8 日还盘,全部接受原发盘的条件,A 公司以货物已出售为由予以拒绝。B 公司声称其
接受是在我方发盘的有效期内做出的,要求 A 公司履约。试分析 B 公司的要求是否合
理? 为什么?

2. 卖方甲在今年 3 月向贸易商乙发实盘,乙转至客户丙确认接受。寄回的确认书因
投递原因于 7 月初才送达卖方,此时货价已猛涨几倍,双方发生纠纷。试分析本契约是否
有效? 卖方是否能要求加价? 为什么?

第 3 章

国际贸易合同标的

学习目标

(1) 了解商品的名称、品质、数量、包装等概念。

(2) 掌握商品的分类、品质的机动幅度、数量计量、包装分类。

(3) 理解品质的表示方法、数量溢短装条款、包装标志。

素质目标

(1) 填制国际货物合同的商品名称、品质、数量、包装时要切合实际,诚实待人。

(2) 坚持合同的内容真实、具体,符合有关的法律法规。

本章关键词

商品名称　商品品质　品质机动幅度　商品数量　数量溢短装条　商品包装条款

引入案例

上海 S 贸易公司向英国某进口商出口一批大豆,合同中规定:"水分最高为 14%,杂质不超过 2.5%。"在成交前,该出口公司曾向买方寄过样品,订约后该出口公司又电告买方成交货物与样品相似。但当货物运至英国后,买方提出货物与样品不符,并出示了当地检验机构的检验证书,证明货物的品质比样品低 7%,但未提出品质不符合合同的品质规定。买方以此要求该出口公司赔偿其 15 000 英镑的损失。该出口公司是否该赔? 本案给我们什么启示?

【案例分析】上海 S 贸易公司没有充分的理由拒绝赔偿。因为买方行为已经构成双重保证。在国际贸易中,凡是既凭样品买卖,又凭说明买卖时,卖方所交货物必须既符合样品要求,又符合说明要求,否则,买方有权利拒收货物。本案中,合同规定大豆的水分最高为 14%,杂质不超过 2.5%。由此来看,双方是凭说明进行买卖,我方

所交货物只要符合合同规定就算履行义务。但是,我方在成交前向对方寄送过样品,并且没有注明"参考样品"字样,签约后又电告对方所出运货物与样品相似,因此,买方有理由认为这样的业务是既凭样品又凭说明进行交易。因此,买方在检验出货物的品质与样品不符时,有权向我方索赔。

本案例启示我们:

(1)在国际贸易中,若向买方邮寄参考样品,一定注明"参考"字样。

(2)卖方在签订合同时,如能用一种方法来表示商品的品质,尽可能不要再提供其他的可能与前一种品质表述方法不太一致的表示品质的方法,以免买卖双方就此产生争议与纠纷。

(3)对买方来说,如果要用几种方法来共同约束的话,要尽可能在合同中订明,以维护自己的利益。

3.1 商品名称

1. 商品名称的概念

商品名称(name of commodity)简称"品名",是指能使某种商品区别于其他商品的一种称呼或概念。商品名称在一定程度上体现了商品的自然属性、用途以及主要的性能特征。加工程度低的商品,其名称一般较多地反映了该商品所具有的自然属性。加工程度越高,商品的名称也就越多地体现出该商品的性能特征。

2. 商品名称的表示方法

命名商品的方法有许多,概括起来,主要有以下几种。

(1)以其主要用途命名。这种方法在于突出其用途,便于消费者按其需要购买,如织布机、旅游鞋、杀虫剂、自行车等。

(2)以其所使用的主要原材料命名。这种方法能通过突出所使用的主要原材料反映出商品的质量,如羊毛衫、玻璃杯、棉布、涤纶纱、铝锅、冰糖燕窝等。

(3)以其主要成分命名。以商品所含的主要成分命名,可以使消费者了解商品的有效内涵,有利于提高商品的价值。这种方法一般适用于由大众所熟知的名贵原材料制造而成的商品,如西洋参、蜂王浆、芦荟乳霜、人参珍珠霜等。

(4)以其外观造型命名。以商品的外观造型命名,有利于消费者从字义上了解该商品的特征,如赤豆、圆锥滚子轴承、喇叭裤、宝塔纱、纸管等。

(5)以其褒义词命名。这种命名方法能突出商品的使用效能,有利于促进消费者的购买欲望,如青春宝、乐百氏果奶、太阳神口服液等。

(6)以人物名字命名。即以著名的历史人物或传说中的人物命名,其目的在于引起消费者的注意和兴趣,如孔府家酒、孔乙己茴香豆等。

(7)以制作工艺命名。这种命名方法的目的在于提高商品的可信度,增强消费者对该商品的信任,如二锅头烧酒、精制油等。

好的商品名称不仅能够高度概括出商品的特性,而且能促进消费者的消费心理,激起消费者的购买欲望。此外,为了使生产与销售同类商品的厂商或销售商区别开来,商品的名称又常常与牌名相融合,构成描述、说明货物的重要部分。参与国际货物买卖的交易双方只有明确了商品的名称,即买卖什么商品,才能进一步确定商品的品质,即以什么样的具体商品进行交易。因此,商品的名称是国际货物买卖合同中必须具备的内容。

在国际货物买卖合同中,商品名称的规定应明确、具体,适合商品的特点。在采用外文名称时,应做到译名准确,与原名意思保持一致,避免含糊不清或过于空洞的情况发生。

【案例 3-1】上海 H 贸易公司与芝加哥某公司签订了一份订购一批皮鞋的出口合同,合同规定:付款方式为信用证,在开立的信用证中要求商品的名称为"groundnut",出口人上海 H 贸易公司装运货物后在开出的发票中却使用了"peanut"的货名,并前后以韦氏字典和油籽工会出具的证明说明两者相同,但遭到了议付行银行拒付。请问银行拒付是否有道理?为什么?

【案例分析】银行拒付是有道理的。信用证上的品名与发票上品名不一致,议付行有理由拒付。

3.2 商品品质

3.2.1 商品品质的概念和表示方法

1. 商品品质的概念

商品品质(quality of commodity)是指商品的内在素质和外观形态的综合。前者包括商品的物理性能、机械性能、化学成分和生物特性等自然属性,后者包括商品的外形、色泽、款式或透明度等。

2. 商品品质的表示方法

商品品质表示的方法也多种多样,归纳起来,包括凭实物表示和凭文字说明表示两大类。

1) 凭实物表示品质

凭实物表示品质,又可分为看货买卖和凭样品买卖。

(1) 看货买卖。当买卖双方采用看货成交时,买方或代理人通常先在卖方存放货物的场所验看货物,一旦达成交易,卖方就应按对方验看过的商品交货。只要卖方交付的是买方验看过的货物,买方就不得对品质提出异议。这种做法多用于寄售、拍卖和展卖的业务中。

(2) 凭样品买卖。样品通常是从一批商品中抽出来的或由同一生产、使用部门设计、加工出来的,足以反映和代表整批商品品质的少量实物。凡以样品表示商品品质并以此作为交货依据的,称为"凭样品买卖"(sale by sample)。

在国际贸易中,通常由卖方提供样品,凡以卖方样品作为交货的品质依据的,被称为

"凭卖方样品买卖"。卖方所交货物的品质,必须与提供的样品相同。有时买方为了使其订购的商品符合自身要求,也会提供样品交由卖方依样承制,如卖方同意按买方提供的样品成交,则被称为"凭买方样品买卖"。有时卖方可根据买方提供的样品,加工复制出一个类似的样品交买方确认,这种经确认后的样品,被称为"对等样品"(counter sample)或"回样",也会被称为"确认样品"(confirming sample)。当对等样品被买方确认后,日后卖方所交货物的品质,必须以对等样品为准。此外,买卖双方为了发展贸易关系,增进彼此对双方商品的了解,往往会采用互相寄送样品的做法。这种以介绍商品为目的而寄出的样品,最好标明"仅供参考"(for reference only)字样,以免与标准样品混淆。

2)凭文字说明(sale by description)表示品质

凭文字说明表示品质,是指用文字、图表、图片等方式来说明成交商品的品质。这类表示品质的方法可细分为如下几种。

(1)凭规格买卖(sale by specification)。商品规格是指一些足以反映商品品质的主要指标,如化学成分、含量、纯度、性能、容量、长短、粗细等。国际贸易中的商品由于品质特点不同,其规格也各异,买卖双方凡是用商品的规格来确定品质的,被称为"凭规格买卖"。

(2)凭等级买卖(sale by grade)。商品等级是指同一类商品按规格上的差异,分为品质优劣各不相同的若干等级。凭等级买卖时,由于不同等级的商品具有不同的规格,为了便于履行合同和避免争议,那么在品质条款列明等级的同时,最好一并规定每一等级的具体规格。这对简化手续、促进成交和体现按质论价等方面,都具有一定的作用。

例如:Fresh Hen Eggs, shell light brown and clean, ever in size

Grade AA:60~65g per egg

Grade A:55~60g per egg

Grade B:50~55g per egg

Grade C:45~50g per egg

Grade D:40~45g per egg

Grade E:35~40g per egg

(3)凭标准买卖(sale by standard)。商品标准是指将商品的规格和等级予以标准化。商品标准有的由国家或有关政府主管部门规定,有的则由同业公会、交易所或国际性的工商组织规定。有些商品习惯凭标准买卖,人们往往使用某种标准作为说明和评定商品品质的依据。

在国际贸易中,对一些已经被广泛接受的标准,一般倾向于按该项标准进行交易。根据标准适用的范围和地域的不同可分为国际标准、国家标准、行业标准和企业标准。其中,国际标准主要是指 ISO 标准,包括以下内容。

ISO 9000——质量管理与质量保证标准

ISO 9001——设计开发生产安装与服务的质量保证模式

ISO 9002——生产与安装的质量保证模式

ISO 9003——最终检验与试验的质量保证模式

ISO 9004——质量管理与质量体系要素

ISO 14001——环境管理体系认证标准

国家标准主要是指常用的工业品国家标准,具有代表性的有以下内容。

NF 标准,即法国标准

DIN 标准,即德国工业品标准

BSI 标准,即英国标准协会标准

JIS 标准,即日本工业标准

根据中国国家认证认可监督管理委员会 2008 年第 24 号公告的要求,家用和类似用途电器产品强制性认证所适用的四个标准于 2009 年 1 月 1 日起实施。

① GB 4706.2—2007《家用和类似用途电器的安全　第 2 部分:电熨斗的特殊要求》

② GB 4706.15—2008《家用和类似用途电器的安全　皮肤及毛发护理器具的特殊要求》

③ GB 4706.23—2007《家用和类似用途电器的安全　第 2 部分:室内加热器的特殊要求》

④ GB 4706.27—2008《家用和类似用途电器的安全　第 2 部分:风扇的特殊要求》

在国际贸易中,对于某些品质变化较大而难以规定统一标准的农副产品,往往采用良好平均品质(fair average quality,FAQ)这一术语来表示其品质。良好平均品质是指一定时期内某地出口货物的平均品质水平,一般是指中等货,也称大路货。在标明大路货的同时,通常还约定具体规格来作为品质的依据。

为了提高各国产品质量,完善企业管理制度,保护消费者利益,国际标准化组织推出了 ISO 9000 质量管理和质量保证系列标准以及 ISO 14000 环境管理系列标准。

我国是国际标准化组织理事国。1992 年 10 月,我国技术监督局将 ISO 系列标准等效转化为 GB/T 19000 系列国家标准,以双编号形式出现,于 1993 年 1 月 1 日起实施。实施 ISO 的这两个一体化管理体系,有助于改善和提高我国企业和产品在国内外消费者、客户中的形象,降低经营及管理成本,使我国产品适应国际市场对于产品在质量上的新需求,进而提高我国产品的国际竞争能力。

(4)凭说明书和图样买卖(sale by descriptions and illustrations)。在国际贸易中,有些机、电、仪等技术密集型产品,因其结构复杂,对材料和设计的要求严格,用于说明其性能的数据较多,很难用几个简单的指标来表明品质的全貌,而且有些产品,即使其名称相同,但由于所使用的材料、设计和制造技术的某些差别,也可能导致功能上的差异。因此,这类商品的品质,通常以说明书并附以图样、照片、设计图纸、分析表及各种数据来说明其具体性能和结构特点。按此方式进行交易,称为凭说明书和图样买卖。

一般情况下,卖方要承担所交货物的质量必须与所附说明书、图样、图纸等说明的商品质量特征完全相符的责任,例如,在合同中规定"quality and technical data to be strictly in conformity with the description submitted by the seller"(品质和技术数据必须与卖方提供的产品说明书严格相符)。

(5)凭商标或品牌买卖。商标(trade mark)是指生产者或商号用来识别所生产或出售的商品的标志。品牌(brand name)是指工商企业给制造或销售的商品所冠的名称。商标或品牌本身实际上是一种品质象征。人们在交易中可以只凭商标或品牌进行买卖,无须对品质提出详细要求。商标与品牌受商标法保护。例如:

Maling Brand Worcestershire Sauce

Finger Citron Brand Ve Tsin

（6）凭产地名称买卖。在国际货物买卖中，有些产品，因受到产区的自然条件、传统加工工艺等因素的影响，在品质方面具有其他产区的产品所不具有的独特风格和特色，对于这类产品，一般也可使用产地名称来表示品质。

产地名（name of origin）：

Shichuan Preserved Vegetable.

China Plum Wine.

Shaoxin Hua Tiao Chiew.

Jumbo Brand Chinkiang Vinegar.

上述各种表示品质的方法，一般是单独使用，但有时也可酌情将其混合使用。

【案例 3-2】A、B 双方签订出口合同规定的商品名称为"手工制造书写纸"。买主 A 收到货物后，经检验发现该货物部分工序为机械操作，而 B 方提供的所用单据均表示为手工制造，按 A 方国家的法律属"不正当表示"和"过大宣传"，遭用户退货，以致 A 方蒙受巨大损失，要求 B 方赔偿。B 方希望减少赔偿的理由有两点：①该商品的生产工序基本上是手工操作，在关键工序上完全采用手工制作；②该笔交易是经 A 方当面看样品后成交的，而实际货物质量又与样品一致，因此应认为该货物与双方约定的品质相符。后又经有关人士调解后，双方在友好协商过程中取得谅解。对此，请谈谈你的看法。

【案例分析】本案例合同中约定采用"手工制造"商品制造方法表示商品品质，属于"凭说明买卖"的一种表示方法。从各国法律和公约来看，凭说明约定商品品质，卖方所交商品的品质与合同说明不符，则买方有权撤销合同并要求损害赔偿。本案例中 B 方从根本上违反了买卖双方在合同中约定的品质说明，从而构成卖方的违约行为，应承担所交货物与合同说明不符的责任。

同时贸易中如果采用样品表示商品品质需要在合同中明示或默示地做出具体规定，而本案例中合同中没有明确表示双方是采用样品成交，所以 B 方所说的实际所交货物与样品一致不能成为拒付理由。

本案例交易产品在实际业务中不可能采用全部手工制作，应该在合同中标明"基本手工制造书写纸"，以免双方产生争议，合同中写明的商品品质与实际所提交商品品质完全吻合。

3.2.2　商品品质的英文表达和签订品质条款中应注意的问题

1. 商品品质的英文表达

合同中商品的名称是用英文表达的，品质条款绝大多数也是采用英文来表达，如 quality to be about equal to the sample（质量与样品大致相同）、quality to be similar to the sample（质量与样品大致相同）、quality and technical data to be strictly in conformity with the description submitted by the seller（品质和技术数据必须与卖方所提供的产品说明书严格相符）。

合同中的品质条件，是构成商品说明的重要组成部分，是买卖双方交接货物的依据，英国货物买卖法把品质条件作为合同的要件(condition)。《联合国国际货物销售合同公约》规定卖方交货必须符合约定的质量,如卖方交货不符合约定的品质条件,买方有权要求损害赔偿,也可要求修理或交付替代货物,甚至拒收货物和撤销合同。这就进一步说明了品质的重要性。

(1) 商品的名称。商品的名称是对成交商品的描述,是构成商品说明(description)的一个主要组成部分,是买卖双方交接货物的一项基本依据,它关系到买卖双方的权利和义务。

商品名称的规定取决于成交商品的品种和特点,有时只需要列明商品的名称,但有的商品具有不同的品种、等级和型号,则需要把有关具体品种、等级或型号的概括性描述包括进去,作为进一步的限定。

(2) 商品品质的表示方法。表示商品品质的方法不同,合同中品质条款的内容也各不相同。在凭样品买卖时,合同中除了要列明商品的品名外,还应列明样品的编号,必要时还要列出寄送的日期。在凭文字说明买卖时,应明确规定商品的品名、规格、等级、标准、品牌或产地名称等内容。在凭说明书和图样表示商品品质时,还应在合同中列出说明书、图样的名称、份数等内容。

【案例 3-3】 中方某公司与国外成交红枣一批,合同与开来信用证上均写的是三级品。但到发货装船时发现三级红枣存告罄,于是改以二级品交货,并在发票上加注:"二级红枣仍按三级计价"。这种以好顶次原价不变的做法妥当吗?为什么?

【案例分析】 这种以好顶次原价不变的做法是不妥当的。进出口贸易的进口商和出口商在进出口贸易实践中要严格按照买卖合同办事,即使二级品红枣价格较高,也不能违反进出口合同,以好顶次。

2. 签订品质条款应注意的问题

(1) 品名和品质条款的内容和文字,要做到简单、具体、明确。

(2) 采用一种方法表示商品品质。避免对所交货物品质承担双重担保义务。

(3) 要考虑到生产加工、供货的可能性。

(4) 了解进口国风俗习惯,符合进口国的有关法律与条例的规定。

(5) 敏感产品价格调整问题。

(6) 凡能采用品质机动幅度或品质公差的商品,应订明幅度的上下限或公差的允许值。

如所交货物的品质超出了合同规定的幅度或公差,买方有权拒收货物或提出索赔。

品质机动幅度是指允许卖方所交货物的品质指标可有一定幅度范围内的差异。只要卖方所交货物的品质没有超出机动幅度的范围,买方就无权拒收货物。

品质的机动幅度在合同条款中的规定有以下几种情况。

规定范围:

Yarn-dyed gingham width 41/42.

B601 tomato paste 28/30 concentration.

规定极限:

Live yellow eel 75g and up per piece.

Fish meal: protein 55% min, fat 9% max.

Moisture 11% max, salt 4% max.

Sand 4% max.

规定上下差异:

Grey duck feather soft nap 18% allowing 1% more or less.

品质公差是指允许交付货物的特定质量指标在公认的一定范围内的差异。如手表走时每天误差若干秒,某一圆形物体的直径误差若干毫米等。这种误差若为某一国际同行业所公认,即成"质量公差"。在品质公差范围内买方无权拒收货物,也不得要求调整价格,这一方法主要适用于工业制成品。

【案例3-4】我某出口公司与德国一家公司签订出口一批农产品的合同。其中品质规格为水分最高15%,杂质不超过3%,交货品质以中国商检局品质检验为最后依据。但在成交前我方公司曾向对方寄送过样品,合同签订后又电告对方,确认成交货物与样品相似。货物装运前由中国商检局品质检验签发品质规格合格证书。货物运抵德国后,该外国公司提出:虽然有检验证书,但货物品质比样品差,卖方有责任交付与样品一致的货物,因此要求每吨减价6英镑。

我公司以合同中并未规定凭样交货为由不同意减价。于是,德国公司请该国某检验公司检验,出具了所交货物平均品质比样品差7%的检验证明,并据此提出索赔要求。我方不服,提出该产品系农产品,不可能做到与样品完全相符,但不至于低7%。由于我方留存的样品遗失,无法证明,最终只好赔付一笔品质差价。我方应从事件中吸取什么教训?

【案例分析】在此案例中对品质的鉴定产生异议。在国际贸易实践中,双方对货物品质的规定不应该既在合同中规定按规格鉴定商品品质,又强调之前寄过样品,以样品为品质标准。这样容易混淆,产生纠纷。

3.3 商品数量

在介绍相关理论之前,我们先来看看下面的案例。

【案例3-5】我国某出口公司与匈牙利商人订立了一份出口水果合同,支付方式为货到验收后付款。但货到经买方验收后发现水果总重量缺少10%,而且每个水果的重量也低于合同规定,匈牙利商人既拒绝付款,又拒绝提货。后来水果全部腐烂,匈牙利海关向我方收取仓储费和处理水果费用5万美元,我方公司陷于被动。从本案中,我们可以吸取什么教训?

【分析案例】商品的数量是国际货物买卖合同中不可缺少的主要条件之一。按照一些国家的法律规定,卖方交货数量必须与合同规定相符,否则,买方有权提出索赔,甚至拒收货物。此案中显然我方陷于被动,但仍可据理力争,挽回损失。首先应查明短重属于正常途耗还是我方违约没有交足合同规定数量,如属我方违约,则应分清是属于根本性违约还是非根本性违约。如不属于根本性违约，匈方无权退货和拒付货款，只能要求减价或赔偿损失；如属于根本性违约，匈方可退货，但应妥善保管货物，对鲜活商品可代为转售，尽量减轻损失。《公约》第 86 条第一款明确规定："如果买方已收到货物，但打算行使合同或本公约中的任何权利，把货物退回，他必须按情况采取合理措施，以保全货物，他有权保有这些货物，直至卖方把他所付的合理费用偿还给他为止。"而匈方未尽到妥善保管和减轻损失的义务，须对此承担责任。因此，我公司可与匈牙利商人就商品的损失及支出的费用进行交涉来尽可能挽回损失。

3.3.1 商品数量的概念和计量方式

1. 商品数量的概念

商品数量（quantity of commodity）是指以一定的度量衡单位表示的商品的重量、个数、长度、面积、容积和体积等的量。

影响商品成交数量的因素有：第一，各国政府的贸易政策，如配额限制等；第二，目标市场的需求情况；第三，商品价格的波动情况；第四，出口商供货能力，进口商支付能力；第五，商品的销售意图；第六，其他交易条件，如包装、运输等。

制定数量条款时，应注意：计量单位（考虑采用的度量衡制度）、计量方法、交付数量和数量机动幅度以及交付时间和地点要包括在内。

2. 商品数量的计量方式和计量单位

【案例 3-6】某公司定购钢板 400M/T，计 2 米、2.5 米、3 米、3.5 米四种规格各 100M/T，并附每种数量可增减 5% 的溢短装条款，由卖方决定。今卖方交货为：2 米，70M/T；2.5 米，80M/T；3 米，60M/T；3.5 米，210M/T，总量未超过 420M/T 的溢短装上限的规定。对出口商按实际装运数量出具的跟单汇票，进口商是否有权拒收拒付？为什么？

【案例分析】进口商有权拒收拒付。虽然总量未超过 420M/T 的溢短装上限的规定，但是单件超出 5% 的溢短装条款，也是违反合同的。

商品不仅表现为一定的质，同时也表现为一定的量。数量的多少既关系到一笔交易规模的大小，又会影响到消费者的使用和市场的变化。

国际上常用的度量衡制度有公制、英制、美制和国际单位制。我国采用的是以国际单位制为基础的法定计量单位。《中华人民共和国计量法》第 3 条明确规定："国家采用国际单位制。国际单位制计量单位和国家选定的其他计量单位，为国家法定计量单位。"

在不同的度量衡制度下，同一计量方式和计量单位，所代表的数量不同，如公吨。

公制中的公吨、英制中长吨及美制中短吨换算其他计量单位如表 3-1 所示。

表 3-1 在不同的度量衡制度下的计量单位换算

度量衡	重量单位	千克	市斤	磅
公制	公吨	1 000	2 000	2 204.6
英制	长吨	1 016.047	2 032.094	2 240
美制	短吨	907.2	1 814.4	2 000

国际贸易中使用的计量单位很多,究竟采用何种计量单位,主要取决于商品的种类和特点此外,还取决于交易双方的意愿。

通常使用的计量方式有:重量(weight)、个数量(number)、长度(length)、面积(area)、体积(volume)、容积(capacity)等。而每一种计量方式又有几个常用的计量单位。

(1)按重量(weight)计算:包括千克(kilogram)、克(gram)、毫克(milligram)、公吨(metric ton)、盎司(ounce)、磅(pound)、英钱(pennyweight)、格令(grain)、长吨(long ton)、短吨(short ton)、公担(kintal)等。

(2)按个数(numbers)计算:包括只(piece)、双(pair)、件(package)、头(head)、台、架、套(set)、打(dozen)、罗(gross)、令(ream)、包、捆(bundle,bale)、袋(bag)、箱(case)、盒(box)、卷(roll)、辆(unit)等。

(3)按长度(length)计算:码(yard)、米(meter)、千米(kilometre)、分米(decimetre)、英寸(inch)、英尺(foot)、厘米(centimeter)、毫米(millimetre)、微米(micrometre)。

(4)按面积(area)计算:平方码(square yard)、平方米(square meter)、平方千米(square kilometre)、平方分米(square decimetre)、平方英尺(square foot)、平方英寸(square inch)。

(5)按体积(volume)计算:立方米(cubic meter)、立方分米(cubic decimetre)、立方厘米(cubic centimetre)、立方码(cubic yard)、立方英尺(cubic foot)、立方英寸(cubic inch)。

(6)按容积(capacity)计算:升(liter)、毫升(milliliter)、加仑(gallon)、蒲式耳(bushel)等。

【案例3-7】买方向卖方订购50公吨货物,合同规定A、B、C、D、E五种规格按同等数量搭配,卖方按合同开立发票,买方凭发票和其他单据付了款。货到后发现所有50公吨货物均为A规格,买方只同意接受其中的五分之一,拒收其余的五分之四,并要求退回五分之四的货款。卖方争辩说,不同规格搭配不符合同,只能给予适当经济赔偿,不能拒收,更不能退款。于是买方诉诸法院,如果你是法官,应如何判决?为什么?

【案例分析】我为法官:买方胜诉。因为卖方没有按照合同进行交付货物,买方只同意接受其中的五分之一,拒收其余的五分之四,并要求退回五分之四的货款,是有道理的,卖方应该赔偿。

3.3.2 商品重量

在国际贸易中,按重量计量的商品很多,计算重量的方法主要有以下三种。

1. 毛重(gross weight)

毛重是指商品本身的重量加包装物的重量,这种计重办法一般适用于低值商品。

2. 净重(net weight)

净重是指商品本身的重量,即除去包装物后的商品实际重量。《联合国国际货物销售合同公约》规定:"如果价格是按货物的重量规定的,如有疑问,应按净重确定。"不过有些价值较低的农产品或其他商品,有时也采用"以毛作净"(gross for net)的方式计重,即以毛重当作净重计价。例如,蚕豆100公吨,单层麻袋包装,以毛作净。

3. 公量(conditioned weight)

国际货物贸易中的棉毛、羊毛、生丝等商品有较强的吸湿性,其所含的水分受客观环境的影响较大,故其重量很不稳定。为了准确计算这类商品的重量,国际上通常采用按公量计算的办法,即以商品的干净重(指烘去商品水分后的重量)加上国际公定回潮率与干净重的乘积所得出的重量,即为公量。

公量是指在计算货物重量时,用科学仪器抽去商品中所含的水分,再加上标准含水量所求得的重量。

$$公量=干量+标准水分量=干净重×(1+公定回潮率)$$
$$=实际重量×(1+标准回潮率)÷(1+实际回潮率)$$

例如,出口 10 公吨羊毛,公定回潮率为 11%,实际回潮率为 25%,求该批货物的公量。

解:该批货物的公量计算如下。

$$公量=10×(1+11\%)÷(1+25\%)=8.88(公吨)$$

4. 理论重量(theoretical weight)

对一些按固定规格生产和买卖的商品,只要其重量一致,那么每件的重量大体是相同的,所以一般可以从件数推算出总量。但是,这种计重方法是建立在每件货物重量相同的基础上的,重量如有变化,其实际重量也会发生差别,因此这种计重方法只能作为计重时的参考。

5. 法定重量(legal weight)

按照一些国家海关法的规定,在征收从量税时,商品的重量是以法定重量计算的。法定重量是指商品加上直接接触商品的包装物料,如销售包装等的重量,而除去这部分重量所表示出来的纯商品的重量,则称为实物净重。

3.3.3　数量机动幅度的掌握

数量的规定有以下几种情况。

1. 合同中数量明确规定

《公约》规定,卖方必须按合同数量条款的规定如数交付货物。如果卖方交货数量多于约定数量,买方可以收取或拒收多交部分货物的全部或一部分;如果卖方实际交货数量少于约定数量,则卖方应在规定的交货期届满前补交,但不得使买方遭受不合理的不便或承担不合理的开支,且买方有保留要求损害赔偿的任何权利。例外:《跟单信用证统一惯例》第 39 条 B 款。

2. 约量法

使用约数(approximately or about)条款来表示实际交货数量时,由于"约"数的含义在国际贸易中有不同解释,容易引起纠纷,因此如果买卖双方一定要使用"约"数条款时,双方应事先在合同中明确允许增加或减少的百分比,或在"一般交易条件"协议中加以规定,否则不宜采用。例外:《跟单信用证统一惯例》第 39 条 A 款。

《跟单信用证统一惯例》第 39 条规定如下。

A 款:凡"约、近似、大约"或类似意义的词语在用于涉及信用证金额或信用证规定的数量或单价时,在解释为允许有关金额、数量或单价可有 10% 的增减。

B款：除非信用证规定货物的数量不得增减，否则只要支取的金额不超过信用证金额，则可有5％的增减幅度。但当信用证规定的数量按包装单位或以个数计数时，则此增减幅度不再适用。

3. 溢短装条款

溢短装条款（more or less clause）规定卖方实际的交货数量可多于或少于合同所规定数量的一定幅度的条款，也称增减条款（plus or minus clause）或数量机动幅度条款。例如：

5000M/T，with 5％ more or less at seller's option

溢短装幅度决定的有以下三种情况。

（1）由卖方决定（at seller's option）。

（2）由买方决定（at buyer's option）。

（3）由承运人决定（at carrier's/ship's option）。

溢短装部分计价方法有以下两种。

（1）一般按合同价格计量。

（2）按国际市场市价计量。

实际装货日价格或实际卸货日价格或双方规定某个日期价格。超量计价利害关系分析如表3-2所示。

表3-2 超量计价利害关系分析

项　目	超量计价利害关系分析	
表超量交货	市价上涨	市价下跌
按合同价计算	不利卖方，利买方	利卖方，不利买方
按装运日价计算	利卖方，不利买方	不利卖方，利买方
按到货日格计算	利卖方，不利买方	不利卖方，利买方

【案例 3-8】合同中数量条款规定"10 000M/T 5％ MORE OR LESS AT SELLER'S OPTION."卖方正待交货时，该货物国际市场价格大幅度上涨，问：

（1）如果你是卖方，拟实际交付多少货量？

（2）如果站在买方立场上，磋商合同条款时，应注意什么？

【案例分析】卖方拟实际交付9 500～10 500M/T货量。站在买方立场上，在磋商合同条款时，应注重商品数量条款，注意实际应支付的货款，即在短装时少交货款，在溢装时多交货款。当超出溢短装条款界限时，应拒付货款，并向卖方索赔。

3.3.4　常用的度量衡单位换算

1. 长度

1英寸＝2.54厘米

1英尺＝12英寸＝0.304 8米

1 码＝3 英尺＝0.914 米

1 英里＝1 760 码＝1.609 千米

1 海里＝1 852 米

2. 面积

1 平方英寸＝6.45 平方厘米

1 平方英尺＝144 平方英寸＝9.29 平方分米

1 平方码＝9 平方英尺＝0.836 平方米

1 英亩＝4 840 平方码＝0.405 公顷

1 平方英里＝640 英亩＝259 公顷

3. 体积

1 立方英寸＝16.4 立方厘米

1 立方英尺＝1 728 立方英寸＝0.028 3 立方米

1 立方码＝27 立方英尺＝0.765 立方米

4. 容积

1) 英制

1 品脱＝20 液量盎司＝34.68 立方英寸＝0.568 升

1 夸脱＝2 品脱＝1.136 升

1 加仑＝4 夸脱＝4.546 升

1 配克＝2 加仑＝9.092 升

1 蒲式耳＝4 配克＝36.4 升

1 八蒲式耳＝8 蒲式耳 ＝2.91 百升

2) 美制

1 品脱＝33.60 立方英寸＝0.550 升

1 夸脱＝2 pints 品脱＝1.101 升

1 配克＝8 quarts 夸脱＝8.81 升

1 蒲式耳＝4s 配克＝35.3 升美制液量

1 品脱＝16 液量盎司＝28.88 立方英寸＝0.473 升

1 夸脱＝2 品脱＝0.946 升

1 加仑＝4 夸脱＝3.785 升

5. 其他常用度量衡

1 格令＝0.065 克

1 打＝12 件

1 打兰＝1.772 克

1 盎司＝16 打兰＝28.35 克

1 磅＝16 盎司＝7 000 谷＝0.453 6 千克

1 英石＝14 磅＝6.35 千克

1 英担＝8 英石＝50.80 千克

1 公吨＝10 公担＝1 000 千克

1 短吨（美吨）＝2 000 磅＝0.907 公吨

1 长吨（英吨）＝20 英担＝1.016 公吨

3.3.5 商品数量的英文表达方法

国际货物买卖合同中的数量条款多数是用英文来表达的，它是合同中不可缺少的主要条件之一，如"8 000 MT，5％ more or less at seller's option""about 1 000 MT，5％ more or less at seller's option"。按照某些国家的法律规定，卖方交货数量必须与合同规定相符，否则，买方有权提出索赔，甚至拒收货物。《联合国国际货物销售合同公约》也规定，按约定的数量交付货物是卖方的一项基本义务。如卖方交货数量大于约定的数量，买方可以拒收多交的部分，也可以收取多交部分中的一部分或全部，但应按合同价格付款。如卖方交货数量少于约定的数量，那么卖方就应在规定的交货期届满前补交，并且不得使买方遭受不合理的不便或承担不合理的开支，但即使如此，买方也可保留要求损害赔偿的权利。

1. 国际货物买卖合同中数量条款的基本内容

买卖合同中的数量条款，主要包括成交商品的数量和计量单位，如：1 000 包（面纱）；400 架（缝纫机）。按重量成交的商品，还需订明计算重量的方法。数量条款的内容及繁简应视商品的特性而定。

2. 国际货物买卖合同中数量条款应注意的问题

（1）正确掌握成交的数量。在洽商交易时，应正确掌握进出口商品的成交数量，避免心中无数，盲目成交。

（2）明确计量单位。按重量成交的商品应规定计算重量的方法，合同中如未规定重量的计算方法，一般按净重计算。按件数成交的商品，其数量应与包装件数相匹配。

（3）数量条款应当明确具体。为了便于履行合同和避免引起争议，进出口合同中的数量条款应当明确具体，不宜采用"大约"（about）、"近似"（circa）、"左右"（approximate）等带伸缩性的字眼来表示数量。按照国际商会《跟单信用证统一惯例》解释，凡"约"或"大约"或类似的词语用于信用证金额或信用证所列的数量或单价时，应解释为信用证金额、数量或单价有不超过10％的增减幅度。此外，《跟单信用证统一惯例》还规定："除非信用证规定所列的货物数量不得增减，否则在支取金额不超过信用证金额的条件下，货物数量允许有5％的增减幅度，但数量以包装单位或个数计数时，此增减幅度不适用。"

（4）合理规定数量机动幅度。在粮食、矿砂、化肥和食糖等大宗商品的交易中，为了使交货数量具有一定范围内的灵活性和履行合同的便利性，买卖双方可在合同中合理规定数量机动幅度，即使用溢短装条款（more or less clause）。多数情况下该条款是对卖方交货的规定。溢短装条款是指在合同中规定，卖方在交货时有权根据交货时的具体情况多装或少装一定数量的货物，但以不超过成交数量的一个确定的百分比为限。例如：500 公吨，卖方可多交或少交 3％（500 MT，3％ more or less at seller's option）。溢短装条款的主要内容有：溢短装的百分比；溢短装的选择权；溢短装部分的作价。一般来说，机动幅度的选择权通常由卖方决定，但在买方安排运输的条件下，也可由买方或船方决定。对溢短装部分的作价办法,可采用按装船时或货到时的市价计算,如无相关规定,可按合同价格计算。

3.4 商品包装

【案例3-9】英国 M 公司以 CIF 伦敦的条件,从 N 公司购买了 300 箱澳大利亚水果罐头。合同的包装条款规定:"箱装,每箱 30 听。"卖方所交货物中有 150 箱为每箱 30 听装,其余 150 箱为每箱 24 听,买方拒收。卖方争辩"每箱 30 听"字样并非合同的重要部分,不论是 24 听还是 30 听,其品质均与合同相符,因此,买方应接受。买方拒收是否有道理?为什么?

【案例分析】买方拒收是有道理的。因为 150 箱中每箱 24 听,不符合合同要求。

3.4.1 商品包装概述

商品包装是商品的盛载物、保护物和宣传物,是商品运动过程中的有机组成部分。理解商品包装的含义,包括两个方面:一方面是指盛装商品的容器,通常被称为包装物,如箱、袋、筐、桶、瓶等;另一方面是指包装商品的过程,如装箱、打包等。商品包装具有从属性和商品性两种特性。具体的表现为:包装是其内装物的附属品;商品包装是附属于内装商品的特殊商品,具有价值和使用价值;同时又是实现内装商品价值和使用价值的重要手段。

1. 商品包装的作用

(1)保护被包装的商品。商品包装可防止风险和损坏,诸如渗漏、浪费、偷盗、损耗、散落、掺杂、收缩和变色等。

(2)便于搬运和流通。制造者、营销者及顾客要把产品从一个地方搬到另一个地方,包装可以为搬运提供方便。

(3)便于商品的辨别。包装上必须注明产品型号、数量、品牌以及制造厂家或零售商的名称。(运输包装标志)

(4)促进产品销售。包装也是增加产品附加值的重要手段,新颖独特、精美合理的包装可以确保商品价值的增值。

(5)方便消费。

(6)提高商品价值,促进使用价值的实现。

2. 商品包装的四大要素

(1)包装材料。包装材料是包装的物质基础,是包装功能的物质承担者。

(2)包装技术。包装技术是实现包装保护功能、保证内装商品质量的关键。

(3)包装结构造型。包装结构造型是包装材料和包装技术的具体形式。

(4)表面装潢。表面装潢是通过画面和文字美化、宣传和介绍商品的主要手段。

3.商品包装的分类

商品包装种类繁多,常见的商品包装的分类和包装种类如下。

1)按商业经营习惯分类

(1)内销包装。内销包装是为了适应在国内销售的商品所采用的包装,具有简单、经济、实用的特点。

(2)出口包装。出口包装是为了适应商品在国外的销售,针对商品的国际长途运输所采用的包装。在保护性、装饰性、竞争性、适应性上要求更高。

(3)特殊包装。特殊包装是为工艺品、美术品、文物、精密贵重仪器、军需品等所采用的包装,一般成本较高。

2)按流通领域中的环节分类

(1)小包装。小包装是指直接接触商品,与商品同时装配出厂,构成商品组成部分的包装。商品的小包装上多有图案或文字标识,具有保护商品、方便销售、指导消费的作用。

(2)中包装。中包装是商品的内层包装,又称销售包装。多为具有一定形状的容器等。它具有防止商品受外力挤压、撞击而发生损坏或受外界环境影响而发生受潮、发霉、腐蚀等变质变化的作用。

(3)外包装。外包装是商品最外部的包装,又称运输包装。多是若干个商品集中的包装。商品的外包装上都有明显的标记。外包装具有保护商品在流通中的安全的作用。

3)按包装形状和材料分类

以包装材料为分类标志,商品包装可分为纸类、塑料类、玻璃类、金属类、木材类、复合材料类、陶瓷类、纺织品类、其他材料类等包装。

4)按防护技术方法分类

以包装技法为分类标志,商品包装可分为贴体、透明、托盘、开窗、收缩、提袋、易开、喷雾、蒸煮、真空、充气、防潮、防锈、防霉、防虫、无菌、防震、遮光、礼品、集合包装等。

【案例 3-10】 在荷兰某超级市场上有黄色竹制罐装的茶叶一批,罐的一面刻有中文"中国茶叶"四字,另一面刻有我国古装仕女图,看上去精致美观,颇具民族特点,但国外消费者少有问津。问其故何在?

【分析案例】 问题主要出在文字说明方面。出口商品的销售包装上应有必要的文字说明,如商标、牌名、品名、产地、数量、规格、成分、用途和使用方法等。使用的文字必须简明扼要,并让顾客能看懂,必要时也可中外文同时并用。具体到本案例,当地人除了对仕女图投入一瞥外,不知内装何物。即使消费者知道内装为茶叶,也不知道红茶还是绿茶,分量多少,质量如何。因此上述包装不便于消费者了解商品,消费者无法产生购买兴趣。

3.4.2 商品包装的分类和包装标志

1.商品包装的分类

商品的包装(packing of commodity)是为了有效保护商品品质的完好和数量的完整,而采用一定的方法将商品置于合适容器中的一种措施。

按包装在流通过程中所起作用的不同,可分为销售包装和运输包装。

【案例 3-11】世界杯期间,日本一进口商为了促销运动饮料,向中国出口商订购 T 恤衫,要求以红色为底色,并印制"韩日世界杯"字样,此外不需要印制任何标识,用于在世界杯期间作为促销手段随饮料销售赠送现场球迷,合同规定 5 月 20 日为最后装运期,我方组织生产后于 5 月 25 日将货物按质按量装运出港,并备齐所有单据向银行议付货款。然而货到时由于日本队止步于 16 强,日方估计到可能的积压损失,以单证不符为由拒绝赎单,在多次协商无效的情况下,我方只能将货物运回以在国内销售减少损失,但是在货物途经海关时,海关认为由于"韩日世界杯"字样及英文标识的知识产权为国际足联所持有,而我方外贸公司不能出具真实有效的商业使用权证明文件,因此海关以侵犯知识产权为由扣留并销毁了这一批 T 恤衫。请分析海关的处置是否正确。

【案例分析】海关处置正确。这实际上是一个定牌中性包装问题,在国际贸易中对于中性包装,尤其是定牌中性包装,除按照买方的要求注明有关商标、牌号外,还应注明以后因此而产生的侵权行为或知识产权纠纷,由买方承担一切责任和费用。

1)销售包装

销售包装又称内包装,是直接接触商品并随商品进入零售网点,和消费者直接见面的包装,这类包装除必须具有保护商品的功能外,更应具有促销的功能。因此,对销售包装的造型结构、装潢画面和文字说明等方面,都有较高的要求。

销售包装除了能保护商品的品质外,还有提高商品价值的作用。有些商品只有进行销售包装才能销售。对销售包装的要求:①便于陈列展售;②便于识别商品;③便于携带及使用;④要有艺术吸引力。

销售包装的制作要刷制物品条形码(product code),物品条形码能够表示一定的信息,它通过光电扫描阅读装置输入相应的计算机系统,即可判断出该种货物的生产国别、地区、生产厂家、品种规格及售价等。它是货物进入超级市场和大型百货商店的先决条件。世界上较有影响的条形码主要有以下几种。

(1) 美国统一代码委员会(UCC)编制的 UPC 码(universal product code)。

(2) 国际物品编码协会(IAN)编制的 EAN 码(European article number)。

(3) 其他。

① 三九条码(3 of 9 bar code 或 code 39)

② 九三条码(code 93 bar code)

③ 库德巴条码(codabar bar code)

④ 二五条码(2 of 5 bar code)

条形码如图 3-1 所示。

6 923968 500105

图 3-1　条形码

在图 3-1 中，692 为前缀码；3968 为制造厂商代码；50010 为商品项目代码；5 为校验码。

条形码技术的优点：易于制作，成本低；扫描操作简单，信息采集速度快；信息输入准确可靠；灵活、实用、自由度大。

条码技术的应用：商店自动化销售管理系统（POS）；商品信息的电子数据交换（EDI）。

销售包装可采用不同的包装材料和不同的造型结构与式样，这就使得销售包装具有多样性，究竟采用何种销售包装，主要根据商品特性和形状而定。在销售包装上，一般都附有装潢画面和文字说明，有的还印有条形码的标志。

目前，世界上许多国家都在商品包装上使用条形码。条形码是由一组带有数字的黑白及粗细间隔不等的平行条纹组成，这是利用光电扫描阅读设备为计算机输入数据的特殊的代码语言。只要将条形码对准光电扫描器，计算机就能自动地识别条形码的信息，确定品名、品种、数量、生产日期、制造厂商、产地等相关信息。

为了适应国际市场的需要并扩大出口，1988 年 12 月我国建立了"中国物品编码中心"，负责推广条形码技术，并对其进行统一管理。1994 年 4 月我国正式加入国际物品编码协会，该协会分配给我国的国别号为"690""691""692"。此外，我国书籍代码为"978"、杂志代码为"977"。凡标有上述国别号条形码的，即表示是中国生产的商品。目前国际上通用的另一种条形码是 UPC 码，即商品统一代码，由美国统一代码委员会编制，常见于美国、加拿大地区的商品上。

【案例 3-12】 某公司出口某种化工原料，共 500 公吨。合同规定以"单层新麻袋，每袋 50 公斤"包装。但该公司装船发货时发现新麻袋装的货物只够 450 公吨，于是将剩余 50 公吨货物用一种更结实、价格更高的涂塑麻袋包装，结果被对方要求索赔。对方索赔是否有道理？为什么？

【案例分析】 对方索赔是有道理的。因为我方没有按照合同规定使用包装袋，违反了合同，应该承担责任。

2）运输包装

运输包装又称外包装，其主要作用在于保护商品和防止出现货损货差。运输包装的方式和造型多种多样，用料和质地各不相同。在国际贸易中，买卖双方究竟采用何种运输包装，应在合同中具体订明。

运输包装包括单件包装和集合包装。

（1）单件包装（single-piece packing）有箱（wooden case；crate；carton；corrugated carton）、桶（iron drum；wooden cask）、袋（gunny bag；cloth bag；plastic bag；paper bag）、捆/包（bundle；bale）、罐（can）、篓（basket）、瓶（bottle；cylinder）、坛（demijohn；carboy）。

（2）集合包装是指将一定数量的单件商品组合成一件大的包装或装入一个大的包装容器内。集合包装可以提高港口装卸速度，便利货运，减轻装卸搬运的劳动强度，降低运输成本和节省运杂费用，更好地保护商品的质量和数量，并促进包装的标准化。集合包装主要有集装箱包装、集装包、袋包装和托盘包装等。托盘种类如图 3-2 所示。

【案例 3-13】 合同规定糖水橘子罐头，每箱 24 听，每听含五瓣橘子，每听罐头上用英

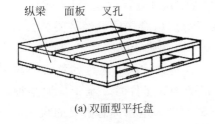
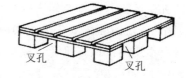

(a) 双面型平托盘　　(b) 单面型平托盘

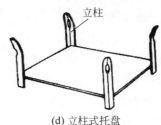

(c) 托架　　(d) 立柱式托盘

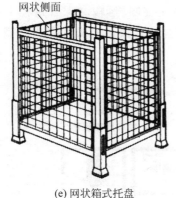
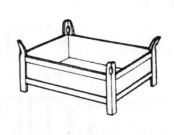

(e) 网状箱式托盘　　(f) 板状箱式托盘

图 3-2　各种托盘示意图

文标明"MADE IN CHINA"。卖方为了讨吉利,每听装了六瓣橘子,装箱时,为了用足箱容,每箱装了 26 听,在刷制产地标志时,只在纸箱上标明"MADE IN CHINA",到货后,买方以包装不符合同规定及未按合同规定标明产地为由要求赔偿,否则拒收整批货物。买方要求是否合理?为什么?

【案例分析】买方要求是合理的。因为卖方没有按照合同要求进行装箱包装不符合同规定及未按合同规定标明产地,买方要求合理。

2. 包装标志

在运输包装上有时要涉及包装标志的问题。包装标志是指在商品的包装上书写、压印、刷制各种有关的标志,以便识别货物,有利于装卸、运输、仓储、检验和交接工作的顺利进行。包装标志按其用途可分为运输标志、指示性标志和警告性标志三种。

1) 运输标志

运输标志(shipping mark)又称唛头,是由一个简单的几何图形和一些字母、数字及简单的文字组成。其主要内容包括:①目的地的名称或代号;②收、发货人的代号;③件号、批号。此外,有的运输标志还包括原产地、合同号、许可证号和体积与重量等内容。运输标志的内容繁简不一,由买卖双方根据商品的特点和具体要求商定。

　　鉴于运输标志的内容差异较大,有的过于繁杂,不适应货运量增加、运输方式变革和电子计算机在运输与单据流转方面应用的需要,因此,联合国欧洲经济委员会简化国际贸易程序工作组,在国际标准化组织和国际货物装卸协调协会的支持下,制定了一套运输标志向各国推荐使用。该标准化运输标志包括:①收货人或买方名称的英文缩写字母或简称;②参考号,如运单号、订单号或发票号;③目的地;④件号。至于根据某种需要而须在运输包装上刷写的其他内容,如许可证号等,则不作为运输标志必要的组成部分。标准化运输标志实例如下:

ABC 收货人代号

S/C2002 参考号

LONDON 目的地

1/25 件数代号

2) 指示性标志

　　指示性标志(indicative mark)是指提示人们在装卸、运输和保管过程中需要注意的事项,一般是以简单、醒目的图形和文字在包装上标出,故也有人称其为注意标志。各种指示性标志如图 3-3 所示。

图 3-3　指示性标志图形

3) 警告性标志

　　警告性标志(warning mark)又称危险货物包装标志,是指凡在运输包装内装有爆炸品、易燃物品、有毒物品、腐蚀物品、氧化剂和放射性物质等危险货物时,都必须在运输包装上标明用于各种危险品的标志,以示警告,使装卸、运输和保管人员按货物特性采取相应的防护措施,以保护物资和人身的安全。

在我国出口危险货物的运输包装上,要标明我国和国际上所规定的两套危险品标志。警告性标志如图 3-4 所示。

图 3-4　警告性标志图形

3. 定牌、无牌和中性包装问题

采用定牌和中性包装(neutral packing)生产,是国际贸易中常用的习惯做法。

定牌是指卖方按买方要求在其出售的商品或包装上标明买方指定的商标或牌号,这种做法也称定牌生产。卖方同意采用定牌,是为了利用买方(包括生产厂商、大百货公司、超级市场和专业商店)的经营能力和他们的企业商誉或名牌声誉,以提高商品售价和扩大销售数量。

无牌是指买方要求在卖方的出口货物或包装上免除任何商标或牌名的做法。其主要用于待进一步加工的半成品。无牌商品无须进行广告宣传,因此,可避免浪费,降低销售成本。

中性包装是指既不标明生产国别、地名和厂商名称,也不标明商标或品牌的包装。也就是说,在出口商品包装的内外,都没有原产地和厂商的标记。中性包装包括无牌中性包装和定牌中性包装两种。前者是指包装上既无生产国别和厂商名称,又无商标或品牌;后者是指包装上仅有买方指定的商标或品牌,但无生产国别和厂商名称。

采用中性包装,是为了打破某些进口国家与地区的关税和非关税壁垒以及适应交易的特殊需要(如转口销售等),它是出口国家厂商加强对外竞销和扩大出口的一种手段。因此为了把生意做活,对国际贸易中的这种习惯做法,我们也可酌情采用。但使用时要注意避免发生知识产权纠纷。

中性包装要注意的问题如下。

(1) 采用中性包装后商品售价应合理,不应该影响我方外汇收入。

(2) 在接受定牌中性包装时,对买方提供的商标要慎重,考虑是否有可能侵犯到他人的商标专用权。

(3) 在接受定牌中性包装条件时,要注意审查买方提供的图案,文字内容是否有损于我国声誉或与我国对外政策相抵触。

(4) 要注意品牌策略。

3.4.3　国际货物买卖合同中的包装条款

包装是货物说明的重要组成部分,而包装条件也是买卖合同中的一项主要条件。按照某些国家的法律规定,如卖方交付的货物未按约定的条件包装,或者货物的包装与行业习惯不符,那么买方有权拒收货物。如果货物虽按约定的方式包装,但却与其他货物混杂在一起,那买方也可以拒收违反约定包装的那部分货物,甚至可以拒收整批货物。

1. 国际货物买卖合同中包装条款的基本内容

国际货物买卖合同中包装条款一般包括包装材料、包装方式、包装规格、包装标志和包装费用的负担等内容。

2. 订立国际货物买卖合同中的包装条款应注意的问题

为了订立好包装条款,以利合同的履行,在商订包装条款时,需要注意下列事项。

(1) 要考虑商品的特点和不同运输方式的要求。

(2) 对包装的规定要明确具体,一般不宜采用"海运包装"和"习惯包装"之类的术语。

(3) 明确包装由谁供应和包装费由谁负担。

关于包装费用,一般包括在货价之中,不另计收。但也有不计在货价之内而规定由买方另行支付的情况。因此究竟由何方负担,应在包装条款中做出明确的规定。

3. 国际买卖合同中一些包装条款的英文表达

国际买卖合同中包装材料、包装方式的英文表达:

In cartons, containing 60 tins of 6 000 tablets.

In cartons or crates of about 12kg net, each fruit wrapped with paper.

国际买卖合同包装条款中关于唛头的英文表达:

Each package shall be stenciled with gross and net weights, package number, measurement, port of destination, country of origin and the following:

Shipping Mark:

SUMIKIN

KB2020/13

OSAKA

NOS1-42

MADE IN CHINA

TIANJIN VICTORY IMPORT & EXPORT CORP

国际买卖合同的部分包装条款实例:

In single, new, used and/or repaired gunny bags of 90kg each.

In baskets of 50kg each, covered with hessian cloth and secured with ropes.

In tin-lined cartons of 11 kilos net each.

In cartons of 48 tins×312 oz net each.

In cartons, each containing 4 boxes about 9 lbs, each fruit waxed and wrapped with paper.

4. 包装应注意的问题

(1) 出口包装要遵循各国对包装的有关规定和惯例。

美国对木质包装材料的要求对所有以有关木质材料为包装(包括装货托板、装货箱、盒子、货垫、木块、垫木等)的货品均受影响(豁免除外)。美国规定国际货物所使用的木质包装材料必须经过加热处理,最低木心温度为56℃,且须处理30分钟以上,或以甲基溴进行熏蒸约 16 小时。此外,木质包装材料必须加上国际植物保护公约的标记,以及国际标准化组织 ISO 的双字母国家编码,来显示处理木质包装材料的国家。标记还必须包括由国家植物保护机构向负责公司分配的独有号码,以确保木质包装材料已经经过适当的处理。美国还规定,为防止植物病虫害的传播,禁止使用稻草作为包装材料,海关一旦发现稻草包装材料必须当场烧毁。

日本、加拿大、毛里求斯及欧洲若干国家也都禁用稻草、干草和报纸屑作为包装衬垫物。埃及禁用原棉、葡萄树枝、旧材料或易于滋生害虫、寄生虫的植物材料作为包装衬垫物。

新西兰农渔部农业检疫所规定,进口商品的包装严禁使用土壤、泥灰、干草、稻草、麦草、谷壳或糠、生苔物、用过的旧麻袋和其他废料等作为进口商品的包装。

菲律宾卫生部和海关规定,凡进口的货物禁止用麻袋和麻袋制品及稻草、草席等材料包装。

澳大利亚防疫局规定,凡用木箱包装(包括托盘木料)的货物进口时,均须提供熏蒸证明。

(2)注重各国运输包装上的文字要求。

加拿大政府规定,进口商品包装上必须同时使用英、法两种文字。

希腊商业部规定,凡进口到希腊的外国商品包装上的字样,除法定例外者,均要以希腊文书写清楚。否则将追诉并处罚代理商、进口商或制造商。包装上书写的项目应包括:代理商或公司名称、进口商或制造商全名(如两家以上也要逐一写明)、上述商号公司营业地址与城市名称、制造国家名称、货物的内容和种类、货物净重量或液体货品毛重量。

销往中国香港的食品标签必须用中文,但食品名称及成分须同时用英文注明。

销往法国的产品的装箱单及商业发票须用法文。包装标志说明,若不以法文书写的则应附法文译注。

销往阿拉伯地区的食品、饮料必须用阿拉伯文字说明。

销往巴西的食品要附葡萄牙文译文。

(3)努力实现运输包装标准化,使我国出口包装与国际包装的标准逐步一致。

包装标准化指"七个统一":即统一包装材料、统一结构形状、统一规格尺寸、统一包装容量、统一包装标志、统一包装方法、统一固定方法。

例如,欧盟包装标签和标志制度要求,欧盟市场上的商品包装标签(label)和标记(mark)有强制性和自愿性两种。标记为符号或图形,指示最终用户在消费或使用商品时应注意的安全、健康或环保方面的问题。若标签是以文字或数字形式出现,则主要提供产品更为详细的情况。

强制性 CE 认证标记:要求若想通过 CE 的认证,则该工业产品必须符合 CE 认证的要求并加贴 CE 认证的标志才能进入欧盟市场。

(4)对包装方式、材料要做出明确的规定,必要时对包装标志的内容和费用也要作出规定。

文字的使用要正确,避免含糊不清,例如:

seaworthy packing(适合海运包装)

customary packing（习惯包装）

（5）尊重进口国的文化习俗和宗教礼仪，避免包装上出现忌讳文字或图案。

在一些国家，数字上的禁忌也是包装设计所要注意的问题。例如，日本忌讳"4"和"9"这两个数字，因此，出口日本的产品，不能以"4"为包装单位，像4个杯子一套，4瓶酒一箱等这类包装，在日本都不受欢迎；又如欧美人忌讳"13"。

除数字外，一些国家也有禁忌的图案，例如，阿拉伯国家禁用六角星图案（与以色列国旗的图案相似）；信奉伊斯兰教的国家禁用猪或类似猪的图案（如熊和熊猫）；沙特阿拉伯严禁在文具上印绘酒瓶、教堂、十字架图案；英国商标上忌用人像作商品包装图案，忌用大象、山羊图案，喜好白猫；法国忌用核桃、黑桃图案，视孔雀为恶鸟，视马为勇敢的象征。

（6）慎重考虑定牌中性包装问题。

本 章 小 结

本章主要介绍了商品的名称、品质、数量和包装。商品的名称是一种商品区别于其他商品的称呼。随着社会的发展和人类的进步，商品的种类越来越多，如何将商品进行合理的分类就显得十分重要。商品的品质是指商品的内在特性和外在质量。表示商品品质方法基本上分为两大类：一类是用文字和图示说明表示；另一类是凭实物样品买卖。具体采用哪种方法，应视商品特征而定。在合同中，品质条款一般要列明商品的品名、规格、标准和商标等。对于某些商品也可规定商品的品质机动幅度与公差。

此外，本章还介绍了商品的数量。商品的数量是指表示商品的重量、个数、长度、面积、体积和容积等的量。在国际贸易中，按重量计量的商品很多。通常计算重量的方法有：毛重、净重、公量和理论重量。在合同中，数量条款一般应包括交易的具体数量和计量单位，但多数合同都会采用溢短装条款来订立数量的机动幅度。

本章最后介绍了商品的包装。商品的包装是商品的盛载物、保护物和宣传物，是商品运动过程中的有机组成部分。所有商品可以被分为无包装的散装货（cargo in bulk）、裸装货（nude cargo）和有包装货。包装则一般被分成运输包装（transportation packing/outer packing）和销售包装两大类。

练习思考题

一、专业术语英译中（请将下列英文翻译成中文）

1. name of commodity

2. quanlity of goods

3. sale by sample

4. sale by descriptions and illustrations

5. counter sample

6. sale by grade

7. for reference only

8. name of origin

9. quantity of commodities

10. volume

11. gross for net   12. 8 000 mt 5% more or less at seller's option

13. conditioned weight   14. theoretical weight

15. approximate   16. more or less clause

17. packing of goods   18. shipping mark

19. seaworthy packing   20. warning mark

21. in cartons containing 60 tins of 1 000 tab each

22. in tin-lined cartons of 11 kilos net each

二、单项选择题

1. 凭文字说明表示品质,是指用(　　　　)等方式来说明成交商品的品质。

    A. 文字、图表、图片   B. 文字、数字、图片

    C. 文字、图表、字母   D. 符号、图表、图片

2. 商品名称又称品名,是指能使某种商品区别于其他商品的一种(　　　　)。

    A. 称呼或概念   B. 称呼或形象   C. 称赞或概念   D. 称赞或形象

3. 商品品质是指商品的(　　　　)的综合。前者包括商品的物理性能、机械性能、化学成分和生物特性等自然属性,后者包括商品的外形、色泽、款式或透明度等。

    A. 内在素质和外观形态   B. 内在素质和内在形态

    C. 外在素质和外观形态   D. 外在素质和内在形态

4. 品质机动幅度是指允许卖方所交货物的品质指标可有一定幅度范围内的差异。只要(　　　　)所交货物的品质没有超出机动幅度的范围,买方就无权拒收货物。

    A. 卖方   B. 买方   C. 第三方   D. 担保方

5. (　　　　)是指以一定的度量衡单位表示的商品的重量、个数、长度、面积、容积和体积等的量。

    A. 商品衡量   B. 商品统计   C. 商品数量   D. 商品多少

6. 商品的包装是商品的盛载物、保护物和(　　　　),是商品运动过程中的有机组成部分。

    A. 广告牌   B. 宣传物   C. 美化产品   D. 附加物

7. 销售包装又称(　　　　),是直接接触商品并随商品进入零售网点和消费者直接见面的包装,这类包装除必须具有保护商品的功能外,更应具有促销的功能。

    A. 内包装   B. 外包装   C. 捆扎包装   D. 挂式包装

8. 商品运输包装又称(　　　　),其主要作用在于保护商品和防止出现货损货差。

    A. 外包装   B. 内包装   C. 中间包装   D. 附加包装

9. 包装标志主要包括(　　　　)、指示性标志和警告性标志。

    A. 运输标志   B. 运输指示   C. 运输包装   D. 运输工具

10. 定牌是指卖方按买方要求在其出售的商品或包装上标明买方指定的商标或牌号,这种做法也称定牌生产。

    A. 定牌   B. 中性包装   C. 无牌   D. 无牌中性包装

三、多项选择题

1. 凭实物表示品质,可分为(   ),又可分为看货买卖和凭样品买卖。
   A. 定牌　　　　　　B. 中性包装　　　　C. 无牌　　　　　　D. 无牌中性包装

2. 常见商品品质缺陷纠纷包括(   )。
   A. 设计上的缺陷　　　　　　　　　　B. 原材料的缺陷
   C. 制造装配上的缺陷　　　　　　　　D. 指示上的缺陷

3. 对出口商品数量把控应从以下(   )方面考虑。
   A. 国外市场的供求情况　　　　　　　B. 国内货源情况
   C. 国际市场的价格动态　　　　　　　D. 国外客户的资信状况和经营能力

4. 通常使用计量方式包括(   )。
   A. 重量　　　　B. 个数量和长度　　　C. 面积和体积　　　D. 容积

5. 商品包装的四大要素包括(   )。
   A. 包装材料　　　B. 包装技术　　　　C. 包装结构造型　　　D. 表面装潢

6. 下列属于销售包装的是(   )。
   A. 挂式包装　　　B. 堆叠式包装　　　C. 便携式包装　　　D. 易开包装

7. 包装可分为(   )两大类。
   A. 运输包装　　　B. 销售包装　　　　C. 采购包装　　　　D. 供货包装

8. 运输包装包括(   )。
   A. 单件包装　　　B. 集合包装　　　　C. 捆扎包装　　　　D. 桶包装

9. 唛头内容包括(   )。
   A. 收货人代号　　B. 合同参考号　　　C. 目的地　　　　　D. 件数代号

10. 包装标志主要包括(   )。
    A. 运输标志　　　B. 指示性标志　　　C. 警告性标志　　　D. 提示标志

四、判断题

1. 包装条款一般包括包装材料、包装方式、包装规格、包装标志和包装费用的负担等内容。　　　　　　　　　　　　　　　　　　　　　　　　　　　　　　　(   )

2. 品质公差是指允许交付货物的特定质量指标在公认的一定范围内的差异。　(   )

3. 制定数量条款时,应注意:计量单位(考虑采用的度量衡制度)、计量方法、交付数量和数量机动幅度以及交付时间和地点。　　　　　　　　　　　　　　　　(   )

4. 进出口合同中的数量条款应当明确具体,不宜采用"大约""近似""左右"等带伸缩性的字眼来表示数量。　　　　　　　　　　　　　　　　　　　　　　　　(   )

5. 国际货物贸易中的棉毛、羊毛、生丝等商品有较强的吸湿性,其所含的水分受客观环境的影响较大,故其重量很不稳定。　　　　　　　　　　　　　　　　　　(   )

6. 净重是指商品本身的重量,即除去包装物后的商品实际重量。　　　　　(   )

7. 卖方同意采用定牌,是为了利用买方(包括生产厂商、大百货公司、超级市场和专业商店)的经营能力和他们的企业商誉或名牌声誉,以提高商品售价和扩大销售数量。
　　　　　　　　　　　　　　　　　　　　　　　　　　　　　　　　　　(   )

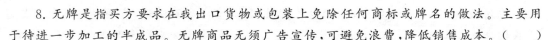

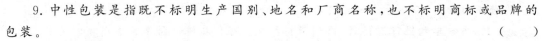

8. 无牌是指买方要求在我出口货物或包装上免除任何商标或牌名的做法。主要用于待进一步加工的半成品。无牌商品无须广告宣传,可避免浪费,降低销售成本。（　　　）

9. 中性包装是指既不标明生产国别、地名和厂商名称,也不标明商标或品牌的包装。　　　　　　　　　　　　　　　　　　　　　　　　　　　　　（　　　）

10. 采用中性包装,是为了打破某些进口国家与地区的关税和非关税壁垒以及适应交易的特殊需要(如转口销售)。　　　　　　　　　　　　　　　　（　　　）

五、简答题

1. 什么是商品名称? 命名商品有哪些种类?

2. 什么是商品品质? 商品品质是怎样分类的?

3. 什么是商品数量? 订立数量条款应该注意哪些问题?

4. 什么是品质机动幅度? 品质的机动幅度在合同条款中规定有哪几种情况?

5. 什么是溢短装条款? 溢短装部分如何计价?

6. 什么是商品的包装? 它有哪些作用?

7. 运输标志的必要组成部分有哪些?

8. 国际货物买卖合同中包装条款的基本内容有哪些?

9. 什么是定牌? 什么是无牌? 什么是中性包装?

10. 商品包装有哪些应注意的问题?

六、案例分析题

1. 我国一进出口商出口苹果酒一批,国外开来信用证货物品名为"Apple Wine",我方为单证一致起见,所有单据上均用"Apple Wine"。不料货到国外后遭海关扣留罚款,因为该批酒的内外包装上均写的是 Cider 字样。国外海关的扣留罚款是否有道理? 为什么?

2. 某出口公司与俄商凭样成交一批高档瓷器。复验期为 60 天,货到后经俄方复验后未提出任何异议。但时隔一年买方来电称瓷器全部出现釉裂,只能削价处理,要求该出口公司按原成交价赔偿 60% 的损失。该出口公司接电后立即查看留存的复样,发现其釉下也有裂纹。我方是否应赔偿? 为什么?

3. 我方一外贸公司,急于求成,某年 5 月与新加坡商人达成一笔合同,我方出口一批大理石板,品质要求: 纯黑色,晶墨玉,四边无倒角,表面无擦痕,允许买方到工厂验货,7 月份交货。由于品质要求苛刻,加工难度大,批量小,货价低,交货期又紧,生产加工企业都不愿接受。交货期被迫延长,后经努力,终于交出一批货。到货后经检验不合格,买方提出索赔。经仲裁,以我方最终赔偿对方 28 000 美元了结。我方应吸取什么教训? 为什么?

4. 我方某公司与国外某客商成交龙井茶一批,合同要求二级茶叶,卖方实际交货时发现二级茶叶库存已罄,便在未征得买方同意情况下,以一级茶叶抵充二级茶叶交货,并电告买方"一级茶叶仍按二级茶叶计价,不另外收费"。卖方这种做法是否妥当? 为什么?

5. 某外贸公司对中东某国家出口电风扇 1 000 台。国外开来信用证规定不允许分运。但到出口装船才发现有 40 台的包装破裂，造成有的风罩变形，有的开关脱裂。临时更换已来不及。为了保证出口产品质量，发货人认为，根据《跟单信用证统一惯例》的规定，即使不准分运，在数量上也允许有 5% 的伸缩。如少装这 40 台并未超过 5%。实际装船 960 只，当持单到银行议付时，遭到银行拒绝。银行拒绝议付是否有道理？为什么？

6. 某出口公司与外商签订合同：出口大米 1 000 公吨，麻袋包装，每袋 100 公斤，以装运数量条件计价，信用证支付。分别在如下价格条款的情况下：每公吨 USD 300 F.O.B. 中国口岸；每袋 USD 30 F.O.B. 中国口岸。若出口商实际装运数量为 970 公吨（或 9 700 袋），是否允许？

7. 某出口公司在某次交易会上与外商当面谈妥出口大米 10 000 公吨，每公吨 USD 275 F.O.B. 中国口岸。但我方在签约时，合同上只笼统地写了 10 000 吨（ton），我方当事人主观认为合同上的吨就是指公吨（metric ton）。后来，外商来证要求按长吨（long ton）供货。如果我方照证办理则要多交 160.5 公吨，折合 44 137.5 美元。于是我方要求修改信用证，而外商坚持不改，双方发生贸易纠纷。双方发生贸易纠纷的原因是什么？如何避免？

8. 某出口公司出口一批驴肉到日本。合同规定，该批货物共 25 公吨，装 1 500 箱，每箱净重 16.6 千克。如按规定装货，则总重量应为 24.9 公吨，余下 100 千克可以不再补交。当货物运抵日本港口后，日本海关人员在抽查该批货物时，发现每箱净重不是 16.6 千克而是 20 千克，即每箱多装了 3.4 千克。

因此，该批货物实际装了 30 吨。但在所有单据上都注明了 24.9 公吨。议付货款时也按 24.9 公吨计算，白送 5.1 公吨驴肉给客户。此外，由于货物单据上的净重与实际重量不符，日本海关还认为我方少报重量有帮助客户逃税的嫌疑，向我方提出意见。经我方解释，才未予深究。但多装 5.1 公吨驴肉，不再退还，也不补付货款。本案说明了什么问题？我方要吸取什么教训？

9. A 出口公司与国外客户 B 公司在 2021 年 1 月议定 1×20′ 集装箱产品 P2（货号 934）。此 1×20′ 集装箱的 934 产品中，客户有两种规格，每一规格有两种不同的包装，卖给两个不同的最终用户，意味着四种不同样式的产品包装。每种包装的产品 100 箱，共计 400 箱，唛头如下。

STL-953 QTY.: PCS（每箱多少支）

ITEM NO. 934 G.W.: KGS（毛重）

C/NO.1-01 N.W.: KGS（净重）

MADE IN CHINA MEAS.: CM

然而，A 出口公司以为工厂会在正唛上按照箱子的流水号来编排，因此在下订单时没有注明在正唛的"C/NO.1"后按照流水号来编写具体的箱号，结果工厂没有在正唛上按照箱子的流水号来编写，而产品货号又全部一样。货物到达目的港后，客户无法区分货物，不得不一箱箱打开包装找货，浪费了人工费，造成了很严重的损失。客户提出索赔，A出口公司相应给予客户赔款。客户提出索赔是否合理？为什么？

10. 一瑞典客户购买我方塑料发夹，但要求改用买方商标，并且在包装上不得注明"中国制造"字样，我方能否接受？一旦该货拒收，我方能否将该批货物直接售给同一地区的其他客户？为什么？

第 4 章

国际贸易术语

学习目标

（1）了解国际贸易术语的含义与作用。

（2）了解有关国际贸易术语的国际惯例。

（3）掌握《2010 年国际贸易术语解释通则》中 11 个国际贸易术语的含义及相关知识。

（4）要求学生掌握《2020 年国际贸易术语解释通则》中 11 个国际贸易术语的含义相关知识。

（5）重点掌握 FOB、CFR、CIF、FCA、CPT、CIP 术语的含义及各自的相关知识。

素质目标

（1）在选择国际贸易术语时遵循实事求是原则。

（2）在签订国际贸易合同时选择符合自己外贸企业实际情况的贸易术语。

本章关键词

国际贸易术语　国际贸易术语解释通则　FOB 术语　CFR 术语　CIF 术语
FCA 术语　CPT 术语　CIP 术语

引入案例

我国某内陆出口公司于 2021 年 2 月向美国纽约出口 30 公吨甘草膏，每公吨 40 箱，共 1 200 箱，每公吨售价 1 800 美元，FOB 新港，共 54 000 美元，即期信用证，装运期为 2 月 25 日之前，货物必须装集装箱。该出口公司在天津设有办事处，于是在 2 月上旬便将货物运到天津，由天津办事处负责订箱装船，不料货物在天津存仓后的第二天，仓库午夜着火，抢救不及，1 200 箱甘草膏全部被焚。办事处立即通知内地公司总部并要求尽快补发 30 吨，否则无法按期装船。结果该出口公司因货源不济，只好

要求美国纽约进口商将信用证的有效期和装运期各延长 15 天,我方结汇也因此推迟。问:我方推迟结汇的原因? 并加以分析。

【案例分析】我国一些进出口企业长期以来不管采用何种运输方式,对外洽谈业务或报盘仍习惯用 FOB、CFR 和 CIF 三种贸易术语,FOB、CFR 和 CIF 三种贸易术语适用于水运,如果出口方是内陆出口公司,则适用 FCA、CPT 和 CIP 三种贸易术语。该出口公司所在地正处在铁路交通的干线上,外运公司和中远公司在该市都有集装箱中转站,应尽量改用 FCA、CPT 及 CIP 三种贸易术语中的一种。假如当初采用 FCA(该市名称)对外成交,出口公司在当地将 1 200 箱交中转站或自装自集后将整箱(集装箱)交中转站,不仅风险转移给买方,而且当地承运人(即中转站)签发的货运单据即可在当地银行办理议付结汇。该公司自担风险将货物运往天津,再集装箱出口,不仅加大了自身风险,而且推迟结汇。

国际贸易术语是国际贸易中国际价格的重要组成部分。国际价格的组成要素比国内价格更复杂,这主要是因为国内贸易的交易双方具有相同的国别、法律、语言、文化、货币等,而国际贸易的交易双方却具有不同的国别、法律、语言、文化、货币等,因此,国际贸易术语多使用在国际贸易实践中。

4.1 国际贸易术语和国际惯例

4.1.1 国际贸易术语的含义与作用

1. 国际贸易术语的含义

国际贸易术语(trade terms of international trade)又称贸易条件、价格术语,是指由三个大写的英文字母组成的,用以表明货物的单价构成和买卖双方各自承担的责任、费用和风险划分的专门术语。

责任包括租船订舱、装货、卸货、投保、申请进出口许可以及报关等;费用是指因货物的移动而产生的运杂费、保险费、仓储费等;风险是指由于各种原因而导致货物产生被盗、串味、锈蚀、水渍、灭失等危险。

在国际贸易中,买卖双方所承担的义务,会影响到商品的价格。在长期的国际贸易实践中,双方逐渐把某些和价格密切相关的贸易条件与价格直接联系在一起,因此就形成了若干种报价的模式,而每一种模式都规定了买卖双方在某些贸易条件中所应承担的义务。

贸易术语定义的内涵,主要分两个方面的内容:其一,说明商品的价格构成是否包括成本以外的主要从属费用,即运费和保险;其二,确定交货条件,即明确买卖双方在交接货物方面各自所承担的责任、费用和风险的划分。

2. 国际贸易术语的作用

贸易术语是国际贸易中表示价格的必不可少的内容。报价中使用的贸易术语能够明确双方在货物交接方面各自应承担的责任、费用和风险,并说明商品的价格构成,从而简化了交易磋商的手续,缩短了交易时间,提高了交易效率,降低了交易成本。由于贸易术语的国际惯例对买卖双方应该承担的义务作了完整而确切的解释,因此就避免了由于对合同条款的理解不一致而导致的在履约中可能会产生的某些争议。

4.1.2 不同历史时期有关国际贸易术语的国际惯例

1.《1932 年华沙—牛津规则》是早期有关国际贸易术语的国际惯例

19 世纪中叶,CIF 贸易术语在国际贸易中被广泛采用,但由于当时各国对其解释不一,从而影响到了 CIF 买卖合同的顺利履行。为了对 CIF 合同双方的权利和义务作出统一的规定和解释,国际法协会于 1928 年在波兰华沙制定了 CIF 买卖合同的统一规则,共计 22 条,并称为《1928 年华沙规则》。此后,在 1930 年纽约会议、1931 年巴黎会议和 1932 年牛津会议上,此规则相继被修订为 21 条,并称为《1932 年华沙—牛津规则》(Warsaw-Oxford Rules 1932)。此规则对 CIF 合同的性质、特点及买卖双方的权利和义务都做了具体的规定和说明,为那些按 CIF 贸易术语成交的买卖双方提供了一套可依据的规则。凡在 CIF 合同中订明采用《华沙—牛津规则》者,则合同当事人的权利和义务,即应按此规则的规定办理,由于现代国际贸易惯例是建立在当事人"意思自治"的基础之上,具有任意法的性质,因此,买卖双方在 CIF 合同中也可变更、修改规则中的任何条款或增添其他条款,但当此规则的规定与 CIF 合同内容相抵触时,仍以合同规定为准。

自《1932 年华沙—牛津规则》被公布后,一直沿用至今,并成为国际贸易中颇有影响的国际贸易惯例。

2.《1990 年美国对外贸易定义修订本》是美国特有的国际贸易术语的国际惯例

《美国对外贸易定义》原称《美国出口报价及其缩写条例》,由美国的几个商业团体于 1919 年制定。该条例以美国商人在贸易中习惯使用的 FOB 术语为基础,有 FOB 目的地、FOB 装运港、FOB 指定地点、FOB 轮船等。1941 年和 1990 年美国分别对该条例作了修改,现行版本为《1990 年美国对外贸易定义修订本》(Revised American Foreign Trade Definitions 1990)。

《1990 年美国对外贸易定义修订本》主要解释了 6 个贸易术语,如 4-1 表所示。

表 4-1 《1990 年美国对外贸易定义修订本》主要 6 个贸易术语

贸 易 术 语	英 文 全 称	中 文 全 称
Ex Point of Origin	Ex Point of Origin	原产地交货
FOB	Free on Board	在运输工具上交货
FAS	Free Alongside Ship	在运输工具旁边交货
CFR	Cost and Freight	成本加运费
CIF	Cost, Insurance and Freight	成本加保险费和运费
Ex Dock	Ex Dock	码头交货

3.《1990 年国际贸易术语解释通则》

《国际贸易术语解释通则》(International Rules for the Interpretation of Trade

Terms）是由国际商会制定的，用于国际贸易基础性的通行规则。

《国际贸易术语解释通则》自1936年首次被制定后，一直广泛应用于国际贸易中。为了适应不断变化的贸易形势，又在1953年、1967年、1976年、1980年、1990年、2000年、2010年、2020年的版本中做出了补充和修订，以便使这些规则适应于国际贸易实践的发展。

1990年，国际商会（ICC）为了适应电子资料交换系统在国际贸易中被频繁应用的趋势，将《1980年国际贸易术语解释通则》中所有的术语分为四种类型。

"E"组指卖方仅在自己的地点为买方备妥货物（发货），如EXW（EX Works）。

"F"组（FCA、FAS和FOB）指卖方需要将货物交至买方指定的承运人（主要运费未付）。

"C"组（CFR、CIF、CPT和CIP）指卖方须订立运输合同，但对货物灭失或损坏的风险以及装船和启运后发生意外所产生的额外费用，卖方不承担责任（主要运费已付）。

"D"组（DAF、DES、DEQ、DDU和DDP）指卖方须承担把货物交至目的地国所需的全部费用和风险（货到）。

4.《2000年国际贸易术语解释通则》

《2000年国际贸易术语解释通则》（INCOTERMS 2000）共包括四组，即E组、F组、C组和D组，共13个术语。

E组，EXW（工厂交货）。

F组，FCA（货交承运人）、FAS（船边交货）、FOB（船上交货）。

C组，CFR（成本加运费）、CIF（成本加保险费加运费）、CPT（运费付至）、CIP（运费和保险费付至）。

D组，DAF（边境交货）、DES（目的港船上交货）、DEQ（目的港码头交货）、DDU（未完税交货）、DDP（完税后交货）。

5.《2010年国际贸易术语解释通则》

2010年9月27日，国际商会正式推出《2010年国际贸易术语解释通则》（INCOTERMS 2010）与INCOTERMS 2000并用。INCOTERM 2010与INCOTERM 2000相比主要有三大变化。

（1）新版本将原来的13个贸易术语减至11个，并创设DAT和DAP这两个新术语来取代DAF、DES、DEQ和DDU。原来的四组术语减为两组用语。两组用语分别是适用于所有运输方式的用语，包括EXW、FCA、CPT、CIP、DAT、DAP和DDP，以及适用于水路运输的用语，包括FAS、FOB、CFR、CIF。

DAT和DAP术语都规定需在指定目的地交货，二者的主要区别是：在DAT术语下，卖方承担将货物从运输工具上卸下并交买方处置的义务；而在DAP术语下，卖方只需将货物交由买方处置即可，无须承担将货物从交通工具上卸下的义务。

DAT和DAP这两个新术语有助于船舶管理公司明确码头处理费（THC）的责任方。贸易实践中常有买方在货物到港后，投诉其被要求双重缴付码头处理费，一是来自卖方，一是来自船公司，而新通则明确了货物买卖方支付码头处理费的责任。

（2）在《2010年国际贸易术语解释通则》指导性解释中，要求货物的买方、卖方和运输承包商有义务为各方提供相关资讯,知悉涉及货物在运输过程中能否满足安检的要求。此举将帮助船舶管理公司了解船舶运载的货物有否触及危险品条例,防止在未能提供相关安全文件的情况下,船舶货柜中藏有违禁品。

《2010 年国际贸易术语解释通则》因国际贸易市场的电子货运趋势,还指明在货物买卖双方同意下,电子文件可取代纸质文件。

(3) 在《2010 年国际贸易术语解释通则》中,不再有"船舷"的概念。换言之,在此前的 FOB、CFR 和 CIF 术语解释中"船舷"的概念被删除,取而代之的是"装上船"(placed on board)。之前关于卖方承担货物越过船舷为止的一切风险,在新术语环境下变化为"卖方承担货物装上船为止的一切风险,买方承担货物自装运港装上船后的一切风险"。

4.2 《2020 年国际贸易术语解释通则》中的 6 种主要术语

2020 年 1 月 1 日,由国际商会(ICC)修订的《2020 年国际贸易术语解释通则》(INCOTERMS 2020)正式生效。

《2020 年国际贸易术语解释通则》列出了哪些是 2020 版涵盖的内容,以及哪些是买卖双方之间签订的商业合同中应当明确规定的内容,例如所有权保留条款、付款方式或发生争议时的主管司法机关以及适用法律。

FAS、FOB、CFR 和 CIF 这 4 个术语只适用于海运和内河水运,即卖方将货物放置在船上或置于海港或内河港口的船边(例如非集装箱货物、原材料),而其余 EXW、FCA、CPT、CIP、DAP、DPU 和 DDP 这 7 个术语可以适用于任何运输方式。

在所有的商业文档和运输单证上应始终说明适用什么国际贸易术语,并应始终指明适用哪个版本的国际贸易术语解释通则(是 2020 年版、2010 年版,还是更老的版本)以及成本和风险从卖方转移到买方的确切交货地点。

在买卖双方订立的商业合同以及所有商业文档和运输单证上,应始终明确说明国际贸易术语的任何变动。

国际贸易中应尽可能避免使用 EXW 和 DDP 术语,因为这 2 个术语可能给买方或卖方造成困扰,尤其是在财务和海关义务方面。

对于《国际海上生命安全公约》(SOLAS)及其相关的"核实的集装箱总重"(VGM),《2020 年国际贸易术语解释通则》版并未规定是哪一方在装货前提供 VGM,因此买卖双方应当对此项义务进行讨论并在商业合同中做出规定。

DAP 和 DPU 术语表示卖方负责出口国的海关过境手续,而买方负责进口国的海关过境手续。

INCOTERMS 2020 最新修订版共有 11 个贸易术语,共分两组:第一组适用于任何运输方式,分别为 EXW、FCA、CPT、CIP、DAP、DPU、DDP;第二组适用于水上运输方式,分别为 FAS、FOB、CFR、CIF。在贸易实践中使用最多的是 FOB、CFR、CIF、FCA、CPT

和 CIP 这六种贸易术语。

4.2.1 装运港交货的 FOB、CFR、CIF 三种贸易术语

1. FOB 贸易术语

1) FOB 贸易术语的含义

FOB 是 free on board(…named port of shipment)的缩写,即装运港船上交货(……指定装运港),也称离岸价,是国际贸易中常用的贸易术语之一。在 FOB 项,卖方要在合同中约定的日期或期限内,将货物运到合同规定的装运港口,并交到买方指派的船上,即完成了交货义务。按离岸价进行的交易,货物在装运港被装上指定船时,风险即由卖方转移至买方。

根据 INCOTERMS 2020 的解释,在采用 FOB 术语时,关于买卖双方义务的规定可概括如下。

(1) 风险转移问题。当卖方在装运港将货物交到买方所派船只上时,货物损坏或灭失的风险由卖方转移给买方。

【案例 4-1】英国伦敦威廉出口公司与埃塞俄比亚的一家进口公司签订了一份 FOB 合同,但货物在伦敦港口装船时,部分包装被吊钩钩破,导致货物损坏,买方要求卖方赔偿损失的货物,卖方拒绝,并认为该损失应由买方向港口装运部门索赔,卖方做法是否合理?

【案例分析】在 FOB 项下,卖方在装运港将货物交到买方所派船只上时,货物损坏或灭失的风险由卖方转移给买方。而本案例中,货物灭失发生在吊装过程中,货物并未装上船,卖方的风险也未转移。因此卖方仍应承担货物损失的责任,向买方赔偿损失。

(2) 通关手续问题。取得出口许可证或其他官方批准证件,并且办理货物出口所需的一切海关手续应由卖方负责。而取得进口许可证或其他官方批准证件,并且办理货物进口所需的一切海关手续,由买方负责。

(3) 运输合同和保险合同签订问题。买方有订立运输合同和保险合同的义务。当买方控制货物之后,到达目的地途中的运输费和保险费由买方承担。

【案例 4-2】上海 A 出口公司以 FOB 条件出口一批水果,买方 J 公司在承担相关费用前提下委托 A 出口公司租船。但 A 公司在规定的装船期内无法租到合适的船,于是与 J 公司协商要求更改装运港,但遭到拒绝,因此到装运期满时,货仍然未装船。J 公司因销售即将结束,便来函以 A 出口公司未按期租船履行交货义务为由撤销合同。J 公司有无撤销合同的权利?

【案例分析】在 FOB 项下,卖方对买方无订立运输合同的义务。卖方也可以接受买方的委托,代为租船订舱,但前提条件为买方承担费用和风险。在本案例中,如果卖方无法租到船,那么买方应该积极配合卖方更改装运港或另外寻找其他承运人,以保证在装运期内租到船。因此,租不到船、延误装运的责任在买方,J 公司不能因此撤销合同。

(4) 主要费用的划分。卖方应承担交货前所涉及的各项费用,包括办理货物出口所应缴纳的关税以及其他费用。而买方承担交货后所涉及的各项费用,包括从装运港到目的港的运费和保险费,以及办理进口手续时所缴纳的关税和其他费用。

（5）适用的运输方式。FOB 适用于水上运输方式，包括内河和海洋运输。

2）FOB 贸易术语中应注意的问题

（1）风险转移界限。《2020 年国际贸易术语解释通则》中的 FOB、CFR、CIF 术语，省略了以往对风险转移以"越过船舷"为界限的描述，改为"货物装上船"作为风险转移的界限。卖方必须将货物运到买方指定的船只上，或者送到买方指定的装运港或由中间商获取这样的货物，才完成交货义务。如果由于买方的原因导致卖方无法按照约定的时间交货，只要该批货物为合同项下的货物，则买方应承担自约定交货期限届满之日起货物灭失或损坏的风险。

（2）充分通知及船货衔接问题。卖方有充分通知买方的义务，如果由买方承担风险和费用，那么卖方应向买方说明货物已按照规定交货，或者船只未能在约定的时间内接受货物。买方也有通知卖方有关船名、装船地点以及需要时在约定的期限内所选择的交货时间的义务。如果双方未履行充分通知的义务，就会造成船货衔接不当，影响到合同的顺利进行和风险的正常转移。如因买方没有给卖方有关船舶的充分通知，船舶未按时到达，或者船舶不适合承载货物而导致货物未按约定的时间装船交货，则由此产生的货物损失和额外费用（如空舱费、滞期费和仓储费等）由买方承担。反之由于卖方未充分通知造成的买方的损失，责任以及费用由卖方承担。

（3）装船费用的负担问题。按照 FOB 的定义，卖方应负责支付货物装上船之前的一切费用，而买方应负责货物装上船之后的一切费用。大宗商品按 FOB 条件成交时，买方通常采用租船运输。由于船方通常多按不负担装卸的条件出租船舶，故买卖双方容易在装船费用由谁负担的问题上引起争议。为此，为了避免纠纷，买卖双方在订立合同时，应在 FOB 后列明有关装船费用由谁负担的具体条件和责任，因此便产生了贸易术语的变形。FOB 有下列几种常见的变形。

① FOB liner terms（班轮条件）。这一变形是指装船费用按照班轮运输的做法来办，即船方管装管卸，装卸费包含在班轮运费之中，由负责租船订舱的买方负责，卖方不负责装卸船的有关费用。

② FOB under tackle（吊钩下交货）。这是指卖方承担的费用截止到买方指定船只的吊钩所及之处，从货物起吊开始的装船费用由买方负担。

③ FOB stowed—FOBS（理舱费在内）。这是指卖方负责将货物装入船舱并承担包括理舱费在内的装船费用。理舱费是指对入舱后的货物进行安置和整理的费用，多用于包装货。

④ FOB trimmed—FOBT（理舱费在内）。这是指卖方负责将货物装入船舱并承担包括平舱费在内的装船费用。平舱费是指对入舱后的货物进行散装货平整所需要的费用，多用于大宗散装货。

⑤ FOB stowed and trimmed—FOBST（理舱费和平仓费在内）。这是指卖方负责将货物装入船舱并承担包括理舱费和平舱费在内的装船费用。其多用于一部分是包装货，一部分是散装货的情况。

FOB 的上述变形只是为了表明装船费由谁负担这个问题而产生的，它们并不改变 FOB 交货的地点及风险划分的界限。

（4）*INCOTERMS 2020* 与《1990 年美国对外贸易定义修订本》中对 FOB 解释的区别。二者对 FOB 解释的区别主要如下。

① 交货地点不同。《1990 年美国对外贸易定义修订本》中 FOB 适用范围广,其被解释为在某处某种运输工具上交货。交货地点共分为 6 种,前 3 种为在内陆指定地点的内陆工具上,第四种是在出口地点的内陆工具上,第 5 种是装运港,第 6 种是进口国指定的地点。因此,在同美国、加拿大等国的商人按 FOB 订立合同时,除必须标明装运港的名称外,还必须在 FOB 后加上"船舶"（vessel）字样,如 FOB vessel New York。否则,卖方不负责将货物运到港口并交到船上。

② 费用划分不同,《1990 年美国对外贸易定义修订本》规定买方要支付出口单证的费用以及出口税和其他出口手续费用,*INCOTERMS 2020* 则规定由卖方负责。

2. CFR 贸易术语

1）CFR 贸易术语的含义

CFR 是 cost and freight（...named port of destination）的缩写,即成本加运费（……指定目的港）。根据 *INCOTERMS 2020* 的解释,在 CFR 项下,卖方要在合同中约定的日期或期限内将货物运到合同规定的装运港口,并交到其安排的船上,或以取得货物已装船证明的方式完成其交货义务。另外,卖方要提交商业发票以及合同要求的其他单证。

采用 CFR 术语时,关于买卖双方的义务规定可以概括如下。

（1）风险转移问题。卖方在装运港将货物交到自己安排的船只上时,货物损坏或灭失的风险由卖方转移给买方。

（2）通关手续问题。取得出口许可证或其他官方批准证件,并且办理出口所需的一切海关手续,均由卖方负责。而取得进口许可证或其他官方批准证件,并且办理进口所需的一切海关手续,由买方负责。

（3）运输合同和保险合同。卖方有订立或取得运输合同的义务,经由惯常航线,运载货物的船舶应适航和适货。卖方虽无订立保险合同的义务,但在买方承担风险和费用并要求卖方给予协助的情况下,卖方有向买方提供办理保险相关信息的义务。

（4）主要费用的划分。卖方除了要承担装运港到目的港的运费及相关费用以外,还有义务承担交货前所涉及的各项费用,包括需要办理出口手续时所应缴纳的关税和其他费用,以及从装运港到目的港的运费。买方承担交货后所涉及的各项费用,包括办理进口手续时所应缴纳的关税和其他费用,以及从装运港到目的港的保险费。货物在目的港发生的包括驳运费和码头费在内的卸货费,也应由买方负担,除非卖方签订的运输合同中规定该费用由卖方负责。

（5）适用的运输方式。CFR 术语适用于水上运输方式,包括内河运输和海洋运输。

2）CFR 贸易术语中应注意的问题

（1）装船通知的重要性。按照 CFR 术语成交时,卖方要及时向买方发出装船通知,因为装船通知往往是买方投保的前提。如果未能及时发出装船通知而导致买方没有及时办妥运输保险,那么责任应由卖方承担。因此,卖方应根据约定的习惯做法及时采用如电传、传真、电子邮件等方式向买方发出装运通知。

【案例 4-3】某出口公司按 CFR 术语与英国伦敦客户签订出口合同成交,合同规定买方承担保险,并且卖方需在装船完成后 24 小时内通知买方。该公司于 9 月 30 日晚 11 时装船完毕,受载货轮于 10 月 1 日下午起航。因 10 月 1 日是节假日,该公司未及时向英国伦敦客户发出装船通知。10 月 2 日下午 4 时货船遭遇风暴沉没,英国伦敦客户要求卖方赔偿其全部损失。英国伦敦客户有无要求该公司赔偿的权利?

【案例分析】《2020 年国际贸易术语解释通则》规定,买卖双方均有充分通知的义务,如果因卖方未充分通知造成的损失,责任费用由卖方负担。从本案例的实际案情分析,英国伦敦公司有权要求该公司赔偿损失。

(2) 风险转移和费用转移的地点不同。当使用 CFR 术语时,要注意风险转移和费用转移的地点不同。当卖方将货物交至已选定的运输工具上时,完成交货义务,即风险地点为装运港,但将货物运至双方约定目的港的交付点的费用仍由卖方承担,因此费用转移的地点在目的港。由于风险转移地和运输成本的转移地是不同的,而使用 CFR 术语时,却未必指定装运港,即风险转移给买方的地方,因此便会涉及双方的利益,所以对于目的港的问题,应尽可能准确确认。另外,在目的港的卸货费由买方承担,如果卖方在目的地发生了卸货费用,卖方无权要求买方给予支付。

(3) 卸货费用负担问题。卸货费用负担问题,按照 CFR 条件成交,卖方负责将合同规定的货物运往合同规定的目的港,并支付正常的运费。至于货到目的港后的卸货费由谁负担,由于各国、各港口的惯例解释不一,所以常易引起争议。为了分清买卖双方的责任,往往在 CFR 价格术语后面加列某种附加条件,形成 CFR 术语的以下变形。

① CFR liner term(班轮条件)。这一变形是指卸货费用按照班轮的做法来办。也就是说,买方不负担卸货费,由卖方负担。

② CFR landed(卸至岸上)是指卖方负担将货物卸至目的地岸上的费用,包括驳船费和码头费。

③ CFR ex tackle(吊钩下交货)指卖方负担将货物从船舱卸到轮船吊钩可及之处的费用。在轮船不能靠岸的情况下,驳船费及货物从驳船卸到岸上的费用由买方负担。

④ CFR ex ship's hold(舱底交货)。指货物运抵目的地后,买方应自行起舱并负担将货物从舱底起吊并卸到码头的费用。

CFR 的上述变形只是为了表明卸货费用由谁负担这个问题而产生的,它们并不改变交货的地点及风险划分的界限。

3. CIF 贸易术语

1) CIF 贸易术语的含义

CIF 是 cost, insurance and freight(... named port of destination)的缩写,即成本、保险加运费付至(……指定目的港)。根据 INCOTERMS 2020 的解释,在 CIF 项下,卖方要在合同中约定的日期或期限内,将货物运到合同规定的装运港口,并交到自己安排的船只上,或以取得货物已装船证明的方式完成其交货义务。另外,卖方还要为买方办理海运保险。

2) 使用 CIF 术语时,买卖双方的义务

(1) 风险转移问题。卖方在装运港将货物交到自己安排的船只上时,货物损坏或灭失的风险由卖方转移给买方。

（2）通关手续问题。取得出口许可证或其他官方批准证件，并且办理货物出口的一切海关手续由卖方负责。而取得进口许可证或其他官方批准证件，并且办理货物进口和从第三国过境运输所需的一切海关手续由买方负责。

（3）运输合同和保险合同问题。卖方有订立或取得运输合同的义务，并将货物运到合同约定的目的港，此外，卖方也有订立保险合同的义务。运输合同规定货物由通常可供运输合同所指货物类型的船只，经由惯常航线运输。保险合同应与信誉良好的保险公司订立，使买方或其他对货物有可保利益者有权直接向保险公司索赔。按照一般的国际贸易惯例，卖方投保的保险金额应按 CIF 价加成 10%。如买卖双方未约定具体险别，则卖方只需投保最低限度的保险险别，如伦敦保险协会的 ICC（C）条款或中国人民保险公司"平安险"。如果买方要求加保战争险等其他险别，则在保险费由买方负担的前提下，卖方应予加保。卖方在投保时，应尽量使用合同中所规定的货币投保。

（4）主要费用的划分。卖方要支付从装运港到目的港的运费和相关费用，并且承担水上运输保险的费用，另外，卖方还有义务承担交货前所涉及的各项费用，包括需要办理出口手续时所应缴纳的关税及其他费用。买方需承担交货以后所涉及的各项费用，包括办理进口手续时所应缴纳的关税和其他费用。货物在目的港发生的包括驳运费和码头费在内的卸货费应由买方承担，除非卖方签订的运输合同中规定该费用由卖方负责。

（5）适用的运输方式。CIF 术语适用于水上运输方式，包括内河运输和海洋运输。

3）CIF 贸易术语中应该注意的问题

（1）属于"装运合同"的性质。在 CIF 术语下，卖方在装运港将货物装上船，即完成了交货义务。这种只保证货物按时装运，不保证货物按时到达的合同属于"装运合同"。由于 CIF 术语经常以 CIF 加目的港的形式出现，俗称"到岸价"，但卖方在装运地完成交货义务，因此 CIF 术语订立的合同仍属于"装运合同"的性质。

（2）卖方的保险责任。如买卖双方未约定具体险别，则卖方应与信誉良好的保险公司订立保险合同，按照至少符合《协会货物保险条款》ICC（C）条款或中国海洋运输货物保险条款"平安险"等类似条款中规定的最低保险险别投保，并保证买方或其他对货物具有保险利益的人有权直接向保险公司索赔。如应买方要求，由买方负担费用且提供一切卖方需要的信息的前提下，则卖方应提供额外的保险，如《协会战争险条款》中的 ICC（A）条款、ICC（B）条款及《协会战争条款》《协会罢工险条款》或其他类似条款。最低保险金额为CIF 价的基础加百分之十，并使用合同规定的货币进行投保。

（3）卸货费用负担问题。按照 CIF 条件成交，卖方负责将合同规定的货物运往合同规定的目的港，并支付正常的运费。至于货到目的港后的卸货费用由谁承担，由于各国、各港口惯例解释不一，所以常易引起争议。为了分清买卖双方的责任，往往在价格术语后面加列某种附加条件，形成 CIF 术语的变形。

（4）象征性交货问题。象征性交货是指卖方只要按合同规定的时间将货物装上运输工具或交付承运人，并向买方提供包括物权证书在内的有关单证，凭承运人签发的运输单据及其他商业单据履行交货义务即可，无须保证到货。在 CIF 术语项下，卖方只要在约定的装运港完成装运，并向买方提交了符合合同规定的相关的单证，即完成交货义务。只要单证不符，买方便可以拒付货款，拒收货物。所以，CIF 合同不是到达合同，而是装运合同,属于象征性交货。

【案例4-4】东京一家公司以 CIF 术语向悉尼一家公司出售 500 公吨大米。在东京装运港装船时,公正行验明货物品质合格并出具了证明,但该批大米达到悉尼时已经全部受潮变质,不能食用,买方因此拒绝收货,并且要求卖方退回已经付清的货款。买方有无拒收货物和要求卖方退回货款的权利?

【案例分析】在 CIF 术语项下,卖方只要在约定的装运港完成装运,向买方提供了符合合同规定的相关的单证,便属于"象征性交货"。因此,从本案例的案情来看,买方无权利拒收货物和要求卖方退回货款。

在实践中,贸易合同通常会指定相应的目的港,但可能不指定装运港,即风险向买方转移的地点,在象征性交货中,装运港的地点选择也与买方的利益息息相关,而卖方对这一地点的选取具有绝对的选择权,因此买方通常要求在合同中尽可能精确地确定装运港。如果承运人有多个,且买卖双方并未对具体交货地点有所约定,则合同默认风险自货物由卖方交给第一承运人时转移。如果当事人希望风险转移推迟至稍后的地点发生(如某海港或机场),那么双方需要在买卖合同中明确约定。CIF 术语并不适用于货物在装上船以前就转交给承运人的情况,例如通常运到终点站交货的装运箱货物,在这样的情况下,应当选用 CIP 术语。

4.2.2 货交承运人的 FCA、CPT、CIP 三种贸易术语

1. FCA 贸易术语

1) FCA 贸易术语的含义

FCA 是 free carrier(…named place)的缩写,即货交承运人(……指定地点)。根据 INCOTERMS 2020 的解释,在 FCA 项下,卖方在合同中约定的日期或期限内在其所在地或其他约定地点把货物交给买方指定的承运人即完成其交货义务。

采用 FCA 术语时,双方承担的主要义务可概括如下。

(1) 风险转移问题。卖方把货物交给买方指定的承运人控制时,货物的风险转移给买方。

(2) 通关手续问题。取得出口许可证或其他官方批准证件,并且办理货物出口所需的一切海关手续,由卖方负责。取得进口许可证或其他官方批准证件,并且办理货物进口和从第三国过境运输所需的一切海关手续,由买方负责。

(3) 运输合同和保险合同问题。卖方无须与买方订立运输合同和保险合同,在买方控制货物之后,到达目的地途中的运输费和保险费用由买方负担。

(4) 主要费用的划分问题。卖方承担在指定交货地点货交承运人前所涉及的各项费用,包括办理货物出口所涉及的关税和其他费用。而买方要负责签订从指定地点承运货物的合同,支付有关的运费和保险费。

(5) 适用的运输方式。FCA 适用于各种运输方式,包括公路、铁路、江河、海洋、航空运输以及多式联运。

2）FCA 贸易术语中应该注意的问题

（1）交货地点与卖方责任问题。若指定的交货地点是卖方所在地（工厂、工场或仓库），需要卖方将货物装上买方指定承运人的运输工具上，完成交货义务；若指定的交货地点是除卖方所在地的其他任何地点（铁路、货运站、集装箱堆场或起运机场），则当货物在卖方运输工具上，处于买方指定的承运人或其他人的控制之下时，即完成交货义务，无须负责卸货；若没有约定具体的交货地点，则卖方有交货地点的选择权。

（2）FCA 与 FOB 的区别。FCA 与 FOB 的相同点在于它们的价格中都不包括国际运输的运费。但 FCA 与 FOB 术语的不同之处有以下两点：①交货地点不同和风险划分界限不同。FOB 项下，卖方在指定装运港将货物交到买方船上，风险由卖方转移给买方；而 FCA 项下，卖方在指定的地点将货物交给承运人，风险由卖方转移给买方。②运输方式不同。FOB 术语仅仅适用于水上运输，FCA 术语则适用各种运输方式。包括公路、铁路、江河、航空等运输方式及多式联运。

2. CPT 贸易术语

1）CPT 贸易术语的含义

CPT 是 carriage paid to（…named place of destination）的缩写，即运费付至（……指定目的地）。按 CPT 条件成交时，卖方要在合同约定的日期或期限内，将合同中规定的货物交给卖方自己指定的承运人或第一承运人，完成其交货义务。

采用 CPT 术语时，关于买卖双方义务的规定可以概括如下。

（1）风险转移问题。卖方把货物交给自己指定的承运人或第一承运人时，风险由卖方转移给买方。

（2）通关手续问题。取得出口许可证或其他官方批准证件，并且办理货物出口所需要的一切海关手续，由卖方负责。取得进口许可证或其他官方批准证件，并办理货物进口及通过第三国过境所需的一切海关手续，由买方负责。

（3）运输合同和保险合同。卖方有订立或取得运输合同的义务，将货物运到指定的目的地。运输合同规定由通常可供运输合同所指货物类型的船只，经由惯常航线运输。卖方对买方无订立保险合同的义务，但应买方的要求，并在买方承担风险和费用的情况下，卖方必须向买方提供其办理保险所需的信息。

（4）主要费用的划分。卖方要负责签订从指定地点承运货物的合同，并支付有关的运输费用以及从装运港到目的港的运费。另外，还有义务承担交货前所涉及的各项费用，包括需要办理出口手续时所应缴纳的关税和其他费用。买方承担交货后所涉及的各项费用，包括办理进口手续时所缴纳的关税和其他费用。

（5）适用的运输方式。CPT 适用于各种运输方式，包括公路、铁路、江河、海洋、航空运输以及多式联运。

2）CPT 贸易术语应注意的问题

CPT 同 CFR 一样，卖方要及时向买方发出装运通知，以便买方投保，如果因卖方未能及时发出装运通知而导致买方没有及时办理运输保险，则责任应由卖方承担。

3. CIP 贸易术语

1）CIP 贸易术语的含义

CIP 是 carriage and insurance paid to（…named place of destination）的缩写，即运费

和保险费付至(……指定目的地)。根据 *INCOTERMS 2020* 的解释,按 CIP 条件成交时,卖方要在合同约定的日期或期限内,将合同中规定的货物交给卖方自己指定的承运人或第一承运人,完成其交货义务。除此之外,卖方还必须订立货物运输的保险合同。

关于买卖双方的义务的规定可以概括如下。

(1) 风险转移问题。当卖方把货物交给自己指定的承运人或第一承运人时,风险由卖方转移给买方。

(2) 通关手续问题。取得出口许可证或其他官方批准证件,并且办理货物出口所需要的一切海关手续,均由卖方负责。而取得进口许可证或其他官方批准证件,并办理货物进口及通过第三国过境所需的一切海关手续,由买方负责。

(3) 运输和保险问题。卖方有订立或取得运输合同的义务,并将货物运到指定的目的地。运输合同规定货物由通常可供运输合同所指货物类型的船只,经由惯常航线运输。保险合同应与信誉良好的保险公司订立,使买方或其他对货物有可保利益者有权直接向保险公司索赔。按照一般的国际贸易惯例,卖方投保的保险金额应按 CIP 价加成 10%。保险险别按照 *INCOTERMS 2020* 规定 CIP 术语下的保险险别进行投保,如果采用中国人民保险公司海运货物的运输保险条款,则应投保"一切险"。如果买方要求加保战争险等其他险别,在保险费由买方负担的前提下,卖方有义务予以加保,并使用合同中规定的货币投保。

(4) 主要费用的划分。卖方要负责签订从指定地点承运货物的合同,并支付有关的运输费用以及从装运港到目的港的运费。另外,卖方还有义务承担交货前所涉及的各项费用,包括需要办理出口手续时所应缴纳的关税和其他费用。买方需承担交货后所涉及的各项费用,包括办理进口手续时所缴纳的关税和其他费用。

(5) 适用的运输方式。CPT 适用于各种运输方式,包括公路、铁路、江河、海洋、航空运输以及多式联运。

2) CIP 贸易术语应注意的问题

(1) 应合理确定价格。在 CIP 术语条件下,卖方对外报价时应考虑并核算有关运费和保险费等成本。而在核算时应考虑运输距离、保险险别、运输方式和各类运输保险的收费情况,并要预计运价和保险费的变动趋势等问题。

(2) 正确理解风险和保险的问题。CIP 同 CIF 一样,都是由卖方办理保险,但风险在进口国交给承运人处置后即转移给买方。

4.3 其他贸易术语

1. EXW 工厂交货(……指定地点)

EXW 是 ex works(...named place)的缩写(*INCOTERMS 2020*),即工厂交货(……指定地点),当卖方在其所在地或其他指定的地点(如工场、工厂或仓库等)将货物交给买

方处置时,即完成交货。在 EXW 项下,风险转移的界限和费用划分的界限以买方在交货地点控制货物为准,卖方无将货物装上运输工具的义务也无办理出口通关手段的义务。其适用的运输方式包括公路、铁路、江河、海洋、航空运输以及多式联运。

按 EXW 贸易术语达成的交易,可以是国内贸易,也可以是国际贸易,但更适用于国内贸易。按 EXW 术语成交时,卖方承担的风险、责任以及费用都是最小的。在 EXW 条件下,买方要承担过重的义务,所以在对外成交时,买方不能仅仅考虑价格低廉,还应认真考虑可能会遇到的各种风险以及运输环节等问题,要注意权衡利弊,核算经济效益。另外,按这一术语成交时,买方要承担办理货物出口和进口的清关手续的义务,所以还应考虑在这方面有无困难。如果买方不能直接或间接地办理出口和进口手续,则不应采用这一术语成交。

2. FAS 船边交货(……指定装运港)

FAS 是 free alongside ship (... named port of shipment) 的缩写 (*INCOTERMS 2020*),即装运港船边交货(……指定装运港)。卖方将货物运到合同规定的装运港口,并交到买方指派的船只的旁边,即完成其交货义务。在 FAS 项下,风险转移的界限和费用划分的界限以卖方在装运港将货物交到买方所派船只的旁边为准,如果买方所派的船只不能靠岸,那么卖方要负责用驳船把货物运至船边,装船的责任和费用由买方负担。

在 FAS 项下,卖方需办理出口手续,获得出口许可证及缴纳出口关税和其他费用。买方需办理进口手续,获得进口许可证及缴纳进口关税和其他费用。卖方对买方无订立运输合同和保险的义务。FAS 只适合于水上运输方式。

3. DAP 目的地交货(……指定目的地)

DAP 是 delivered at place (... named place of destination) 的缩写 (*INCOTERMS 2020*),即目的地交货(……指定目的地),指卖方在指定的交货地点,将仍处于交货的运输工具上尚未卸下的货物交给买方处置即完成交货。卖方须承担货物运至指定目的地的一切风险。在 DAP 项下,风险转移的界限以买方在指定的目的地控制货物为准,卖方无将货物从抵达的载货运输工具上卸下的义务。卖方负责订立运输合同,但无订立保险合同的义务。卖方需办理出口手续,获得出口许可证及缴纳出口关税和其他费用。买方需办理进口手续,获得进口许可证及缴纳进口关税和其他费用。该术语适用的运输方式包括公路、铁路、江河、海洋、航空运输以及多式联运。

4. DPU 目的地交货并卸货(……指定目的地)

DPU 是 delivered at place unloaded 的缩写,即卸货地交货,是指卖方在指定的目的地卸货后完成交货。卖方承担将货物运至指定的目的地的运输风险和费用。DPU 适用于铁路、公路、空运、海运、内河航运或者多式联运等任何形式的贸易运输方式。此贸易术语强调目的地可以是进口国的任何地方而不仅仅是"运输终端",即用户可能想在运输终端以外的场所交付货物,但若目的地不是运输终端,买方需确保其交货地点可以卸载货物。

5. DDP 完税后交货(……指定目的地)

DDP 是 delivered duty paid (... named place of destination) 的缩写 (*INCOTERMS*

2020），即完税后交货（……指定目的地）。DDP 是指卖方在指定的目的地,办理完进口清关手续,将在交货运输工具上的货物卸下交与买方,完成交货。卖方承担将货物运至指定的目的地的一切风险和费用,并有义务办理出口清关手续与进口清关手续,对进出口活动负责,此外,办理一切海关手续,任何增值税或其他进口时需要支付的税项均由卖方承担,合同另有约定的除外。DDP 术语下卖方承担最大的责任。如果卖方不能直接或间接地取得进口许可,不建议卖方使用 DDP 术语,如果卖方希望买方承担进口的所有风险和费用,应使用 DAP 术语。

4.4 《2020 年国际贸易术语解释通则》中贸易术语的选用

4.4.1 结合每种贸易术语的特点灵活选用

在《2020 年国际贸易术语解释通则》的 11 种贸易术语中,EXW 是卖方承担的义务最小的贸易术语,DDP 是卖方承担的义务最大的贸易术语。如果两国关系较好,办理通关手续容易,则可选用这两种贸易术语。边境贸易可选用 DPU 和 DAP 这两种贸易术语。

11 种贸易术语中属于装运合同的有 8 种,分别为 EXW、FCA、FAS、FOB、CFR、CIF、CPT 和 CIP。其中,运用 CFR、CIF、CPT 和 CIP 贸易术语时,要特别注意风险和费用的划分,因为卖方的风险在交货地点转移给买方,但卖方仍然要承担到达目的地所需的运输或保险费用。另外,要注意在这 8 种术语中,除 EXW 属于"实际交货"方式外,其他 7 种术语都属于"象征性交货"的方式,卖方只要在约定的地点交货,并向买方提交了符合合同规定的相关单证即可,无须保证到货。

11 种贸易术语中属于到货合同的有 DAP、DPU 和 DDP,都是在进口国目的地或目的港交货,都属于"实际交货"方式的范畴。使用这几种贸易术语时,卖方的责任较大,要负责将货物安全及时地运达指定的地点,实际交给买方处置后方才完成交货,并且卖方需承担交货完成前的一切风险和费用。

在国际贸易实务中,使用量最大也最被人熟悉的贸易术语为 FOB、CFR 和 CIF,因为海洋运输是目前最主要的国际贸易运输方式,而这三种术语恰好能比较全面地反映价格、双方责任和义务等方面。虽然 FOB、CFR 和 CIF 被出口商广泛使用,但如果出口商交付货物的地点在内陆,或使用集装箱运输时卖方在集装箱码头交货,则应选用 FCA、CPT 和 CIP 术语。

4.4.2 贸易术语与合同性质的关系

通常情况下,采用何种贸易术语,买卖合同的性质也可以相应确定,如采用 CIF 术语

成交的合同被称为 CIF 合同,采用 CFR 术语的合同被称为 CFR 合同,但贸易术语并不是决定合同性质的唯一因素,有些时候贸易术语的性质和合同的性质并不吻合。由此,确定买卖合同的性质,不能单纯看采用了何种贸易术语,还应参照合同中的其他条件。

【案例 4-5】我国某出口公司与新加坡一家公司订一份 CIF 合同,但在合同中都规定卖方必须在目的港交货,并负担一切费用和货物灭失或损坏的风险,直到货物送达目的港为止。在货物运往新加坡的海洋运输途中,船舶遭遇海啸,整批货物全部灭失,我国公司认为 CIF 合同在货物交到装运港船上时,风险已经转移给买方,因此不用承担货损。那么货损应该由谁负责?

【案例分析】合同中的规定显然违背了 CIF 是"装运合同"的性质,合同中既使用了 CIF 术语,又要求卖方承担海运途中的风险,事实上延长了卖方在 CIF 下的责任期限,即货物在装运港装运后并在抵达目的港之前因意外事故而延迟、损坏或灭失,卖方仍应承担责任,不能免责。这种现象是由于合同订立不合理所造成的。因此,双方都应该有责任。

4.4.3　风险正常转移的前提条件

《2020 年国际贸易术语解释通则》在每种贸易术语中都明确规定了在正常贸易条件下的风险转移界限,但如果在合同订立和履行中出现特殊情况,就会影响风险的转移。

1. 货物是否已经划归本合同项下

风险正常转移的一个重要的前提就是通常所说的货物特定化问题,如果双方在交货前未清楚地划分或未以其他方式确认所交货物为该合同项下货物,风险就不能正常转移,即使货物已经起运,仍由交货方承担货物运输途中损失或灭失的风险。

【案例 4-6】加拿大某出口商与一日本进口商签订了一份出口 3 000 公吨小麦的 CPT 合同,同一时间又与一韩国进口商签订一份出口 2 000 公吨小麦的 CPT 合同。由于两份合同交货时间相近,且又在同一地点分别交付指定的承运人,卖方将 5 000 公吨小麦使用同一运输工具一同运往指定的地点,并打算货到后再进行分拨。然而,由于特殊原因卖方需要连夜返回,遂将全部货物交付给两承运人,请他们第二天自行划分。不料当天晚上突降暴雨,由于存放小麦的仓库进水,导致小麦损失了 2 500 公吨。对此,韩日两进口商均以货物未特定化为由要求卖方赔偿,而卖方则认为将货物交付承运人处置,风险已转移,故其不应承担损失责任。本案应如何处理?为什么?

【案例分析】风险转移的一个重要前提是货物是否划归本合同项下,如果双方在交货前未清楚地划分或未以其他方式确认所交货物为该合同项下货物,风险就不能正常转移,本案例中卖方交货时并未将两批货物完全划分,因此没有完成交货义务。除此之外卖方还应履行保管义务,因此卖方应该对货损负责。

2. 买卖双方中的任何一方没有按照合同规定履行其责任和义务

如 FOB 条件下买方没有按照约定受领货物或给予卖方有关装船时间或交货地点的通知,则风险提前转移给买方;而在 CFR 条件下卖方未按照规定时间及时发出装船通导致买方没有充分的时间办理保险,则风险延迟转移给买方。

本章小结

贸易术语说明了买卖双方在交接货物时各自承担的风险、责任和费用，是专门的"对外贸易语言"。

国际贸易术语的使用，简化了交易磋商的手续，缩短了交易时间，提高了交易效率，降低了交易成本。由于规定贸易术语的国际惯例对买卖双方应该承担的义务，做了完整而确切的解释，因而避免了由于对合同条款的理解不一致而导致在履约中可能产生的某些争议。

有关国际贸易术语的国际惯例在漫长的国际贸易实践中不断被完善，最新的版本是《2020年国际贸易术语解释通则》。

《2020年国际贸易术语解释通则》中有11种贸易术语，其中使用最多的是FOB、CFR、CIF、FCA、CPT和CIP这六种贸易术语，其余5种EXW、FAS、DAP、DPU和DDP使用较少。掌握贸易术语的关键在于明确买卖双方的责任、费用的划分、风险的划分、交货地的规定及使用的运输方式。在国际贸易过程中，应结合每种贸易术语的特点灵活选用。

练习思考题

一、单项选择题

1. 在使用下列何种贸易术语进行交易时卖方及时向买方发出装船通知至关重要，因为它将直接影响买卖双方对运输途中的风险承担（　　）。

　　A．CIP　　　　　　B. DPU　　　　　　C. FCA　　　　　　D. CFR

2. 按照 INCOTERMS 2020 解释，采用 CIF 条件成交时，货物装船过程中从吊钩落掉入海里造成的损失由（　　）。

　　A. 卖方负担　　　B. 买方负担　　　C. 承运人负担　　　D. 双方共同负担

3. 在实际业务中，FOB 条件下，买方常委托卖方代为租船、订舱，其费用由买方负担，如到期订不到，租不到船（　　）。

　　A. 卖方不承担责任，其风险由买方承担

　　B. 卖方承担责任，其风险也由卖方承担

　　C. 买卖双方共同承担责任、风险

　　D. 双方均不承担责任，合同停止履行

4. 根据 INCOTERMS 2020 规定，以下关于 CIF 的内容说法正确的（　　）。

　　A. 卖方必须将货物实际交给买方才算完成了交货义务

　　B. 买方在投保时应投保一切险

　　C. 卖方除承担成本加运费的义务外，还要负责办理运输保险并支付保险费

D. 货物的风险在货物实交付时由卖为转移给买方

5. 根据 INCOTERMS 2020 的解释,进口方负责办理出口清关手续的贸易术语是( )。

    A. FAS   B. EXW   C. FCA   D. DDP

6. 在以下条件成交的合同中,不属于装运合同的是( )。

    A. FOB 上海   B. FAS 天津   C. CIF 上海   D. DAP 厦门

7. 代表目的地交货的贸易术语是( )。

    A. FAS   B. DDP   C. CIP   D. DAP

8. 根据 INCOTERMS 2020 的规定,不能适用于"门到门"或者"站到站"运输方式的贸易术语是( )。

    A. FOB   B. FCA   C. CIP   D. CPT

9. 专门解释 CIF 术语的国际贸易惯例是( )。

    A. 《1932 年华沙—牛津规则》   B. 《美国对外贸易定义》

    C. 《国际贸易术语解释通则》   D. 《联合国国际货物销售合同公约》

10. 制定《国际贸易术语解释通则》的国际组织是( )。

    A. 国际法协会   B. 国际商会   C. 联合国贸易署   D. 商业协会

二、多项选择题

1. 贸易术语在国际贸易中的主要作用是( )。

    A. 简化交易手续   B. 交易方责任   C. 减少磋商时间   D. 节省费用开支

2. 按照 INCOTERMS 2020 的解释,FOB、CFR 与 CIF 的共同之处表现在( )。

    A. 均适合水上运输方式   B. 风险转移均为装运港船上

    C. 买卖双方责任划分基本相同   D. 交货地点均为装运港

3. "F"组术语的共同点是( )。

    A. 风险划分和费用划分相分离   B. 卖方都需要提交符合合同的货物

    C. 买方都需要自费办理保险   D. 销售合同都是"装运合同"

4. 根据 INCOTERMS 2020 的规定,以下术语中需要卖方办理出口通关手续的是( )。

    A. EXW   B. CIF   C. CPT   D. DDP

5. 按照《2020 年国际贸易术语解释通则》的解释,DAP 条件下买方不负责下列( )。

    A. 货物至目的港之前的风险   B. 将货物卸到码头

    C. 办理货物的出口手续   D. 办理货物的进口手续

6. 贸易术语的含义表现为( )。

    A. 说明商品的生产成本   B. 说明商品的价格构成

    C. 说明商品的成交条件   D. 说明商品的交货条件

7. 《1990 年美国对外贸易定义修订本》与《2020 年国际贸易术语解释通则》都包括的贸易术语是( )。

    A. CIF   B. FOB   C. FAS   D. CIP

8. INCOTERMS 2020 的特点是( )。

A. 内容最多　　　　　　　　　　B. 影响最大

C. 使用最广　　　　　　　　　　D. 对买卖双方的约束力最强

9. 有关贸易术语的国际惯例有(　　　)。

　　A.《2020 年国际贸易术语解释通则》

　　B.《1932 年华沙—牛津规则》

　　C.《1990 年美国对外贸易定义修订本》

　　D.《跟单信用证统一惯例》

10. 根据《2020 年国际贸易术语解释通则》的解释,下列术语签订合同中,属于到达合同的术语有(　　　)。

　　A. FOB　　　　　　B. DAP　　　　　　C. DPU　　　　　　D. DDP

三、判断题

1. 国际贸易术语(trade terms of international trade)又称贸易条件、价格术语,是指由三个大写的英文字母组成的,用以表明货物的单价构成和买卖双方各自承担的责任、费用和风险划分。(　　　)

2.《2020 年国际贸易术语解释通则》中共有 11 种贸易术语,共分两组:第一组适用于任何运输方式,第二组适用于水上运输方式。(　　　)

3.《2020 年国际贸易术语解释通则》中,FOB 贸易术语中应注意风险转移界限、充分通知及船货衔接、装船费用的负担等问题。(　　　)

4. 根据《2020 年国际贸易术语解释通则》,国际贸易中应尽可能避免使用 EXW 和 DDP 术语,因为这两个术语可能给买方或卖方造成困扰,尤其是财务和海关义务方面。(　　　)

5. 在《2020 年国际贸易术语解释通则》中,FOB 是 free on board(…named port of shipment)的缩写。(　　　)

6. 在《2020 年国际贸易术语解释通则》中,FOB liner terms (班轮条件)这一变形是指装船费用按照班轮运输的做法来办,即船方管装管卸,装卸费包含在班轮运费之中,由负责租船订舱的买方负责,卖方不负责装船的有关费用。(　　　)

7. 在《2020 年国际贸易术语解释通则》中,EXW 是 ex works(…named place)的缩写,即工厂交货(……指定地点)。(　　　)

8. 在《2020 年国际贸易术语解释通则》中,DPU 是 delivered at place unloaded 的缩写,即卸货地交货,是指卖方在指定的目的地卸货后完成交货。(　　　)

9. 在《2020 年国际贸易术语解释通则》中,DDP 是完税后交货(……指定目的地)。(　　　)

10. 在《2020 年国际贸易术语解释通则》中,FAS 术语卖方需办理出口手续,获得出口许可证及交纳出口关税和其他费用,买方需办理进口手续,获得进口许可证及交纳进口关税和其他费用。(　　　)

四、简答题

1. 什么是国际贸易术语? 它有哪些作用?

2. 什么叫国际惯例？有关国际贸易术语的国际惯例有哪些？

3. 根据《2020 年国际贸易术语解释通则》，FOB 术语买卖双方义务的规定有哪些？

4. 根据《2020 年国际贸易术语解释通则》，CFR 术语买卖双方义务的规定有哪些？

5. 根据《2020 年国际贸易术语解释通则》，CIF 术语买卖双方义务的规定有哪些？

6. 何为象征性交货？INCOTERMS 2020 中的 11 种贸易术语有哪几种属于象征性交货？

7. 根据 INCOTERMS 2020，简述 FOB、CFR 及 CIF 的联系与区别。

8. 根据《2020 年国际贸易术语解释通则》，简述 FOB、CFR、CIF 与 FCA、CPT、CIP 的区别。

9. 根据《2020 年国际贸易术语解释通则》，EXW 工厂交货买卖双方义务的规定有哪些？

10. 根据《2020 年国际贸易术语解释通则》，FAS 船边交货买卖双方义务的规定有哪些？

五、案例分析题

1. 我国某进出口公司向新加坡某贸易公司出口香料 15 公吨，对外报价为每公吨 2 500 美元，FOB 湛江，装运期为 10 月，集装箱装运。我方于 10 月 16 日收到对方的装运通知，为及时装船，公司业务员于 10 月 17 日将货物存于湛江码头仓库，不料货物因当夜仓库发生火灾而全部灭失，以致货物损失由我方承担。该笔业务中，我方选用的贸易术语是否妥当？若不妥，应选用何种贸易术语？

2. 美国出口商与韩国进口商签订了一份 CFR 合同，合同规定由卖方出售 2 000 公吨小麦给买方。小麦在装运港装船时是混装的，共装运了 5 000 公吨，准备在目的地由船公司负责分拨 2 000 公吨给买方。但载货船只在途中遇高温天气使小麦发生变质，共损失 2 500 公吨。卖方声称其出售给买方的 2 000 公吨小麦在运输途中全部损失，并认为根据 CFR 合同，风险在装运港上船时已经转移给买方，故卖方对损失不负责任。买方则要求卖方履行合同。双方发生争议，后将争议提交仲裁解决。仲裁机构应如何裁决？

3. 我国某公司按 CIF 条件向欧洲某国进口商出口一批草编制品，向保险公司投保了一切险，并规定了用信用证方式支付。我出口公司在规定的期限内在我国某港口装船完毕，船公司签发了提单，然后去中国银行议付款项。第二天，出口公司接到客户来电，称装货的海轮在海上失火，草编制品全部烧毁，客户要求我公司出面向保险公司提出索赔，否则要求我公司退回全部货款。对客户的要求我公司该如何处理？为什么？

4. 上海某出口公司按 CIF London 向英商出售一批核桃仁，由于该商品季节性较强，双方在合同中规定：买方须于 9 月底前将信用证开到，卖方保证运货船只不得迟于 12 月 2 日驶抵目的港。如货轮迟于 12 月 2 日抵达目的港，买方有权取消合同。如货款已收，卖方须将货款退还买方。这一合同的性质是否属于 CIF 合同？若对方一定要我方保证到货时间，则应选用什么术语？

国际价格核算

第 5 章

学 习 目 标

（1）了解国际出口商品价格的制定要考虑的因素和定价依据。

（2）了解进出口商品价格的表达和国际价格的定价形式，了解外汇风险防范及计价货币的选择。

（3）掌握国际出口商品定价的依据，掌握换汇成本、盈亏额、盈亏率的定义及计算公式。

（4）理解佣金和折扣的基本概念和两者的区别及计算公式。

（5）理解主要贸易术语的换算及国际合同中价格条款的内容。

素 质 目 标

（1）诚信友好地完成国际贸易，与对方保持良好关系。

（2）准确地完成国际价格核算，谨慎负责。

本 章 关 键 词

国际出口商品价格　出口商品单价　换汇成本　盈亏额　盈亏率　外汇风险防范佣金　折扣

引 入 案 例

上海某公司向美国一公司出售一批货物，出口总价为 20 万美元 CIF 纽约，其中从上海到纽约的海运费为 8 000 美元，保险按 CIF 总值的 120％投保一切险，保险费率为 2％，这批货物的出口总成本为 120 万人民币。若中国银行外汇卖出价为 6.38 元人民币/美元，试分析这笔交易是否划算。

【案例分析】可通过比较这笔交易的出口换汇成本与银行的外汇卖出价来分析此交易是否划算。根据案例，出口换汇成本＝出口总成本（人民币元）÷出口外汇净收入(美元)＝出口总成本÷(CIF－F－I)＝1 200 000÷(200 000－8 000－200 000×1.2×2%)＝6.41(元人民币/美元)。由于出口换汇成本高于银行外汇卖出价,故此项交易并不划算。

5.1 国际出口定价的影响因素和核算方法

5.1.1 国际出口定价的影响因素

我国的出口商品在贯彻平等互利的原则下,还要考虑以下因素。

1. 国际市场价格水平

国际市场价格通常是指商品在世界集散中心的市场价格或在国际市场上具有代表性的价格。它是交易双方都能接受的价格,是我们确定出口商品价格的客观依据。

2. 区别政策定价

出口商在出口商品时的定价一般可以参照国际市场的价格水平,但有时也可根据购销意图来确定成交价格的大致水平。这是因为有时一国为了使外交更顺畅,常以外贸配合外交,在参照国际市场价格水平的同时,也可适当考虑对方国家的国情与我国的外交政策。如在某一特定时期,我国为了对某些友好的发展中国家给予适当照顾,出口商品的价格有时会低于国际市场价格,而进口商品的价格有时则高于国际市场价格。

3. 要考虑进口国当地的消费水平和购买力

在国际贸易中,我方出口商、出口企业要根据进口方的消费水平和购买力来确定出口商品的价格。一般而言,对欧美一些发达地区,如日本、澳大利亚、新西兰等,由于这些国家和地区的生活水平比较高、购买力比较强,因此,销往这些国家和地区的商品可以采用成本较高的原材料、零配件进行生产和组配,商品定价也可以考虑相对高一些。而对一些欠发达地区,如非洲多数国家,由于这些国家和地区的生活水平比较低、购买力比较弱,因此,销往这些国家和地区的商品可以采用成本较低的原材料、零配件进行生产和组配,商品定价也可以考虑适当低一些。

4. 要考虑每笔交易的成交金额

对一些发展中国家,如我国周边的泰国、越南、菲律宾以及非洲绝大多数的国家和地区,这些国家和地区与我国进行国际贸易的频率较高,我国与这些国家和地区的政治、文化、科技交流也很频繁。但由于我国与这些国家单笔交易的成交金额并不是很大,所以,销往这些国家和地区的商品单价在定价时也可以考虑略高一些。而像俄罗斯、伊朗、德国等国家的单笔交易的成交金额比较大,因此,销往这些国家和地区的商品单价也可以考虑略低一些。

5. 要考虑运输的便利程度

一般而言,出口商品涉及不同的国家和地区,从不同的起运地到不同的目的地的运费有很大的差异,如一个20尺集装箱,从上海到日本东京和从上海到英国伦敦的运费就完全不同,这就导致在成本上会有很大的差异。在国际运输中,除了出口手续比较复杂的情况以外,运输方式大多采用国际各式联运。由于国际运输费用会影响出口商品的成本以及定价,因此,对出口商品进行定价时要考虑承运人的选择和运输的便利性。

6. 要考虑国际贸易术语的选用

国内贸易和国际贸易最本质的区别就是价格的表达方式不一样。国内价格可以不使用贸易术语,而国际价格一般都要使用国际贸易术语。在我方出口的国际贸易中,如果客户要求自己租船订舱、自己负责保险,就可以考虑选择使用 FOB 价;如果客户不愿意自己租船订舱、自己负责保险,就可以考虑选择使用 CIF 价;如果客户要求自己租船订舱,但却又不愿意负责保险,就可以考虑选择使用 CFR 价。在我方出口时,如果进口客户要求尽量少承担责任,就可以考虑选择使用 DDP 价,当然客户自己也要支付较高的价格(金额)。如果进口客户要求尽量多承担责任,则可以考虑选择使用 EXW 价,在这种情况下,客户便可以支付较低的价格(金额)。

7. 要考虑汇率变动的风险

汇率是指一定单位的本币(或外币)所需要若干单位的外币(或本币)的代价。国际汇率市场每时每刻都是在变化的。进出口企业在出口创汇或使用外汇过程中,要考虑汇率的变动,一般而言,出口创汇一般使用有升值可能性的货币;而进口时,要考虑使用有贬值可能性的货币。

安全地收取货款对于供应商来说是至关重要的一步,无论看起来是多大的、利润多丰厚的订单,如果没有安全收汇,一切都是"镜中花,水中月"。所以供应商在收款时,特别是对于初次接触的客人,都要求付款条件是安全的,主要采用的是即期信用证或预付一部分货款。另外汇率是否稳定也是很重要的因素,特别是在当前人民币日益升值,供应商面临较大汇率风险的情况下,供应商常常需要采取一些保值措施,比如与银行签订远期外汇合约,以实现一些远期的外汇收入或支出不因汇率的变动而产生巨大的损失。

8. 要考虑交货地点和交货条件

如果客户要求的交货地点是偏港或内陆地区,或要求做到门到门的多式联运,再或使用较难执行的贸易术语,如 DDP,此时就要认真考虑到我方需要付出的相应成本和操作的难易程度,这些相应地也应在报价中表现出来。

5.1.2 国际出口定价的核算方法

自 2019 年 4 月 1 日起,我国增值税税率变为 13%。2020 年由于新型冠状病毒肺炎疫情,我国增值税税率再次降低。我们在计算出口产品的实际成本时,要从进货成本(含增值税)中减去退税额,求出实际成本。所以采购货价为含税价,国家税务部门会按各商品的退税率给予退税。

1. 出口换汇成本

国际价格的制定要考虑的首要指标是出口换汇成本。

1) 出口换汇成本的定义

出口换汇成本是指某商品出口净收入一个单位的外汇所需要人民币的成本。一个单位的外汇通常按美元计算。

2）计算公式

$$出口商品换汇成本 = \frac{出口总成本（人民币元）}{出口销售外汇净收入（美元）}$$

（1）出口总成本包括实际成本和国内费用。实际成本是进货成本（含增值税）减去出口退税额。

$$出口换汇成本（退税后） = \frac{出口商品实际成本 + 国内费用}{出口销售外汇净收入}$$

也就是：

$$出口换汇成本（退税后） = \frac{出口商品进货成本（含增值税） + 国内费用 - 出口退税额}{出口销售外汇净收入}$$

国内费用包括流通费用、加工整理费用、包装费用、保管费（仓管费用、火险费用）、国内运输费用（仓库至码头）、证件费用（包括商检费、公证费、领事签证费、原产地证书费、许可证费、海关通关费）、装船费（集装箱费、起吊费和轮船费）、邮电费。

（2）出口销售外汇净收入是指外汇总收入扣除劳务费用等非贸易外汇（运费、保费、银行费用）后的收入。

按 FOB 价格术语，就是外汇销售净收入。

按 CIF 价格术语，就是扣除运费、保险费、佣金得出外汇净收入。

$$增值税 = 进货成本（不含增值税） \times 增值税率（13\%）$$
$$增值税 = 进货成本（含增值税） - 进货成本（不含增值税）$$

将上述两等式合并为

$$进货成本（不含增值税） \times 增值税率（13\%）$$
$$= 进货成本（含增值税） - 进货成本（不含增值税）$$

由此得出，

$$进货成本（不含增值税） = 进货成本（含增值税） \div (1 + 13\%)$$
$$退税额 = 进货成本（不含增值税） \times 退税率$$
$$= 进货成本（含增值税） \div (1 + 增值税) \times 退税率$$
$$出口总成本 = 实际成本 + 定额费用$$
$$实际成本 = 进货成本（含增值税） - 退税额$$
$$出口总成本 = 进货成本（含增值税） - 进货成本（含增值税）$$
$$\div (1 + 增值税) \times 退税率 + 定额费用$$

结合上面的，出口销售外汇净收入 = FOB 净价

（3）出口商品换汇成本 = 出口总成本（人民币元） $\div$ 出口销售外汇净收入（美元）

$$= [进货成本（含增值税） - 进货成本（含增值税） \div (1 + 13\%)$$
$$\times 退税金率 + 定额费用] \div 出口销售外汇净收入$$

$$= [进货成本（含增值税） - 进货成本（含增值税） \div (1 + 13\%)$$
$$\times 退税率 + 定额费用] \div FOB 净价$$

$$= [进货成本（含增值税） - 进货成本（含增值税） \div (1 + 13\%)$$
$$\times 退税率 + 定额费用] \div [CIF 净价 - （运费 + 保险费）]$$

2. 出口商品盈亏额

国际价格的制定要考虑的指标就是出口商品盈亏额。出口商品盈亏额是指出口商出口某种商品盈利多少或亏损多少,即出口销售的人民币净收入与出口总成本的差额,如果为正,就是盈余;如果为负,就是亏损,它是衡量出口盈亏幅度的重要指标。

出口商品盈亏额=出口销售的人民币净收入×汇率(外汇卖出价)-出口总成本

3. 出口商品盈亏率

国际价格的制定要考虑的第三个指标是出口商品盈亏率。

(1) 出口商品盈亏率是指出口商品盈亏额与出口成本之比,以百分比表示。它也是衡量出口盈亏幅度的重要指标,百分比越大,盈或亏的幅度越大,反之,盈亏幅度就越小。

(2) 出口商品盈亏率=[出口销售的人民币净收入×汇率(外汇卖出价)

-出口总成本]÷出口总成本 ×100%

4. 出口创汇率(外汇增值率)

国际价格的制定还要考虑的第四个指标是出口创汇率(外汇增值率)。

(1) 出口创汇率(外汇增值率)是指出口商品外汇净收入减去原材料外汇成本与原材料外汇成本的比率,其用于进料加工、来料加工的实践中。

(2) 出口创汇率(外汇增值率)$=\dfrac{出口商品外汇净收入-原料外汇成本}{原料外汇成本}$

通过出口创汇率(外汇增值率)的计算,可看出成品出口的创汇情况,即出口原料有利还是出口成品有利。

5.1.3 进出口商品价格的表达和定价形式

1. 出口商品单价的表达

出口商品的报价可以用单价报价,也可以用总价,但较常用的是用单价进行报价。出口商品的单价有五个组成要素,缺一不可:①计价货币;②计量单位;③单位金额(单价);④贸易术语(例如:USD 100/MT CIF HAMBURG);⑤佣金或折扣。

国际市场的价格因素因受供求关系的影响而上下波动,有时甚至瞬息万变,因此,在确定成交价格时,必须注意市场供求关系的变化和国际市场价格的涨落。

2. 进出口商品的定价形式

在国际货物买卖中,定价的方法多种多样,我们可以根据不同的情况,来分别采取下列定价办法。

1) 固定价格

固定价格是指在价格条款中明确规定的价格。除非经过双方当事人的同意,否则任何一方不能随意变更。这种方法适用于交货期较短的交易,因为贸易双方均承担市场变化的风险。

买卖双方明确成交价格,在履约时按此价格结算货款,这是我国进出口贸易最常见的作价方法,也是国际上常用的方法。按照各国法律的规定,合同价格一经确定,就必须严格执行,任何一方都不得擅自更改。

固定价格同样也可以理解为销售同类产品的各个成员之间为统一销售而达成的协议,以相同的价格出售其产品,可以避免各成员之间用售价来进行竞争的情况。企业之间之所以通过协议固定产品的价格,其主要目的是为了消灭彼此之间的竞争,从而达到维护自身利益的目的。

2)非固定价格

非固定价格是指合同当事人在进行交易时,对于合同标的的具体价格不是采用固定规定的方法,而是采用只规定一个确定价格的方法或时间,或暂定一个价格,待日后根据情况予以规定。国际商品市场变化莫测,价格的剧涨暴跌屡见不鲜,为了减少风险,促成交易,提高合同的履约率,在合同价格的规定方面也采取了一些日益变通的做法,即使用非固定价格(即"活价")。

从我国进出口合同的实际做法来看,非固定价格,即一般业务上所说的"活价",大体上可分为下列几种。

(1)待定价格。待定价格是只规定作价方式而具体价格留待以后确定。这种定价方法又可分为以下两种。

① 在价格条款中明确规定定价时间和定价方法。例如:在装船月份前45天,参照当地及国际市场价格水平,协商议定正式价格。

② 只规定作价时间而不规定作价方法。例如:由双方在某年某月某日协商确定价格,但这种定价方法未对作价方式做出规定,所以在执行时易产生争执,因此,该方法一般只适用于双方有长期交往并已形成比较固定的交易习惯的合同。

(2)暂定价格。暂定价格是在正式价格未使用之前暂时执行的价格,即在合同中先订立一个初步价格,作为开立信用证和初步付款的依据,待双方确定最后价格后再进行最后的清算,多退少补。在我国的出口业务中,有时在与信用可靠、业务关系密切的客商洽谈大宗货物的远期交易时,偶尔会采用此种做法。

暂定价格举例:单价暂定CIF纽约,每公吨1 000美元。作价方法:在装船月的前20天由买卖双方另行协商确定价格,买方按本合同规定的暂定价格开立信用证。

(3)部分固定,部分非固定。有时为了照顾双方的利益,解决双方在采用固定价格或非固定价格方面的分歧,也可采用部分固定价格、部分非固定价格的做法,或是分批作价的办法,商品交货期近的价格在订约时固定下来,余者在交货前的一定期限内作价。

非固定作价法的优点是可暂时解决交易双方在价格方面的分歧,解除客户对价格问题的顾虑,排除交易双方的价格风险;而缺点是先订约后定价的做法易导致合同的不稳定性。如双方在作价时无法达成一致意见,合同就会面临无法履行或失去法律效力的风险。

在采用非固定价格的场合,由于双方当事人并未就合同的主要条件即价格取得一致,因此,就存在着按这种方式签订的合同是否有效的问题。目前,大多数国家的法律都认为,合同只要规定作价办法,即是有效的,有些国家的法律甚至认为合同价格可留待以后由双方确立的惯常交易方式决定。《联合国国际货物销售合同公约》允许合同只规定"如何确定价格",但对"如何确定价格"却没有具体规定或作出进一步的解释,因此,为了避免争议和保证合同的顺利履行,在采用非固定价格时,应尽可能对作价办法做出明确具体的规定。

5.2 外汇风险的防范及计价货币的选择

1. 外汇风险防范概念

外汇风险防范是指企业针对外汇市场汇率可能出现的变化做出相应的决策，以减少或消除外汇风险对企业的影响。

2. 外汇风险防范的手段与方法

进出口企业如何避免国际经济活动中的外汇风险，是一个很重要的问题。由于进出口企业与银行不同，不以赚取汇差为目的，因此，它要从自己的经营战略出发，通过预测汇率，选择最恰当的保值措施来获取经营利润。与银行相比，进出口企业防范外汇风险的形式更灵活、更多样。

目前，国际金融业务已相当发达，为货币风险的防范提供了多种途径。结合我国的实际情况，比较实用和简单易行的方法主要有以下几种。

1）采用货币保值措施

货币保值措施是指买卖双方在交易谈判时，经过协商，在交易合同中订立适当的保值条款，以应对汇率变化的风险。常用的条款有硬货币保值条款和一揽子货币保值条款。

2）选择有利的计价货币

计价货币（money of account）是指合同中规定用来计算价格的货币。

根据国际贸易的特点，用来计价的货币，可以是出口国家的货币，也可以是进口国家的货币或双方同意的第三国货币，具体使用何种货币由买卖双方协商确定。值得注意的是进出口企业要尽量选择有利于自己的货币。

3）采用保值的外汇交易

保值的外汇交易是指通过银行做外汇买卖，以减少外汇变动所带来的风险。目前银行为进出口商提供的用于保值的外汇交易主要有即期、远期和期权交易。

4）采用国际借贷法

国际借贷法是指在中长期国际收付中，企业利用国际信贷的方式，一方面可以获得资金融通，另一方面能够转移或抵消外汇风险。其主要有出口信贷、"福费延"、保付代理三种形式。

5）采用提前或延期结汇法

提前或延期结汇法是指在国际收支中，企业通过预测支付货币汇率的变动趋势，提前或延迟收付外汇款项，来达到降低外汇风险的目的。

6）利用衍生金融工具进行套期保值

利用衍生金融工具进行套期保值，主要包括货币期权、货币期货、掉期外汇交易三种形式。

3. 如何选择计价货币

通常买卖双方愿意选择稳定的货币作为计价货币。但在汇率不稳定的情况下，出口

方倾向于选用"硬币"(hard currency),即币值坚挺、汇率看涨的货币,而进口方则倾向于选用"软币"(soft currency),即币值疲软、汇率看跌的货币。

5.3 佣金和折扣

佣金和折扣是国际贸易价格的构成因素之一。在实际业务中,有些贸易是通过中间代理人来进行的,而有些卖家会因买家的采购数量达到一定程度而给予买方价格上的优惠,这时便涉及佣金和折扣问题。在外贸实践中,正确使用佣金和折扣可以调动中间商和进口商订货的积极性,从而达到扩大销售、增加经济效益的目的。

5.3.1 佣金

1. 佣金的含义

佣金(commission)是指中间商因介绍交易或代为买卖商品而取得的报酬。在国际贸易中,有的交易是通过中间代理商进行的,这就需要向中间商支付一定的酬金。

说到买卖的中间人,在中国史籍上早有记载,《史记·货殖列传》将其称为驵侩。宋朝以后称为牙行。到了近代,牙行又被称牙纪、行纪。牙行在交易中起着评物价、通商贾、代政府统治市场、管理商业的作用。牙行凭借其特权将经营范围从为买卖双方作介绍,扩大到代商人买卖货物,代商人支付和存储款项、运送货物、设仓库保管货物以及代政府征收商税等。

随着社会经济的不断发展,各行业分工也越来越细密,佣金这种支付劳务报酬的方式也被用到了很多领域中。比如保险佣金,就是保险公司按事前约定的条约给保险业务代理人支付的劳务报酬。再如证券佣金,就是证券委托人在证券代理委托买卖成交后向证券代理人支付的手续费用。

2. 佣金的表示方法

佣金可以分为明佣和暗佣。凡在合同价格条款中,明确规定了佣金的百分比,此种佣金叫作明佣。不标明佣金的百分比,甚至连佣金字样也不标示出来,有关佣金的问题由双方当事人另行约定,这种暗中约定佣金的做法叫作暗佣。佣金一般是由卖方收到货款后再另行付给中间商。凡价格中含有佣金的叫"含佣价"(price including commission)。含佣价的表示方法主要有以下三种。

1) 以文字来说明

例如:每公吨 3 000 美元 CIF 上海包括佣金 2%。

USD 3 000 per metric ton CIF Shanghai including 2% commission.

含佣价是指包含佣金和净价的总和。

佣金通常以英文缩写字母 C 表示。例如,每公吨 1 000 美元 CFR 西雅图包含佣金 2%,可写成:每公吨 1 000 美元 CFRC 2% 西雅图,其中"CFRC 2%"表示佣金率为 2%。

2）用百分比来表示

用百分比来表示佣金是在贸易术语上加注佣金的缩写英文字母"C"和佣金的百分比。

例如：每公吨 3 000 美元 CIFC 2% 上海。

USD 3 000 per metric ton CIFC 2% Shanghai.

3）用绝对数表示

例如：每箱付佣金 50 欧元。

Commission EUR 50 per case.

在实践中，规定佣金率的做法比较常见。给予中间商佣金会提高其与我方成交的积极性，但也意味着出口方费用的增加，佣金率的高低影响着商品的成交价格，因此应该被合理规定，一般掌握在 1%～5%。

3. 佣金的计算方法

在国际贸易中，佣金的计算方法是不一致的。其主要体现在以佣金率的方法规定佣金时，计算佣金的基数怎样确定。常用的方法是将成交金额（发票金额）作为计算佣金的基数，如按 CIFC 2% 成交，发票金额为 10 000 美元，则应付佣金为 1 000×2%＝200（美元）。也有人认为价格中的运费、保险费不属于出口商本身的收益，不应该作为计佣的基数，应按 FOB 价值计算佣金。如果按这种方法计算佣金，在以 CIF、CFR 等术语成交时，要将其中的运费、保险费扣除，求得 FOB 价之后再计算佣金。在国际贸易中，使用较多的是按照成交金额作为计算佣金的基数。

佣金的计算公式为

$$佣金额＝含佣价×佣金率$$

$$净价＝含佣价－佣金额＝含佣价×（1－佣金率）$$

$$含佣价＝净价÷（1－佣金率）$$

若已知含佣价，则佣金额的计算方法为（即外贸企业计算付给国外佣金商佣金的公式）

$$佣金额 ＝ 含佣价÷（1＋佣金率）×佣金率$$

例如，在实际交易过程中，我方对某一产品报价为 10 000 美元，对方要求 3% 的佣金，此时我方应改报含佣价，如按上面的公式计算：

$$含佣价＝净价÷（1－佣金率）$$

$$含佣价 ＝ 10 000÷（1－3%）＝ 10 309.28（美元）$$

$$应付佣金额 ＝ 10 309.28×3% ＝ 309.28（美元）$$

如按第二种公式计算则为

$$含佣价 ＝ 10 000×（1＋3%）＝ 10 300（美元）$$

$$应付佣金额 ＝ 10 300÷（1＋3%）×3% ＝ 300（美元）$$

通过比较可知，前者的含佣价和应付佣金额都比后者多出了 9.28 美元，其原因就是根据前者的方法计算，佣金本身也被抽取了佣金。

【案例 5-1】我国某出口商品报价为 GBP 300 per set CIFC 2% London。试计算 CIF 净价和佣金各为多少？

【案例分析】CIF 净价＝含佣价×（1－佣金率）＝300×（1－2％）＝294（英镑）

佣金额＝含佣价×佣金率＝300×2％＝6（英镑）

CIF 净价和佣金各为 294 英镑和 6 英镑。

【案例 5-2】我方某出口商品每公吨 500 美元 CFRC 2％纽约,试计算 CFR 净价和佣金各是多少?若客户要求将佣金提高至 5％。在保证出口净收入不减少的前提下,试问 CFRC 5％应报何价?

【案例分析】（1）CFR 净价＝CFRC 2％价－佣金＝CFRC 2％价－含佣价×佣金率

＝500－500×2％＝490（美元）

佣金＝含佣价×佣金率＝500×2％＝10（美元）

（2）佣金改为 5％,即：CFRC 5％＝含佣价÷（1－佣金率）＝490÷（1－5％）

＝515.7（美元）

CFR 净价和佣金各为 490 美元和 10 美元,CFRC 5％应报价 515 美元。

4. 佣金的支付

1）出口企业收到全部货款后将佣金另行支付给中间商或代理商

这种做法有利于合同的顺利履行。因为中间商为了取得佣金,不仅会尽力促成交易,还会负责联系、督促实际买主履约,协助解决履约过程中可能发生的问题,使合同得以顺利履行。但为了避免中间商的误解,应在与其确立业务关系时就明确这种做法,并最好达成书面协议。

2）中间商在付款时直接从货价中扣除佣金

现在随着贸易代理业务的兴起,许多代理商兼具"佣金商"和"买主"的双重身份,一方面收取佣金,另一方面与国外客户签订合同并负责执行合同,直接履行收货和付款的责任。在这种情况下,代理商可以在付款时直接从货价中扣除佣金。采用这种做法,应注意防止重复支付佣金。

3）有的中间商要求出口企业在交易达成后就支付佣金

这种做法不能保证交易的顺利履行,因而一般不被接受。

在实际业务中,支付佣金常用的是第一种方法,可以在合同履行后逐笔支付,也可按协议按月、季、半年甚至一年汇总支付,为了发挥佣金的作用,充分调动外商的积极性,应按约支付佣金,防止错付、漏付。

佣金既可由卖方向中间商支付,也可由买方向中间商支付。但是,要避免"双头佣",即买卖双方重复支付。通常的做法是：买方直接从价款中扣除来支付给中间商;或者卖方收到货款后,再支付给中间商。

5.3.2 折扣

1. 折扣的含义

折扣（discount）是指卖方按原价给予买方一定百分比的减让,即在价格上给予适当的优惠。折扣同佣金一样,都是市场经济的必然产物,正确运用折扣,有利于调动采购商的积极性,扩大商品的销路,在国际贸易中,它是加强对外竞销的一种手段。

国际贸易中使用的折扣,名目很多,除一般折扣外,还有为扩大销售而使用的数量折扣,为实现某种特殊目的而给予的特别折扣,以及年终回扣等。

2. 折扣的法律特征

(1)折扣是商品购销中的让利,发生在购销双方当事人之间,是卖方给买方的价格优惠。

(2)给予或者接受折扣都必须明示并如实入账,在入账方式上,要求给予折扣的应冲减营业收入,收受折扣的应冲减成本。

(3)折扣有两种形式:一是支付价款时对价款总额按一定比例即时予以扣除。二是在买方已支付价款总额后卖方再按一定比例退还部分价款。这两种形式实质都是价格优惠,并无本质区别。

3. 折扣的表示方法

凡在价格条款中明确规定折扣率的,叫作"明扣";凡交易双方就折扣问题已达成协议,而在价格条款中都不明示折扣率的,叫作"暗扣"。折扣的表示方法主要有以下两种。

1)用文字明确表示

例如:每公吨 3 000 美元 CIF 上海减 2% 的折扣。

USD 3 000 per metric ton CIF Shanghai less 2% discount.

2)用绝对数表示

例如:每箱折扣 5 英镑。

Per case less GBP 5 discount.

在实际业务中,也可以用 CIFD 或 CIFR 来表示 CIF 价格中包含折扣。这里的 D 和 R 是 Discount 和 Rebate 的缩写。鉴于贸易术语中加注的 D 或 R 含义不清。可能会引起误解,故最好不使用此缩写语。

交易双方在采取暗扣的做法时,在合同价格中不予规定。有关折扣的问题,按交易双方暗中达成的协议处理。这种做法属于不公平竞争,公职人员或企业雇佣人员拿"暗扣",应属贪污受贿行为。

4. 折扣的计算

通常是以成交额或发票金额为基础计算出来的。其计算方法如下:

$$单位货物折扣额=原价(或含折扣价)\times折扣率$$
$$卖方实际净收入=原价-单位货物折扣额$$

【案例 5-3】我方某进出口公司出口某商品,若当时对外的报价为 2 500 美元,买方要求 2% 的折扣,而我方不想受损,应如何报价?

【案例分析】根据上述公式可知

$$原价=卖方实际净收入\div(1-折扣率)=2\ 500\div(1-2\%)\approx2\ 551(美元)$$

其实在国际贸易中,佣金与折扣的构成是价格谈判的基本内容之一,也是商洽中经常涉及的最普通、最重要的事。价格中包含了佣金或折扣,会直接影响到买卖的最终完成,也影响到实际价格的高低,进而关系到进、出口双方以及相关第三者的经济收益。因此,为了确保贸易的最终完成,佣金和折扣经常成为不可或缺的因素之一。

5.4 国际贸易术语在一定条件下的转换

1. FOB、CFR 和 CIF 价格之间的关系

FOB 术语中不包括从装运港至目的港的运费和保险费；CFR 术语中则包括从装运港至目的港的通常运费，但不包括保险费；CIF 术语中除包括从装运港至目的港的通常运费外，还包括保险费。

三者的相同点是：只适用于水上运输；卖方负责办理出口清关手续；三者都是象征性交货（意思是凭装运单据交货和提货）；交货地点相同，都是出口地装运港。

三者的不同点是：卖方责任不同；卖方承担费用不同；费用转移点不同；FOB 术语卖方无运输责任和保险责任，CFR 术语卖方有运输责任，CIF 术语卖方有运输和保险责任。FOB 术语卖方无须承担任何交货后的费用，而 CFR 术语卖方需要承担运费，CIF 卖方需要承担运费和保险费。FOB 的费用转移点在出口地装运港，而 CFR、CIF 的费用转移点都在目的地港。FOB、CFR、CIF 三种术语的风险转移点都相同，都在出口地的装运港。

根据可保利原则，三者的保险都是为了保护买方的利益，因为货物越过船边之后，所有的风险都已经转移给了买方。CIF 中卖方办理保险，只是替买方代办。

2. CIF 保险费的计算问题

CIF 保险费的计算方法是，CIF 价格加成百分之十，乘以保险费率。CIF 术语的中译名为成本加保险费加运费，按此术语成交，货价的构成因素应包括从装运港至约定目的地港的通常运费和约定的保险费，故卖方除具有与 CFR 术语的相同的义务外，还有为买方办理货运保险，交支付保险费的义务，按一般国际贸易惯例，卖方投保的保险金额应按 CIF 价加成 10%。

如买卖双方未约定具体险别，则卖方只需投保最低限度的保险险别，如买方要求加保战争保险，那么在保险费由买方负担的前提下，卖方应予加保，卖方在投保时，如能办到，必须以合同货币投保。

3. 主要贸易术语的价格构成和换算

FOB、CFR、CIF 三种贸易术语的价格构成仅适用于海上或内河运输，而 FCA、CPT 和 CIP 三种贸易术语的价格构成适用范围却很广。价格构成通常包括进货成本、费用和净利润。其中费用的核算最为复杂，包括国内费用和国外费用。

国内费用主要有：①加工整理费用；②包装费用；③保管费用（包括仓租、火险等）；④国内运输费用（仓库至码头）；⑤证件费用（包括商检费、公证费、领事签证费、产地证费、许可证费、报关单费等）；⑥装船费（装船、起吊费和驳船费等）；⑦银行费用（贴现利息、手续费等）；⑧预计损耗（耗损、短损、漏损、破损、变质等）；⑨邮电费（电报、电传、邮件等费用）。

国外费用主要有：①国外运费（自装运港至目的港的海上运输费用）；②国外保险费（海上货物运输保险）；③如果有中间商，还包括支付给中间商的佣金。

计算公式如下：

　　　FOB 价＝进货成本价＋国内费用＋净利润

　　　CFR 价＝进货成本价＋国内费用＋国外运费＋净利润

　　　CIF 价＝进货成本价＋国内费用＋国外运费＋国外保险费＋净利润

　　　FCA 价＝进货成本价＋国内费用＋净利润

　　　CPT 价＝进货成本价＋国内费用＋国外运费＋净利润

　　　CIP 价＝进货成本价＋国内费用＋国外运费＋国外保险费＋净利润

4. 主要贸易术语的价格转换

1）FOB、CFR 和 CIF 三种术语的转换

（1）FOB 价转换为其他价：

　　　CFR 价＝FOB 价＋国外运费

　　　CIF 价＝（FOB 价＋国外运费）÷[1－（1＋投保加成）×保险费率]

（2）CFR 价转换为其他价：

　　　　FOB 价＝CFR 价－国外运费

　　　　CIF 价＝CFR 价÷[1－（1＋投保加成）×保险费率]

（3）CIF 价转换为其他价：

　　　FOB 价＝CIF 价×[1－（1＋投保加成）×保险费率]－国外运费

　　　CFR 价＝CIF 价×[1－（1＋投保加成）×保险费率]

2）FCA、CPT 和 CIP 三种术语的转换

（1）FCA 价转换为其他价：

　　　CPT 价 ＝FCA 价 ＋ 国外运费

　　　CIP 价 ＝（FCA 价 ＋ 国外运费）÷[1－（1＋投保加成）×保险费率]

（2）CPT 价转换为其他价：

　　　　FCA 价＝CPT 价－国外运费

　　　　CIP 价＝CPT 价÷[1－（1＋保险加成）×保险费率]

（3）CIP 价转换为其他价：

　　　FCA 价＝CIP 价×[1－（1＋保险加成）×保险费率]－国外运费

　　　CPT 价＝CIP 价×[1－（1＋保险加成）×保险费率]

5.5　国际合同中的价格条款

5.5.1　国际合同中价格条款的主要内容

　　国际贸易买卖合同的主要条款包括货物的品质规格条款、货物的数量条款、货物的包装条款、货物的价格条款、货物的装运条款、货物的保险条款、货物的支付条款、货物的检验条款、不可抗力条款、仲裁条款、法律适用条款。在这些条款中,货物的价格条款又是最

重要的条款。

在国际货物销售合同中,进出口商一般采用固定作价方法,因此,价格条款一般包括两项内容:一是货物单价(unit price);二是货物总值(total amount)。货物的单价通常由四个部分组成,即计量单位、单位价格金额、计价货币和贸易术语。货物的总值是指单价与成交商品数量的乘积,即一笔交易的货款总金额。另外,在价格条款的内容中还包括确定单价的作价方法以及与单价有关的佣金与折扣的运用,如下例。

单价:每包 20 美元 FOB 天津包括 2%的佣金。

总值:15 000 美元(一万五千美元整)

Unit Price:USD 20 per box FOB 2% Tianjin.

Total Amount:USD 15 000 (say US dollars fifteen thousand Only)

5.5.2　国际合同中规定价格条款的注意事项

进出口业务多数是通过电子邮件或函电进行磋商,如果报价不规范,很容易造成误解或差错,导致日后需再次电讯查询,不仅浪费钱财,还有损企业形象。因此,必须要正确掌握表示货物价格的方法。为了使价格条款的规定明确合理,必须注意下列事项。

(1) 合理确定商品的单价,避免作价偏高或偏低。

(2) 根据经营意图和实际情况,在权衡利弊的基础上选用适当的贸易术语。

(3) 争取选择有利的计价货币。这样可以免遭因市值变动而带来的风险,如使用不利的计价货币时,应当加订保值条款。

(4) 灵活运用各种不同的作价方法,以避免价格变动的风险。

(5) 参照国际贸易的习惯做法,注意佣金和折扣的合理运用。

(6) 如交货品质和数量约定有数量机动幅度,则对机动部分的作价也应一并规定。

(7) 如包装材料和包装费另行计价时,对其计价方法也应一并规定。

(8) 单价中涉及的计量单位、计价货币和装卸地名称,必须书写正确、清楚,以利于合同的履行。

本 章 小 结

在国际贸易实践中,国际价格始终是买卖双方磋商中最重要的内容。卖方在国内和国际贸易中制定价格,要考虑商品的质量、档次和市场环境等多方面的因素。

国际价格的制定要考虑的首要指标是出口换汇成本,其次要考虑出口商品盈亏额和盈亏率。

在国际货物买卖中,定价的方法多种多样,我们可以根据不同的情况,分别采取固定价格和非固定价格的定价方法。

由于各国之间货币价格运用的不统一,各国进行国际贸易结算时就会存在汇率上的风险,因此,计价货币的选择及外汇风险防范对所有进行国际贸易的各方来说显得十分必要。

在价格条款中,有时会涉及佣金和折扣。佣金和折扣是国际贸易价格的构成因素之一,佣金有三个当事人,即出口方、进口方和中间人,而折扣仅有两个当事人,即卖方对买方价格的让渡。在国际贸易实践中,佣金与折扣的构成是价格谈判的基本内容之一,也是商洽中经常涉及的最普通、最重要的事。FOB、CFR、CIF 术语在一定条件下的互换是进行换汇成本计算和运费、保险费计算的必要前提。

国际贸易货物买卖合同的条款有很多,但最主要的条款是国际贸易价格条款,它是国际贸易买卖双方主要磋商的条款,也是最重要的条款。

练习思考题

一、单项选择题

1. 我方出口的价格条款的正确写法是(　　)。

    A. 每件 3.50 元 CIF 香港　　　　　　B. 每件 3.50 美元 CIFD 上海

    C. 每件 3.50 元 CIFC 伦敦　　　　　　D. 每件 3.50 美元 CIFC 2%青岛

2. 在国际货物买卖中,那些既不包含佣金,也不包含折扣的价格被称为(　　)。

    A. 实价　　　　　　B. 一般价格　　　　　　C. 净价　　　　　　D. 正常价格

3. 某公司对外报价为每公吨 500 美元 CIF 纽约,外商要求改报 CIFC 5%纽约,我方报价应为(　　)美元。

    A. 526.3　　　　　　B. 25　　　　　　C. 526.5　　　　　　D. 526.9

4. 如果我方报价中包含有折扣,则折扣率越高,其折实价就(　　)。

    A. 越高　　　　　　B. 越低　　　　　　C. 不变　　　　　　D. 不确定

5. 每公吨 1 000 美元,折扣 2%,则卖方支付给买方的折扣是(　　)美元。

    A. 20　　　　　　B. 22　　　　　　C. 21　　　　　　D. 23

6. 下列国际贸易商品的单价的表示方法最规范的是(　　)。

    A. CIF ROTTERDAM USMYM 1 010/MT

    B. CIF ROTTERDAM USD 1 010.00/MT

    C. CIF ROTTERDAM USD 1 010/MT

    D. CIF ROTTERDAM USD 1 010.00/TON

7. 卖方按照原价给予卖方一定百分比的减让,即在价格上给予适当的优惠。这是(　　)。

    A. 佣金　　　　　　B. 折扣　　　　　　C. 预付款　　　　　　D. 订金

8. 在国际贸易中,通常由(　　)来收取佣金。

    A. 卖方　　　　　　B. 买方　　　　　　C. 船方　　　　　　D. 中间商

9. 在对外贸易业务中,选择货币种类时,应遵循(　　)。

    A. 收硬付硬　　　　　　B. 收硬付软　　　　　　C. 收软付硬　　　　　　D. 收软付软

10. 国际货物贸易的作价方法有很多,其中最常见常用的是(　　)。

　　A. 暂定价格

　　B. 固定价格

　　C. 待定价格

　　D. 先确定初步价格,然后按原材料价格指数和工资指数最后调整

二、多项选择题

1. 国内费用包括(　　)。

　　A. 流通费用

　　B. 加工整理费用

　　C. 包装费用、保管费(仓库费、火险费)

　　D. 国内运输费用(仓库至码头费)

2. 国际价格的制定要考虑的指标有(　　)。

　　A. 出口换汇成本　　　　　　　　　　B. 盈亏额

　　C. 盈亏率　　　　　　　　　　　　　D. 出口创汇率(外汇增值率)

3. 出口商品单价有一些组成要素缺一不可,这些要素包括(　　)。

　　A. 计价货币　　　　　　　　　　　　B. 计量单位

　　C. 单位金额(单价)　　　　　　　　　D. 贸易术语

4. 按照竞争的情况可以把国际市场分为(　　)形式。

　　A. 完全竞争市场　　B. 完全垄断市场　　C. 垄断竞争市场　　D. 寡头垄断市场

5. 非固定价格大体上可分为(　　)几种。

　　A. 待定价格　　　　　　　　　　　　B. 暂定价格

　　C. 部分固定,部分非固定　　　　　　D. 灵活价格

6. 佣金可以分为(　　)。

　　A. 明佣　　　　　B. 暗佣　　　　　C. 半明半暗佣　　　　D. 实际佣金

7. 外汇风险防范的原则包括(　　)。

　　A. 最低成本原则　　B. 回避为主原则　　C. 预测先导原则　　D. 公开为主原则

8. 在国际货物销售合同中,进出口商一般采用固定作价方法,因此,这种固定价格通过(　　)表示出来。

　　A. 货物单价　　　　　　　　　　　　B. 货物总值

　　C. 一半单价,一半总价　　　　　　　D. 浮动价格

9. 折扣的表示方法主要有(　　)。

　　A. 用文字明确表示　　　　　　　　　B. 用绝对数表示

　　C. 用数字明确表示　　　　　　　　　D. 用百分比表示

10. 固定作价方法的优点是(　　),而缺点是交易者要承担从订约到交货付款以至转售时价格变动的风险。

　　A. 明确、具体、肯定　　　　　　　　B. 便于核算

　　C. 便于操作　　　　　　　　　　　　D. 清晰且透明

三、判断题

1."每件 0.75 美元 CFR 上海"这个出口报价是正确的。（ ）

2.某出口商品每千克 100 美元 FOBC 3% 上海,现客户要求将佣金增加到 5%,在保持出口净收入不变的情况下,应报每千克 101.85 美元 FOBC 5% 上海价。（ ）

3.某出口商品每千克 100 美元 CFR 上海,现客户要求改报 CIF 纽约价,如果保险按 CIF 总价的 110% 投保一切险,保险费率 1%,在保持出口净收入不变的情况下,应报每千克 111.1 美元 CIF 纽约价。（ ）

4.某商品出口总成本为 1 500 000 元人民币,出口后外汇净收入为 220 000 美元,按近期中国银行的外汇牌价为 100 美元折合人民币 637 元,则出口盈亏率为 14.7%。（ ）

5.CIF landed New York 是指卖方需要把货物卸至纽约的岸上才算完成交货义务。（ ）

6.我某公司和法国客户按 CIP 条件签订一份圣诞礼品的出口合同.由于圣诞节货物有销售季节性,因此我方在合同中不但要规定装运期,还要规定货物到达目的地的期限。（ ）

7.我国从汉堡进口货物,如按 FOB 条件成交,需由我方派船到汉堡港口接运货物;而按 CIF 条件成交,则由出口方洽租船舶将货物运往中国港口。可见,按 FOB 进口承担的货物运输风险比按 CIF 进口大。（ ）

8.我国 A 公司与荷兰的 B 公司以 FOB 条件成交一批货物,但由于 B 公司未能按合同规定日期某年 6 月 8 日派船来接货,直到 6 月 20 日才派船来接货,A 公司可要求 B 公司支付由于货物积压港口所带来的费用。（ ）

9.我某公司出口某商品外销价为每公吨 100 美元 FOB 上海,外商要求该报 CIF 纽约价,保险费率 1%,每公吨运费 2 美元,则该商品的 CIF 出口报价是每公吨 101 美元 CIF 纽约。（ ）

10.采用 EXW＋卖方工厂/仓库成交时,卖方承担的责任和费用与采用 FCA＋卖方工厂/仓库一样。（ ）

四、简答题

1.国内货物价格的制定要考虑的因素有哪些?
2.国际出口商品价格的制定考虑因素有哪些?
3.什么是换汇成本?换汇成本的计算公式是怎样的?
4.什么是盈亏额?盈亏额的计算公式是怎样的?
5.什么是盈亏率?盈亏率的计算公式是怎样的?
6.什么是出口创汇率?出口创汇率的公式是怎样的?
7.进出口商品的作价方法有哪些?各自的含义是怎样的?
8.什么是外汇风险防范?外汇风险防范的原则有哪些?
9.出口贸易应如何选择计价货币?选择计价货币防范外汇风险时应注意的问题有哪些?

10. 什么是佣金？什么是折扣？佣金的计算公式是怎样的？折扣的计算公式是怎样的？

11. 在已知 FOB 价前提下，如何计算 CFR 价和 CIF 价？

12. 规定价格条款有哪些注意事项？

五、案例分析

我某出口公司拟出口化妆品至中东某国。正好该国某中间商主动来函与该出口公司联系，表示愿为推销化妆品提供服务，并要求按每笔交易的成交金额给予佣金 5%。不久，经该中间商中介与当地进口商达成 CIFC 5% 总金额 50 000 美元的交易，装运期为订约后 2 个月内从中国港口装运，并签订了销售合同。合同签订后，该中间商即来电要求我出口公司立即支付佣金 2 500 美元。我出口公司复电称：佣金需待货物装运并收到全部货款后才能支付。于是，双方发生了争执。这起争议发生的原因是什么？我出口公司应接受什么教训？

六、计算题

1. 我某公司出售一批瓷器至加拿大，出口总价为 USD 35 000 CIF 温哥华，其中运费 1 700 美元，保险费为 217 美元。进价合计人民币 245 700 元（含增值税 13%），费用定额率为 8%，出口退税率 13%。当时银行美元卖出价为人民币 7.612 元。试计算这笔出口交易的换汇成本、盈亏额和盈亏率。

2. 上海某进出口公司出售一批钢材到美国，出口总价为 10 万美元 CIFC 5% 纽约，其中从上海到纽约的运费和保险费占出口总价 10 万美元的 12%。这批货物的国内购进价为人民币 702 000 元（含增值税 13%），进出口公司的费用定额率为 5%，退税率为 9%。结汇时银行外汇买入价为 1 美元折合人民币 8.4 元。试计算这笔出口交易的换汇成本、盈亏额和盈亏率。

3. 我某公司出口商品每千克 100 美元 CIFC 2% 纽约。试计算 CIF 净价和佣金各为多少？如对方要求将佣金增加到 5%，我方可同意，但出口净收入不能减少。试问 CIF 5% 应报何价？

国际价格结算

第6章

学习目标

（1）了解汇票、本票、支票各自的定义及相关知识。

（2）理解汇款的定义、主要当事人、汇款的分类以及电汇、信汇和票汇的业务流程。

（3）掌握托收的定义、主要当事人、托收的分类以及即期付款交单、远期付款交单和承兑交单的业务流程。

（4）掌握信用证的定义、主要当事人、信用证的分类、信用证特点和信用证的业务流程。

（5）了解银行保函的定义、主要当事人及备用信用证的定义和分类。

素质目标

（1）在国际价格结算过程中坚持真实、诚信的原则，不弄虚作假。

（2）在国际价格结算过程中坚持实事求是，不能有违规违法的操作。

本章关键词

汇票　本票　支票　汇款　托收　信用证　银行保函　备用信用证

引入案例

我国北方某化工进出口公司和美国尼克公司以 CFR 青岛条件订立了进口化肥5 000公吨的合同，依合同规定我方公司开出以美国尼克公司为受益人的不可撤销的跟单信用证，总金额为280万美元。双方约定如发生争议则提交中国国际经济贸易仲裁委员会上海分会仲裁。2021年5月货物装船后，美国尼克公司持包括提单在内的全套单据在银行议付了货款。货到青岛后，我方公司发现化肥有严重质量问题，立即请当地商检机构进行了检验，证实该批化肥是没有太大实用价值的饲料。于是，我

方公司持商检证明要求银行追回已付款项,否则将拒绝向银行支付货款。根据上述情况,试问:①银行是否应追回已付货款,为什么?②我方公司是否有权拒绝向银行付款?为什么?③中国国际经济贸易仲裁委员会是否有权受理此案?依据是什么?

【案例分析】信用证方式下,实行的是凭单付款的原则。《跟单信用证统一惯例》规定,在信用证业务中,各有关方面处理的是单据,而不是与单据有关的货物、服务及其他。信用证业务是一种纯粹的单据业务。银行虽有义务"合理小心地审核一切单据",但这种审核,只是用以确定单据表面上是否符合信用证条款,开证银行只根据表面上符合信用证条款的单据付款。在信用证条件下,实行严格符合的原则,不仅要做到"单证一致",还要做到"单单一致"。

(1)在本案例中,银行不应追回已付货款。信用证合同项下,银行的义务是审查受益人所提供的单据与信用证规定是否一致,如单证一致,银行即应无条件付款。

(2)北方某化工进出口公司无权拒绝向银行付款,它须受开证申请书的约束,在"单单一致""单证一致"的情况下,必须履行付款赎单的义务。

(3)中国国际经济贸易仲裁委员会有权受理此案。因为北方某化工进出口公司与美国公司订立的买卖合同中有仲裁协议,北方某化工进出口公司应根据买卖合同要求美国某公司承担违约责任。

6.1 国际价格结算的工具

近十几年来,电子支付工具如微信、支付宝在我国的运用越来越广泛。目前央行的数字货币正在一些城市加紧试点,在不久的将来,数字货币将会在全国范围内广泛应用。

从国际贸易上看,电子支付工具在各个国家之间的成熟互通还需要一段较长的时间。世界各国都正在根据自身的情况打造适合自己的电子支付软件,以供自己国家的用户使用。因此,传统的支付工具在相当长的时间里仍然处于主导地位。

在国际贸易中,传统的支付工具包括货币和票据。由于货币在使用中有种种不便,难于普遍使用,因此,国际贸易结算主要使用票据。票据是各国通用的结算工具和信用工具,其主要有汇票、本票、支票三种,其中汇票的使用最为广泛。

6.1.1 汇票

1. 汇票的定义

我国于1996年1月1日起实行的《中华人民共和国票据法》第19条规定,汇票是出票人签发的,委托付款人在见票时或者在指定时期无条件支付确定的金额给收款人或持票人的票据。

英国的票据法律对汇票作了如下定义:汇票(bill of exchange)是一人向另一人签发的,要求即期或定期或在将来可以确定的时间,为某人或其指定来人或持票来人支付一定金额的无条件书面支付命令。

2. 汇票的主要当事人

汇票有三个基本当事人,即出票人、付款人和收款人。由于这三个当事人在汇票发行时既已存在,故属基本当事人,缺一不可。但是随着汇票的背书转让,汇票上设立的保证等,被背书人、保证人等也成为汇票上的当事人。

1)出票人

出票人是指签发汇票并将其交给收款人的人,通常是出口商或者银行。一般来说,在汇票承兑之前,出票人是主债务人,承兑后,承兑人变成主债务人。

2)付款人

付款人又称受票人,即接受汇票担当付款责任的人,一般是进口商或者银行。付款人有付款责任,但是这一责任不是绝对的,对于出票人的无故出票,受票人可以拒绝。付款人一旦在远期汇票上承兑,那么付款人便成为主债务人,汇票到期汇款时有付款的义务。

3)收款人

收款人是指汇票上规定的收取指定金额的人,一般是债权人,收款人在未取得款项前,保留对出票人的追索权。

3. 汇票的基本内容

汇票的基本项目又称汇票的要式项目,《中华人民共和国票据法》(以下简称《票据法》)规定汇票必须具有以下七个项目:①表明"汇票"的字样;②无条件支付的委托;③确定的金额;④付款人名称;⑤收款人名称;⑥出票日期;⑦出票人签章。以上项目缺一不可,否则票据视为无效。

汇票样张如图 6-1 所示。

BILL OF EXCHANGE

No.汇票编号   Date:出票日期
Exchange For:小写汇票金额
At 付款期限 sight of this second of exchange (first of the same tenor and date unpaid)
Pay to the order of 收款人
The sum of 大写汇票金额
Drawn under 开证行名称
L/C No.:信用证号   Dated:信用证日期
To.:付款人

出票人签章

图 6-1 汇票样张

4. 汇票的种类

1)商业汇票和银行汇票

汇票按出票人的不同,可以被分为商业汇票和银行汇票。如果汇票的出票人和付款人都是银行,称为银行汇票;否则称为商业汇票。

2)光票和跟单汇票

汇票按其流转时是否附有货运单据来分,可分为光票和跟单汇票。如果汇票在流转

时不附带任何货运单据,称为光票汇票;反之,如果汇票在流转时附有货运单据,则称为跟单汇票。

3)即期汇票和远期汇票

汇票按付款时间的不同来分,分为即期汇票和远期汇票。凡汇票上规定付款人见票后立即付款的,称为即期汇票;凡汇票上规定付款人于将来的一定期限或特定日期付款的,称为远期汇票。

4)商业承兑汇票和银行承兑汇票

汇票按承兑人的不同来分,可分为商业承兑汇票和银行承兑汇票。商业承兑汇票是以工商企业为付款人的远期汇票,经付款人承兑后,称为商业承兑汇票;银行承兑汇票是以银行为付款人的远期汇票,经付款人承兑后,称为银行承兑汇票。

5. 汇票的使用

汇票的使用有出票、背书、提示、承兑、付款、退票、追索等行为,票据行为是围绕汇票所发生的,是以确立一定权利义务关系为目的的行为。

1)出票(issue)

出票是指出票人签发汇票并交付给持票人的行为,出票包括两个动作:一是缮制汇票并签字;二是交付给持票人。一旦出票,出票人就要保证汇票得到承兑并且到期能被付款,如果汇票被拒付,出票人还要承担被持票人追索,清偿汇票金额及相关的利息、费用等义务。

出票之后,出票人即成为汇票的主债务人。

在出票时,收款人的名称通常有以下三种写法。

(1)限制性抬头。注明仅付给某人,或者注明不得流通转让。一般写成"仅××公司"(pay to...only)或者"付给××公司,不得转让"(pay to..., not negotiable),限制性抬头的汇票不可转让。

(2)指示性抬头。注明付给某人或其指定的人,例如"付给××或其指定的人"(pay to ...or order)或者"凭××公司指定"(pay to the order of ...)。指示性抬头汇票的收款人可以背书转让该汇票。

(3)持票人或来人抬头。注明付给来人。如"付给持票人"(pay to bearer)。这种抬头不需要背书即可转让,直接交付转让。

2)背书(endorsement)

背书就是背面书写,是指持票人在汇票的背面签名和记载有关事项,并把汇票交付被背书人的行为。经过背书,汇票的权利即由背书人转给被背书人。

背书的动作有两个,写成背书和交付。汇票背书的形式一般有以下三种。

(1)空白背书。空白背书是指不记载被背书人的姓名,而只有背书人签章的背书。空白背书的汇票,被背书人可以直接交付转让给后手。

(2)记名背书。记名背书又称为完全背书、正式背书、特别背书,是指记载了背书人和被背书人双方名称的背书,这是最正规的一种转让背书。记名背书的被背书人可以背书转让给后手。

(3)限制性背书。限制性背书又称为不可转让背书,背书人在做成背书时对背书人的指示带有限制条件,如在票据上写明限定转让给某人或禁止新的背书字样等。限制性背书的汇票不可转让。

3)提示(presentation)

提示就是提醒示意。持票人将汇票提交付款人要求承兑或要求付款的行为叫作提示。即期汇票只需提示一次,即提示付款;远期汇票有两次提示,即提示承兑和提示付款。付款人见到汇票称为见票(sight)。提示日就是见票日。

4)承兑(acceptance)

承兑就是承诺兑现,是指远期汇票的付款人明确表示同意按持票人的指示,于票据到期日付款给持票人的行为。

承兑也包括两个动作,写成承兑字样并签字,交付给持票人。承兑应记载的事项包括:①承兑字样;②付款人签章;③付款日期;④承兑日期。付款人在汇票上承兑之后,付款人取代出票人成为主债务人。

5)付款(payment)

付款人在汇票到期日,向提示付款的合法持票人支付足额款项即为付款。付款是汇票流转过程的终结,付款人付款后,应将汇票收回并注销,汇票所代表的债权债务关系也随之宣告结束。

6)退票(dishonour)

退票又称拒付,是指汇票在提示承兑或提示付款时遭到拒绝。付款人拒付后,持票人应及时将被拒付的事实通知其前手,前手再向前手通知直至出票人,以便持票人向他们追索。

7)追索(recourse)

追索是指在汇票遭到拒付时,持票人对其前手背书人或出票人有请求其偿还汇票金额及费用的权利。持票人为了行使追索权,必须在追索前按照规定做成拒绝证书和向前手发出拒付的通知。

6.1.2 本票

1. 本票的含义

本票(promissory note)是指一人向另一人发出的,保证于见票时或定期或在可以确定的将来日期,对某人或指定人或持票人支付一定金额的无条件的书面承诺。《中华人民共和国票据法》第 73 条规定,本票的定义是:本票是由出票人签发的,承诺自己在见票时无条件支付确定的金额给收款人或持票人的票据。本法所指的本票是指银行本票,不包括商业本票,更不包括个人本票。

本票的基本当事人包括出票人和收款人两个,本票的付款人就是出票人本人。本票的出票人自出票之日起即为主债务人,直到支付款项给收款人为止。在持票人提示付款时,出票人必须履行付款的义务。

根据我国《票据法》规定,本票包括以下六个绝对应记载事项:①表明"本票"的字样;②无条件支付的承诺;③确定的金额;④收款人名称;⑤出票日期;⑥出票人签章。本票上未记载前款规定事项之一的,本票无效。

2. 本票的种类

1)商业本票和银行本票

根据出票人的不同,本票可以分为商业本票和银行本票。商业本票是由工商企业或个人签发的;银行本票是由银行签发的。在我国本票一般是指银行本票。

2)即期本票和远期本票

按照付款时间的不同,本票可以分为即期本票和远期本票。商业本票有即期和远期之分,而银行本票都是即期的。国际结算中使用的本票大多数都属于银行本票,不需要承兑。

6.1.3 支票

1. 支票的含义

支票(cheque,check)是指由出票人签发,委托办理支票存款业务的银行或者其他金融机构在见票时无条件支付确定的金额给收款人或持票人的票据。

根据我国《票据法》,支票的绝对应记载事项包括以下几点:①表明"支票"的字样;②无条件支付的委托;③确定的金额;④付款人名称;⑤出票日期;⑥出票人签章。

2. 支票的种类

1)根据收款人是否记名划分

根据收款人是否记名,支票可分为记名支票和不记名支票。

记名支票(cheque payable to order)是在支票的收款人一栏,写明收款人姓名,如"限付某 A"(pay A only)或"指定人 A"(pay A order),取款时须由收款人签章,方可支取。

不记名支票(cheque payable to bearer)又称空白支票,支票上不记载收款人姓名,只写"付来人"(pay bearer)。取款时持票人无须在支票背后签章,即可支取。此类支票仅凭交付而实现转让。

2)根据收款人能否支取现金划分

根据收款人能否支取现金,支票可分为划线支票和未划线支票。

划线支票(crossed cheque)是在支票正面划两道平行线的支票。划线支票与一般支票不同,划线支票非由银行不得领取票款,故只能委托银行代收票款入账。使用划线支票的目的是为了在支票遗失或被人冒领时,还有可能通过银行代收的线索追回票款。

未划线支票是指在支票上未作划线标示的支票,此类支票既可以委托银行转账,也可以提取现金。

3)根据用途划分

根据用途可以将支票分为现金支票和转账支票。

现金支票(cash cheque)是专门制作的用于支取现金的一种支票,当客户需要使用现金时,可随时签发现金支票,到开户银行提取现金,银行在见票时无条件支付给收款人确定金额的现金。转账支票只能用于转账,不能提取观金。

4）根据支票上是否加注银行的保付字样划分

根据支票上是否加注银行的保付字样，可将支票分为保付支票和不保付支票。

保付支票（certified cheque）是指为了避免出票人开出空头支票，保证在支票提示时付款，支票的收款人或持票人可要求银行对支票"保付"。保付是由付款银行在支票上加盖"保付"戳记，以表明在支票提示时一定付款，支票一经保付，付款责任即由银行承担。出票人、背书人都可免于追索。付款银行对支票保付后，即将票款从出票人的账户转入一个专户，以备付款，所以保付支票提示时，不会退票。若支票上没有加注银行的保付，则为不保付支票。

【**案例6-1**】甲开立100英镑的支票给乙，叫他向丙银行取款，乙拿到支票后拖延很久不去取款，就在此时，丙银行倒闭，甲在丙银行的账户里的存款分文无着。乙在未获支票款项的情况下，找到了甲，要甲负责。甲以支票已过期为由拒绝对乙负责。

【**案例分析**】此案例中甲可以对乙拒绝负责，但并不是因为支票过期。支票等同于即期汇票，即期汇票的持票人如不在合理的时间内向付款人提示付款，出票人和所有背书人的责任均得到解除。但支票的持票人如不在合理时间内提示付款，出票人仍必须对支票负责，除非持票人的延迟提示使出票人遭受损失。在上例中，由于乙的晚提示致使甲受了损失，那么甲就可不对该支票负责，因为如果乙及时去取款，甲就不会受到损失，所以他可对支票不负责任。如果在丙银行倒闭清理时，所有债权人尚能分到一定比例的偿付金，那么，甲作为存户债权人应把所分到的偿付金付还给乙，如甲按30%的比例分到了偿付金，他应按同样的比例付给乙，而对其余的70%可不负责任。

6.2 国际价格结算的实现手段

国际价格结算的方式或手段有很多，但最主要的国际价格实现手段有汇付、托收和信用证。其中信用证在国际价格实现中使用得最多、最广泛。

6.2.1 汇付

目前，在我国进出口业务中所采用的结算方式主要包括汇付（remittance）、托收和信用证三种方式。其中，汇付属于顺汇，顺汇（favourable exchange）是一种汇款方式，是指汇款人委托银行以某种信用工具（如汇票），通过其国外分行或代理行将款项付给收款人的一种支付方式，其过程是银行在国内收进本币，在国外付出外汇。因其汇兑方向与资金流向一致，故称为顺汇。在顺汇方式下，客户用本国货币向外汇银行购买汇票，等于该银行卖出外汇。托收和信用证属于逆汇（adverse exchange），逆汇是指由收款人（债权人）出票，通过银行委托其国外分支行或代理行向付款人收取汇票上所列款项的一种支付方式。由于这种方式的资金流向与信用工具的传递方向相反，故称为"逆汇"。逆汇是国际贸易支付中被广泛使用的一种方式。在国际贸易中，买卖双方签订合同后，由出口商发出商品、开立汇票、向进口商收取货款。其中,汇付属于顺汇法,托收和信用证属于逆汇法。

1. 汇付的定义与当事人

1)汇付的定义

汇付(remittance)又称汇款,是付款人或债务人通过银行或者通过其他途径,运用各项结算工具将应付的款项汇给收款人或债权人的结算方式。

2)汇付当事人

在汇付业务中,一般会涉及以下四个当事人。

(1)进口方。汇款人,即汇出款项的人,一般是买方,在国际贸易中通常是进口商。

(2)出口方。收款人,即收取货款的人,一般是卖方,在国际贸易中通常是出口商。

(3)进口方银行。汇出行,即受汇款人的委托汇出款项的银行,一般是进口商买方所在地银行。

(4)出口方银行。汇入行,即受汇出行委托解付款的银行,因此又称解付行,一般是出口商卖方所在地银行,通常是汇出行在出口地的代理行。

2. 汇付的种类

根据汇出行通知汇入付款的方式,或者支付凭证的传递方式不同,汇付有三种基本方式,即电汇、信汇和票汇。

1)电汇

电汇是指应汇款人的申请,汇出行采用电报、电传或 SEIFT 等电信手段,委托汇入行将一定金额解付给收款人的汇款方式。它具有安全、迅速的特点,是目前使用最普遍的汇款方式。电汇的业务流程如图 6-2 所示。

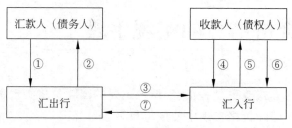

图 6-2　电汇的业务流程

电汇的业务流程的具体解释如下。

① 汇款人填写电汇汇款申请书,交款付费给汇出行。

② 汇款人取回电汇回执。

③ 汇出行发出加押电报给汇入行,委托汇入行解付汇款给收款人。

④ 汇入行收到电报,核对密押无误后,缮制电汇通知书,通知收款人收款。

⑤ 收款人收到通知书后,在收款联上盖章,交给汇入行。

⑥ 汇入行借记汇出行账户,取出头寸,解付汇款给收款人。

⑦ 汇入行将借记付讫通知书寄给汇出行,通知它汇款解付完毕。

2)信汇

信汇(mail transfer,M/T)是指汇出行应汇款人的要求,用航邮信函通知汇入行向收款人付款的方式。凡金额较小或不需急用的,用此种方式比较合适。

信汇的业务流程如图 6-3 所示。

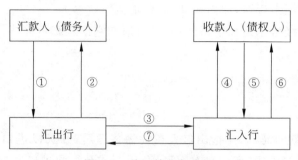

图 6-3 信汇的业务流程

信汇的业务流程的具体解释如下。

① 汇款人填写信汇汇款申请书,交款付费给汇出行。

② 汇款人取回电汇回执。

③ 汇出行制作信汇委托书或支付委托书并经过汇款人与汇出行双双签字后,邮寄给汇入行。

④ 汇入行收到信汇委托书或支付委托书,核对签字无误后,将信汇委托书的第二联及第三联、第四联收据正副本一并寄给收款人,并通知收款人收款。

⑤ 收款人凭收据取款。

⑥ 汇入行借记汇出行账户,取出头寸,解付汇款给收款人。

⑦ 汇入行将借记付讫通知书寄给汇出行,通知它汇款解付完毕。

3) 票汇(demand draft,D/D)

汇出行应汇款人的要求,开立以其在付款地的联行或代理行为付款人的即期汇票并交给汇款人,由汇款人自寄或自带到付款地去凭票付款。

票汇的业务流程如图 6-4 所示。

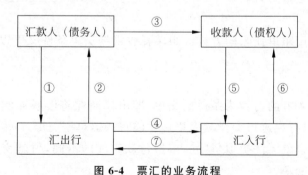

图 6-4 票汇的业务流程

票汇的业务流程的具体解释如下。

① 汇款人填写票汇汇款申请书,交款付费给汇出行。

② 汇出行开立一张以汇入行为付款人的银行即期汇票交给汇款人。

③ 汇款人将汇票寄给收款人。

④ 汇出行将汇票通知书寄给汇入行。

⑤ 收款人提示银行即期汇票给汇入行要求付款。

⑥ 汇入行阶级汇出行账,取出头寸,解付汇款给收款人。

⑦ 汇入行将阶级付讫通知书寄给汇出行,通知它汇款解付完毕。

6.2.2 托收

1. 托收的定义

托收是委托收款的简称,是指出口人在货物装运后,开具以进口人为付款人的汇票,随附有关单据,委托当地银行通过它的国外代理行或分行向进口方收取货款的结算方式。根据贸易合同规定卖方在装货后为了向国外买方收取货款,可按发票货值开出汇票,随发票及其他货运单据,委托当地银行向买方所在地的有关银行要求买方按期按额付款。

2. 托收的当事人

托收的当事人主要有四个,即委托人、托收行、代收行和付款人。

(1) 委托人是开出汇票并委托银行办理托收业务的出口商,也称出票人。

(2) 托收行是委托人的代理人,即接受出口商委托的银行向国外付款人代为收款的银行,通常是出口商在其所在地开立账户的银行,又称寄单行。

(3) 代收行是托收行的代理人,接受托收行委托向进口商收款的银行,通常是进口商所在地的银行。

(4) 付款人通常是进口商,是商务合同中的债务人,也称受票人。

3. 托收的种类

托收按照有无附带商业单据分为光票托收和跟单托收。光票托收是指仅使用金融单据而不附带任何商业单据的托收。光票托收并不一定不附带任何单据,有时也附有一些单据,如发票、垫款清单等,但这种情况仍被视为光票托收。光票托收在非贸易结算中使用较多。跟单托收是指附有商业单据的托收。卖方开具托收汇票,连同商业单据委托给托收行。

国际贸易多采用跟单托收的方式。跟单托收根据交单条件又可以分为付款交单和承兑交单。

1) 付款交单

付款交单是以买方的付款为条件的交单,即出口商在将汇票连同货运单据交给银行办理托收时,银行只有在进口商付款完毕后才能将货运单据交出。如果进口商拒付货款,将拿不到货运单据也就无法提取货物。根据付款时间的不同,付款交单可以分为即期付款交单和远期付款交单。

(1) 即期付款交单(D/P at sight)是指出口人在发货后开具即期汇票连同货运单据交给银行办理托收,通过银行向进口人提示,进口人见票后立即付款,银行在其付清货款后将货运单据交给进口商。其业务流程如图6-5所示。

即期付款交单的业务流程的具体解释如下。

① 表示进出口人在合同中,规定采用即期付款交单的方式支付。

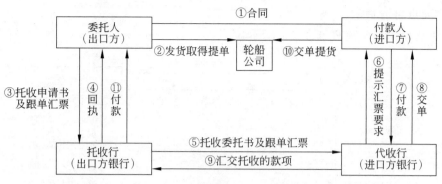

图 6-5　即期付款交单的业务流程

②表示发货取得提单。

③表示进口人付清货款，赎取全套单据。

④和⑪表示提示行收到汇票及货运单据，即向进口人做出付款提示。

⑤表示托收行将汇票连同货运单据，并说明托收委托书上的各项指示，寄交进口地代理银行。

⑥和⑧表示托收行将货款交给出口人。

⑦表示出口人按合同规定装货后，填写托收委托书，开出即期汇票，连同全套货运单据送交银行代收货款。

⑨表示代收行电告（或邮告）托收行，款已收妥转账。

⑩表示交单提货。

（2）远期付款交单（D/P after sight）是指出口人在发货后开具远期汇票连同货运单据交给银行办理托收，通过银行向进口人提示，进口人审核单据无误后在汇票上承兑，于汇票到期日付清货款，银行在其付清货款后将货运单据交给进口商。其业务流程如图 6-6 所示。

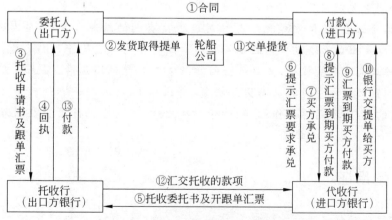

图 6-6　远期付款交单的业务流程

2）承兑交单

承兑交单（documents against acceptance，D/A）是出口商在发货后开立远期汇票连同货运单据交给银行办理托收，银行交单以进口商在远期汇票上承兑为条件，等到汇票到期,进口商再付清货款。

承兑交单的业务流程如图6-7所示。

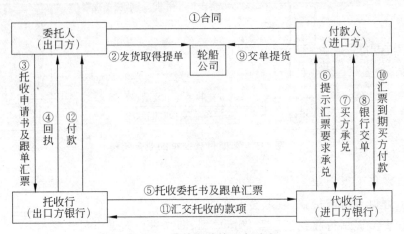

图 6-7　承兑交单的业务流程

【案例6-2】我国公司同南美客商B公司签订合同,由A公司向B公司出口一批货物,双方商定采用跟单托收的结算方式来结算贸易项下的款项。我方的托收行是甲银行,南美代收行是乙银行,具体付款方式是D/P 90天。但是到了规定的付款日,对方却毫无付款消息。更有甚者,全部单据已由B公司承兑汇票后,由当地代收行乙银行放单给B公司。于是A公司在甲银行的配合下,聘请了当地较有声望的律师对代收行乙银行因其将D/P远期作为D/A方式承兑放单,向法院提出起诉。

【案例分析】从中不难看出,国际商会托收的统一规则,首先不主张使用D/P远期付款方式,但是没有把D/P远期从 URC 522 中绝对排除。倘若使用该方式,根据 URC 522 规则,乙银行必须在B银行规定的90天内付款后,才能将全套单据交付给B公司。故乙银行在B公司承兑汇票后即行放单的做法是违背 URC 522 规则的。但从南美的习惯做法看,南美客商认为,托收方式既然是种对进口商有利的结算方式,就应体现其优越位,D/P远期本意是出口商给进口商的资金融通。而现在的情况是货到南美后,若安D/P远期的做法,进口商既不能提货,又要承担因货压港而产生的滞迟费,若进口商想避免此种情况的发生,则必须提早付款从而提早提货,那么这D/P远期还有什么意义?故南美的做法是所有的D/P远期均视作D/A对待。在此情况下,乙银行在B公司承兑后放单给B公司的做法也就顺理成章了。

6.2.3　信用证

信用证是目前最重要的国际贸易结算方式,它是在托收的基础上,克服了托收的缺点,由银行作为第二者充当中间人和担保人,通过银行信用来弥补商业信用的不足,从而更好地提供服务。

1. 信用证的定义

信用证(letter of credit,L/C)是指开证银行依照申请人的要求向第三方开立的载有一定金额、在一定的期限内凭符合规定的单据付款的书面保证文件。简而言之,信用证是一种带有条件的银行付款书面承诺。

2. 信用证的特点

1) 信用证是一项独立的文件

信用证是银行与信用证受益人之间存在的一项契约,以贸易合同为依据而开立,但是一经开立就不再受到贸易合同的牵制。银行履行信用证付款责任仅以信用证受益人满足了信用证规定的条件为前提,不受到贸易合同争议的影响。

2) 信用证的结算方式仅以单据为处理对象

在信用证业务中,银行对于受益人履行契约的审查仅针对受益人交到银行的单据来进行,单据所代表的实物是否好则不是银行关心的问题。即便实物的确有问题,进口商对出口商提出索赔要求,只要单据没问题,对信用证而言,受益人就算满足了信用证规定的条件,银行就可以付款。

3) 开证行负第一性的付款责任

在信用证中,银行是以自己的信用做出付款保证的,所以,一旦受益人(出口商)满足了信用证的条件,就可以直接向银行要求付款,而无须向开证申请人(进口商)要求付款。开证银行是主债务人,其对受益人负有不可推卸的、独立的付款责任。这就是开证行负第一性付款责任的意义所在。

【案例6-3】我国某外贸公司与外商签订一出口合同,其中包装条款规定,以新麻袋包装。之后,买方所在地银行开来了即期不可撤销信用证,我方业务员审证时发现,信用证的包装条款规定:以麻袋包装。经综合考虑后,我方决定以信用证规定为准来准备货物,在包装中使用了新、旧不同的麻袋,货物装船后,我外贸公司以全套合格单据向银行议付了货款。买方收到货物后,以包装不符合合同规定为由向我方提出索赔。我方应否赔偿? 说明理由。

【案例分析】我方无须赔偿。本案例是一个较简单案例,涉及信用证与合同的关系以及信用证的性质。

第一,从信用证与合同的关系看,信用证虽然是以合同为依据开立的,但信用证一经开出,就成为独立自主的文件,不受买卖合同的约束。

第二,从信用证性质看,首先,信用证是一种银行信用,开证行承担第一付款人责任。其次,信用证是一种独立自主的文件,即使信用证提及该合同,银行也与该合同无关,且不受其约束,开证行和参加信用证业务的其他银行只需按信用证的规定办事。最后,信用证是一种单据买卖,开证行只根据表面上符合信用证条款的单据付款,实行所谓"严格符合原则",不仅做到"单、证一致",即受益人提交的单据在表面上与信用证规定的条款一致,还要做到"单、单一致",即受益人提交的各种单据之间表面上一致。

第三,从上述两点可以看出,我方要想从开证行(付款行)收到货款,必须严格照信用证的规定备货和制单。从原则上看,我方的做法是对的。

第四,我方在处理上也有不妥之处,就是在发现信用证与合同不符时,应该合理应付,应该与买方合同内容再次进行核对,或者要求对方改证,以避免日后出现争议。

3. 信用证的当事人

信用证的基本当事人包括开证申请人、开证行、通知行和受益人,此外,还包括保兑行、付款行、议付行和承兑行等。

1) 开证申请人

在国际贸易中,信用证的开证申请人(applicant)是进口商、买方、付款方。有时开证申请人也称开证人,他还是运输单据的收货人。开证申请人一方面与出口商签订贸易合同,另一方面与开证行申请信用证书面合同,所以其必须同时受到贸易合同和信用证业务代理合同的约束,并享有相应权利。

进口商根据贸易合同的规定到其有业务往来的银行申请开立信用证,银行提供开保并承担相关费用和及时赎单付款。同时,进口商有权取得与信用证相符的单据并得到规定的货物。

2) 开证行

接受开证申请人委托并开立信用证的银行即是开证行(issuing bank, opening bank),有时开证行也被称作授予人。开证行是以自己的名义对信用证下的义务负责的。其根据申请人的指示开立信用证,承担第一性的付款责任,在拒付时的适当处理。同时,开证行有权收取押金或取得质押、有权审单,单证不符时有权拒付。开证行在验单付款之后无权向受益人或其他前手追索。

虽然开证行同时受到开证申请书和信用证本身两个契约约束,但是开证行依信用证所承担的付款、承兑汇票、议付或履行信用证项下的其他义务的责任,不受开证行与申请人或申请人与受益人之间产生的纠纷约束。

3) 通知行

通知行(advising bank, notifying bank)是开证行在出口国的代理人,其责任是及时通知或转递信用证,证明信用证的表面真实性并及时澄清疑点。如通知行不能确定信用证的表面真实性,即无法核对信用证的签署或密押,则应毫不延误地告知从其收到指示的银行,说明其不能确定信用证的真实性。如通知行仍决定通知该信用证,则必须告知受益人它不能核对信用证的真实性。

4) 受益人

在国际贸易中,信用证的受益人(beneficiary)是出口商或卖方。受益人同时还是信用证汇票的出票人、货物运输单据的托运人,也是信用证的收件人。

受益人与开证申请人之间存在一份贸易合同,而与开证行之间存在一份信用证。受益人有权依照信用证条款和条件提交汇票及/或单据要求取得信用证的款项。受益人交单后,如遇开证行倒闭,信用证无法兑现,则受益人有权向进口商提出付款要求,进口商仍应负责付款。这时,受益人应将符合原信用证要求的单据通过银行寄交给进口商进行托收索款。如果开证行并未倒闭,却无理拒收,受益人或议付行可以诉讼,也有权向进口商提出付款要求。

5) 保兑行

保兑行(confirming bank)是应开证行的要求在不可撤销的信用证上加具保兑的银行。通常由通知行作为保兑行。但是,保兑行有权做出是否加保的选择。保兑行承担与开证行相同的责任,一旦对该信用证加具了保兑,就对信用证负独立的确定的付款责任。如遇开证行无法履行付款义务时,保兑行履行验单付款的责任,保兑行付款后只能向开证行索偿,因为它是为开证行加保兑的。保兑行付款后无权向受益人或其他前手追索票款。

【案例6-4】 我国某公司向日本A客商出口一批货物,A客商按时开来不可撤销即期议付信用证,该证由设在我国境内的外资B银行通知并加具保兑。我公司在货物装运后,将全套合格单据交B银行议付,收妥货款。但B银行向开证行索偿时,得知开证行因经营不善已宣布破产。于是,B银行要求我公司将议付款退还,并建议我方直接向买方索款。我方应如何处理?为什么?

【案例分析】 我方无须退还已经议付的货款。《跟单信用证统一惯例》规定,信用证支付方式是一种银行信用,开证行承担第一付款人责任。如果信用证中加到了保兑银行,保兑行与开证行对信用证承担同等付款责任。只要出口商交付了全套合格单据,保兑行必须议付货款,然后保兑行再向开证行议付。保兑行的议付是没有追索性的。由于保兑行对开证行的资质和信用审核的疏忽,造成开证行难以向保兑行议付货款,这与出口方无任何关系。

6)付款行

开证行在信用证中指定另一家银行为信用证项下汇票上的付款人,则该银行就是付款行(paying bank)。它可以是通知行或其他银行。

付款行是开证行的付款代理人,如果开证行资信不佳,付款行有权拒绝代为付款。但是,付款行一旦付款,即不得向受益人追索,而只能向开证行索偿。

7)议付行

议付又被称作"买单"或"押汇",它是指由一家信用证允许的银行买入该信用证项下的汇票和单据,向受益人提供资金融通。买入单据的银行就是议付行(negotiating bank),具体做法是,议付行审单相符后买入单据垫付货款,即按票面金额扣除从议付日至汇票到期之日的利息,将净款付给出口商。

在信用证业务中,议付行接受开证行在信用证中的邀请并且信任信用证中的付款担保,凭出口商提交的包括有代表货权的提单在内的全套出口单证的抵押,而买下单据的。议付行议付后,向开证行寄单索偿。如果开证行发现单据有不符信用证要求的情况存在,拒绝偿付,则议付行有向受益人或其他前手进行追索的权利。

8)承兑行

远期信用证如要求受益人出具远期汇票的,会指定一家银行作为受票行,由它对远期汇票做出承兑,这就是承兑行(accepting bank)。如果承兑行不是开证行,承兑后又最后不能履行付款义务,开证行应负最后付款的责任。若单证相符,而承兑行不承兑汇票,开证行可指示受益人另开具以开证行为受票人的远期汇票,由开证行承兑并到期付款。承兑行付款后向开证行要求偿付。

4. 信用证的业务流程

信用证的业务流程如图6-8所示,具体解释如下:①买卖双方签订贸易合同;②进口商申请开立信用证;③开证行接受申请,开出信用证;④通知银行向受益人通知信用证;⑤出口商按信用证规定发货;⑥受益人向指定行交单;⑦指定行根据自己的义务付款、承兑或议付;⑧指定行向开证行寄单索汇或向开证行寄单并向偿付行索偿;⑨开证行向交单行或偿付行付款;⑩开证行通知申请人付款;⑪开证行通知申请人赎单;⑫申请人

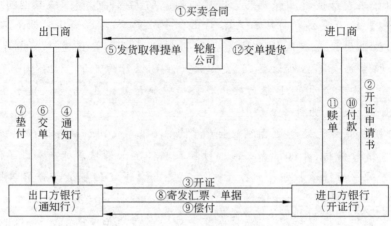

图 6-8　信用证的业务流程

付款赎单。

5. 信用证的内容

一般信用证的内容包括以下几个方面。

（1）信用证本身情况的说明，包括开证行、通知行、开证申请人、受益人、信用证号码、信用证种类、开证金额、有效期限和地点等。

（2）关于货物的说明，包括货物名称、数量、单价、包装等。

（3）关于运输的说明，包括装运地、目的地、装运期限等。

（4）关于单据的说明，包括单据的种类、份数、内容要求等，常见的单据包括运输单据、商业发票、保险单等基本单据和检验证书、产地证、装箱单和重量单等。

（5）关于汇票的说明，包括出票人、受票人、汇票期限和汇票金额等。

6. 信用证的种类

根据不同的标准，信用证可分为以下几类。

1）按信用证项下汇票是否附带商业单据，分为光票信用证和跟单信用证

（1）光票信用证（clean credit）是指信用证项下的汇票不附带商业单据（主要是指运输单据）进行结算。银行凭光票信用证付款，也可要求受益人附交一些非货运单据，如发票、垫款清单等。光票信用证多用于贸易从属费用的结算，使用较少。

（2）跟单信用证（documentary credit）是指凭跟单汇票或仅凭单据付款的信用证，这里的单据主要是指代表货物所有权的运输单据（如海运提单等），或证明货物已交运的单据（如铁路运单、航空运单、邮包收据）。目前，在国际贸易信用证的结算中，大部分使用跟单信用证。

2）按照信用证是否可以撤销，分为不可撤销信用证和可撤销信用证

（1）不可撤销信用证（irrevocable L/C）是指信用证一经开出，在有效期内，未经受益人及有关当事人的同意，开证行不能单方面修改和撤销，只要受益人提供的单据符合信用证规定，开证行必须履行付款义务。在不可撤销信用证条件下，开证行的付款责任是第一位的。

（2）可撤销信用证（revocable L/C）是指开证行不必征得受益人或有关当事人的同意

就可以随时撤销的信用证,但应在信用证上注明"可撤销"字样。由于可撤销信用证对受益人的权利不能保障,故现实中较少使用。UCP 600 规定银行不可开立可撤销信用证。

【案例 6-5】某出口商收到一份信用证,上面没有明确该信用证属于可撤销信用证还是不可撤销信用证。在出口商备货过程中,忽然收到通知,声明信用证已被撤销。请分析,该做法是否符合 UCP 600 的惯例?

【案例分析】UCP 600 规定,信用证如未注明"不可撤销"字样,均视为可撤销信用证。这种规定的缺陷是:如果稍有疏忽,必将导致受益人遭受严重的经济损失。UCP 600 对此作了根本性的修改:凡信用证未注明可撤销或不可撤销字样的,应视为可撤销信用证。鉴于可撤销信用证给各方带来诸多不利这样的一种现状,UCP 600 取消了可撤销信用证这一种类,今后所有的信用证均为不可撤销信用证。

3）按信用证是否加具另一家银行的保兑,分为保兑信用证和不保兑信用证

(1) 保兑信用证(confirmed L/C)是指开证行开出的信用证,由另一家银行保证对符合信用证条款规定的单据履行付款义务的信用证。对信用证加以保兑的银行叫作保兑行。开证行和保兑行两家银行对受益人做出付款承诺,所以对于受益人来说具有双重保障。保兑行对信用证所负担的责任与信用证开证行所负担的责任相当。即当信用证规定的单据提交到保兑行或任何一家指定银行时,在完全符合信用证规定的情况下则构成保兑行在开证行之外的确定承诺。

(2) 不保兑信用证(unconfirmed L/C)是指开证行开出的信用证没有经另一家银行保兑。即便开证行要求另一家银行加保,如果该银行不愿意在信用证上加具保兑,则被通知的信用证仍然只是一份未加保的不可撤销信用证。不保兑信用证只有开证行一重确定的付款责任。

4）按信用证付款期限的不同划分,分为即期信用证、远期信用证、假远期信用证

(1) 即期信用证(sight L/C)是指规定受益人开立即期汇票,即可向指定银行提示请求付款的信用证。用这种信用证结算可以迅速回收货款,因此,在贸易中的应用比较多。

(2) 远期信用证(usance L/C)是指开证行或付款行收到信用证的单据时,不立即付款,而是在规定期限内履行付款义务的信用证。在此种信用证结算方式下,卖方先交单后收款,为买方提供融资方便。

(3) 假远期信用证(usance credit payable at sight)是指信用证规定受益人开立远期汇票,由付款行负责贴现,并规定一切利息和费用由开证人承担。这种信用证对受益人来讲,看上去属于远期信用证,实际上仍属即期收款。一般在信用证中有"假远期"(usance L/C payable at sight)条款。

5）按信用证是否可以转让划分,分为可转让信用证和不可转让信用证

(1) 可转让信用证(transferable L/C)是指信用证的受益人(第一受益人)可以要求信用证中特别授权的转让银行,将该信用证全部或部分转让给一个或数个受益人(第二受益人)使用的信用证。开证行在信用证中要明确注明"可转让"(transferable),且只能转让一次。

(2) 不可转让信用证(untransferable L/C)是指受益人不能将信用证的权利转让给他人的信用证。凡信用证中未注明"可转让",即是不可转让信用证。

【案例 6-6】某银行开立一张不可撤销可转让跟单信用证,以 M 作为受益人,A 行为该证的通知行。在 A 行将该证通知 M 后,M 指示 A 行将此证转让给 X,该转证的到期日比原证早 1 个月。第二受益人 X 接收到转证后,对于转证的一些条款与第一受益人 M 产生了分歧。双方经过多次协商,终未达成协议。而此时,该转证已过期。于是 M 请求 A 行将已过期的未使用的转证恢复到原证。鉴于原证到期日尚有 1 个月,M 要求 A 行将能恢复到原证的金额再度转让给新的第二受益人 Y。A 行认为它不能同意 M 的做法。因为将该证转让给 Y 构成了信用证的第二次转让,而这正违反了 UCP 600 第 38 条的规定。

【案例分析】A 行在认识上存有误区。将未曾使用过的转证再次转让给另一新的第二受益人不能被视为二次转让。UCP 600 第 38 条规定:除非信用证另有规定,可转让信用证只能转让一次。因此,该信用证不能按第二受益人要求转让给随后的第三受益人。根据此条文意,由第一受益人做出的再次转让并不构成二次转让,而属于一次同时转让给多个受益人的情形。所以此等转让并非为 UCP 600 所禁止。在此案中,既然第二受益人 X 并未接受转证,第一受益人 M 当然可以自动地将该证转让。当然 A 行也并无义务接受 M 再次转让的指示。UCP 600 第 38 条又规定:除非转让范围和方式已为转让行明确同意,否则,转让行并无办理该转让的义务。

6)背对背信用证

背对背信用证(back to back L/C)又称转开信用证,是指受益人要求原证的通知行或其他银行以原证为基础,另开一张内容相似的新信用证,背对背信用证的开证行只能根据不可撤销信用证来开立。背对背信用证的开立通常是中间商转售他人货物,或两国不能直接办理进出口贸易时,通过第三者以此种办法来沟通贸易。其中的原始信用证又称主要信用证,而背对背信用证是第二信用证。原信用证的金额(单价)应高于背对背信用证的金额(单价),背对背信用证的装运期应早于原信用证的规定。

7)循环信用证

循环信用证(revolving L/C)的使用方法带有条款和条件,使其不许修改信用证,而能够更新或复活。在进出口买卖双方订立长期合同,分批交货,而且货物比较大宗的情况下,进口方为了节省开证手续和费用,即可开立循环信用证。在按金额循环的信用证条件下,恢复到原金额的具体做法有以下几种。

(1)自动式循环是指每期用完一定金额,无须等待开证行的通知,即可自动恢复到原金额。

(2)非自动循环是指每期用完一定金额后,必须等待开证行通知到达,信用证才能恢复原金额使用。

(3)半自动循环是指每次用完一定金额后若干天内,开证行未提出停止循环,即自动恢复到原金额。

8)对开信用证

对开信用证(reciprocal L/C)是以交易双方互为开证申请人和受益人、金额大致相等的信用证。可同时互开,也可先后开立。在对开信用证中,第一份信用证的开证申请人就是第二份信用证的受益人;反之,第二份信用证的开证申请人就是第一份信用证的受益人。第二份信用证也被称作回头证。第一份信用证的通知行一般就是第二份信用证的开证行。对开信用证广泛用于易货贸易、来料加工贸易、补偿贸易等。

9）预支信用证

预支信用证（anticipatory L/C，prepaid L/C）是在该证列入特别条款授权保兑行或其他指定银行在交单前预先垫款付给受益人的一种信用证。

开证行授权代付行（通知行）向受益人预付信用证金额的全部或一部分，由开证行保证偿还并负担利息，即开证行付款在前，受益人交单在后，与远期信用证相反。预支信用证凭出口人的光票付款，也有要求受益人附一份负责补交信用证规定单据的说明书，当货运单据交到后，付款行在付给剩余货款时，将扣除预支货款的利息。预支信用证也称红条款信用证，即凭包含一个"红"条款的信用证提供信用贷款。红条款信用证通常包含一个特别条款，授权指定银行在交单前将信用证全部或部分金额预支给出口商。这个特殊条款以前是用红字打成的，故称为红条款信用证。红条款信用证必须是不可撤销的。随着国际贸易的发展，近年来预支条款已经不用红字标示，但效用相同。

预支信用证主要用于出口商组织货物而资金紧张的情况，所以这种信用证的预支是凭受益人光票和按时发货交单的保证进行的，有些信用证则规定受益人要提交货物仓单作为抵押。

6.3 其他结算方式

6.3.1 银行保函

银行保函作为一种新兴的结算方式因其使用灵活方便，而在国际贸易中被广泛使用。

1. 银行保函的定义

保函（letter of guarantee，L/G）又称保证书，是指银行、保险公司、担保公司或担保人应申请人的请求，向受益人开立的一种书面信用担保凭证，保证在申请人未能按双方协议履行其责任或义务时，由担保人代其履行一定金额、一定时限范围内的某种支付或经济赔偿责任。银行保函是指银行应申请人或委托人的要求向受益方开出的书面付款保证承诺。

2. 银行保函的主要内容

银行保函的内容根据交易的不同而有所不同，通常包括以下内容。

1）基本栏目

基本栏目包括：保函的编号；开立日期；各当事人的名称、地址；有关交易或项目的名称；有关合同或标书的编号和订约或签发日期等。

2）责任条款

责任条款即开立保函的银行或其他金融机构在保函中承诺的责任条款，这是构成银行保函的主体。

3）保证金额

保证金额是开立保函的银行或其他金融机构所承担责任的最高金额,可以是一个具体的金额,也可以是合同有关金额的某个百分率。如果担保人可以按委托人履行合同的程度减免责任,则必须做出具体说明。

4）有效期

有效期即最迟的索赔日期,或称到期日,是受益人的索偿要求送达保证人的最后期限。它既可以是一个具体的日期,也可以是在某行为或某一事件发生后的一个时期。

5）索赔条件

索赔条件是指受益人在何种情况下可向开立保函的银行提出索赔。对此,国际上有两种不同的处理方法:一种是无条件的,即"见索即付"保函;另一种是有条件的保函,又称从属性保函。

3. 银行保函的当事人

银行保函的当事人包括基本当事人和其他当事人两类。两种当事人如图6-9所示。

图 6-9　银行保函的当事人

1）申请人

申请人是向银行或保险公司申请开立保函的人。

申请人的权责如下。

(1) 在担保人按照保函规定向受益人付款后,立即偿还担保人垫付的款项。

(2) 负担保函项下的一切费用及利息。

(3) 在担保人认为需要时,申请人应预支部分或全部押金。

2）受益人

受益人是有权按保函的规定出具索款通知,或连同其他单据向担保人索取款项的人。若申请人未按合同履约,受益人则可在保函有效期内提交相符的索款声明,或连同有关单据,向担保人索款,并取得付款。

3）担保人

担保人是保函的开立人。担保人在接受委托人申请后,依委托人指示开立保函给受益人。开立保函时,有权决定是否要求申请人预缴押金。保函一经开出就有责任按照保函承诺的条件,合理审慎地审核提交的包括索赔书在内的所有单据,向受益人付款。担保人付款后,有权要求委托人偿还其垫款。若委托人不能立即偿还垫款,则担保人有权处置押金、抵押品、担保品。如果处置后仍不足抵偿,则担保行有权向委托人追索不足部分。

4. 银行保函的分类

银行保函广泛应用在货物买卖、国际工程承包、招标投标,国际借贷等领域,根据应用领域的不同可分为以下3种。

1)投标保函

投标保函(tender guarantee)是指担保银行应投标人(申请人)的请求开给招标人(受益人)的一种书面担保文件,保证若投标人不履行其投标义务时,保证人将按保函规定负赔偿责任。此类保函主要是担保投标人在开标前撤销或者修改投标文件,中标后要保证签约和履行合同。投标保函的金额一般为合同金额的 2%~5%。

2)履约保函

履约保函(performance guarantee)是指担保银行应一方(申请人)的申请开给另一方(受益人)的书面信用担保,承诺若申请人不履行合同时,担保人按照约定金额负赔偿责任。履约保函既可以为工程承包商提供担保,也可用于货物进出口。在一般货物进出口交易中,履约保函又可分为进口履约保函和出口履约保函。

(1)进口履约保函。进口履约保函是指担保人应申请人(进口人)的申请开给受益人(出口人)的保证承诺。保函规定,如出口人按期交货后,进口人未按合同规定付款,则由担保人负责代还,这种履约保函对出口人来说,是种简便、及时和确定的保障。

(2)出口履约保函。出口履约保函是指担保人应申请人(出口人)的申请开给受益人(进口人)的保证承诺。保函规定,如出口人未能按合同规定交货,担保人负责赔偿进口人的损失。这种履约保函对进口人有一定的保障。

3)还款保函

还款保函又称预付款保函或定金保函,是指担保人应合同一方当事人的申请,向合同另一方当事人开立的保函。保函规定,如申请人不履行他与受益人订立合同的义务,不将受益人预付或支付的款项退还或还款给受益人,则担保人向受益人退还或支付款项。

除上述几种保函外,还可根据其他功能和用途的不同,分为其他种类的保函,如补偿贸易保函、来料加工保函、技术引进保函、维修保函、融资租赁保函、借款保函、备用信用证。

6.3.2 备用信用证

1. 备用信用证的定义和性质

备用信用证(standby letter of credit)又称担保信用证,是指不以清偿商品交易的价款为目的,而是以贷款融资或担保债务偿还为目的,所开立的信用证。它是集担保、融资、支付及相关服务于一体的多功能金融产品,因其用途广泛及运作灵活,而在国际商务中得以普遍应用。

备用信用证是一种特殊形式的信用证,是开证银行对受益人承担一项义务的凭证。

开证行保证在开证申请人未能履行其应履行的义务时,受益人只要凭备用信用证的规定向开证行开具汇票,并随附开证申请人未履行义务的声明或证明文件,即可得到开证行的偿付。

备用信用证最早流行于美国,因美国法律不允许银行开立保函,故银行采用备用信用证来代替保函,后来它逐渐发展为国际性合同提供履约担保的信用工具而被广泛应用,如国际承包工程的投标、国际租赁、预付货款、赊销业务以及国际融资等业务。国际商会在《跟单信用证统一惯例》1993 年文本中,明确规定该惯例的条文适用于备用信用证,即将备用信用证列入了信用证的范围。

2. 备用信用证的种类

备用信用证的种类有很多,根据在基础交易中备用信用证的不同作用可分为以下8 类。

1) 履约备用信用证

履约备用信用证(performance standby L/C)用于担保履约而非担保付款,支持一项除支付金钱以外的义务的履行,包括对由于申请人在基础交易中违约所致损失的赔偿。在履约备用信用证有效期内若申请人违约,开证人将根据受益人提交的单据代申请人赔偿备用信用证中规定的金额。

2) 投标备用信用证

投标备用信用证(tender bond standby L/C)用于担保申请人中标后执行合同的义务和责任,若投标人未能履行合同,开证人必须按备用信用证的规定向受益人履行赔款义务。投标备用信用证的金额一般为投保报价的 1%～5%。

3) 反担保备用信用证

反担保备用信用证(counter standby L/C)又称对开备用信用证,它支持反担保备用信用证受益人所开立的另外的备用信用证或其他承诺。

4) 融资保证备用信用证

融资保证备用信用证(financial standby L/C)支持付款义务,包括对借款的偿还义务的任何证明性文件。是目前外商投资企业用以抵押人民币贷款的备用信用证。

5) 预付款保证备用信用证

预付款保证备用信用证(advance payment standby L/C)用于担保申请人对受益人的预付款所应承担的义务和责任,这种备用信用证通常用于国际工程承包项目中业主向承包人支付的合同总价 10%～25%的工程预付款,以及进出口贸易中进口商向出口商支付的预付款。

6) 直接付款备用信用证

直接付款备用信用证(direct payment standby L/C)用于担保到期付款,尤指到期没有任何违约时支付本金和利息。这种信用证已经突破了备用信用证备而不用的传统担保性质,主要用于担保企业发行债券或订立债务契约时的到期支付本息义务。

7) 保险备用信用证

保险备用信用证(insurance standby L/C)支持申请人的保险或再保险义务。

8）商业备用信用证

商业备用信用证（commercial standby L/C）是指如不能以其他方式付款，则该信用证为申请人对货物或服务的付款义务进行保证。

3．备用信用证所适用的国际惯例

备用信用证只适用于《跟单信用证统一惯例》的部分条款。由于美国的法律不允许使用银行保函，故备用证在美国普遍使用。《国际备用信用证惯例》（ISP 98）最初由美国的国际银行法律与惯例学会起草，此后国际商会认识到备用信用证业务在国际经贸活动中的重要性，由国际商会的银行技术与惯例委员会于 1998 年 4 月 6 日批准了该惯例，于1999 年 1 月 1 日生效，并在全世界推广。

4．备用信用证与银行保函的异同

1）相同点

备用信用证与银行保函的相同点有以下几个。

（1）两者都是银行根据申请人的要求向受益人开具的书面担保文件，基本当事人相同。

（2）两者都是备用性质的。

（3）两者使用目的相同，以银行的信用弥补商业信用之不足。

（4）两者都适用于经济活动中的履约担保。

（5）两者在要求提交的单据方面，都要求提交索偿声明。

2）不同点

备用信用证与银行保函的不同点有以下几个。

（1）保函与备用信用证的国际惯例不同。保函的国际惯例有《见索即付保函统一规则》（URDG 458）。备用信用证的国际惯例如前所介绍是《国际备用信用证惯例》。

（2）《见索即付保函统一规则》规定保函项下受益人索赔的权利不可转让；而《国际备用信用证惯例》中订有备用信用证受益人的提款权利转让办法的有关条款，意味着备用证是允许转让的。

（3）保函有反担保做保证。备用信用证方式下无此项目。

（4）保函有负第一性付款责任的，也有负第二性付款责任，而备用信用证总是负第一性付款责任。

6.4 结算方式的选择

在国际贸易中，每一种结算方式都可以单独使用，也可以根据具体情况将两种或两种以上的结算方式结合起来使用，从而安全结汇，加速资金周转。

国际贸易中最常用的三种结算方式是汇款、托收和信用证，从资金负担、银行费用，手续繁简等方面对主要结算方式的比较，见表 6-1。

表 6-1　主要结算方式的比较

结算方式		手续	银行收费	资金负担	买方风险	卖方风险	银行风险
汇款	预付货款	简便	低廉	不平衡	最大	最小	没有
	货到付款				最小	最大	没有
托收	付款交单	较繁	较高	不平衡	较小	较大	没有
	承兑交单				极小	极大	没有
跟单信用证		最繁	最高	较平衡	较小	较小	有风险

1. 选择国际结算方式时应考虑的因素

选择结算方式时,我们主要从以下几个方面来考虑。

1) 客户信用

交易对手的资信直接决定交易的结果,因此选择资信良好的交易对手非常有必要。对于资信不好的客户,应该选择风险比较小的结算方式,对于资信良好的客户可以选择手续简单、费用比较低的结算方式。值得注意的是,客户资信不是一成不变的,应注意关注对方的资信变化情况。

【案例 6-7】某市某石材进口公司与意大利一公司做了数笔小额的石材进口交易,以信用证结算,业务交往很顺,石材公司觉得其贸易伙伴的资信可以信赖,因此签订了一笔数十万美元的石材进口合同。信用证开出后,进口的货物如期运抵国内,信用证项下的单据随后也寄抵开证行,经开证行审核,全套单据相符,进口公司付款赎单,提货后发现进口的石材存在严重的质量问题,要求开证行对外拒付。

【案例分析】石材公司相信客户,未实时了解交易对手的资信及信誉变化状况。在信用证结算方式下,各有关方所处理的是单据,而不是与单据有关的货物、服务或其他履约行为;只要单据完全相符,开证行就必须承担付款责任。本案的货物质量问题只能由进出口双方协商解决或以法律手段解决。

2) 货物销路

作为出口商,应该时刻关注市场行情,并与结算方式结合起来考虑。若货物畅销,出口商主动性较强,可以选择对自己有利的结算方式;货物滞销,出口商处于被动地位,能结算的方式对自己不是很有利,这时候应该想办法降低收款风险。

3) 贸易术语

交易合同中贸易术语不同,结算方式应该有所不同,一般只有在 CIF、CFR、CPT、CIP 等象征性交货条件下,才会使用信用证或者跟单托收的方式。作为进出口商应该了解国际商会出版的《2020 年国际贸易术解释通则》关于贸易术语的不同规定,选择适当的结算方式。

4) 运输单据

运输方式不同,运输单据效力不同。海上运输方式下,海运提单才是货物的所有权凭证,这时才能用信用证和跟单托收方式结算,因为卖方可以通过掌握货物所有权证来制约买方付款。不可转让的海运单、空运单、铁路运单和邮包单等由于不具有物权性质,所以不适合采用信用证和跟单托收等方式。

5）承运人

承运人的实力、信誉、管理水平直接关系到货物的安全性，在实际业务中，无论是进口还是出口，都应该尽量争取由我方安排运输，尤其是出口时，由卖方安排运输可以最大限度地保证货物安全，防止钱货两空。

6）货币因素

结汇货币的种类选择直接关系到汇率风险的承担问题，一般来说，以出口国货币支付汇率，风险由买方承担，以进口国货币结算，外汇风险由买方承担。另外，币值的走势情况也直接影响到收付双方的利益。如果使用软货币，对付款方有利；如果使用硬货币，则有利于收款方。

【案例 6-8】2020 年 3 月，A 文化用品公司与美国 C 贸易公司签订一份买卖合同，约定美国 C 公司向 A 公司购买一批塑料文具。A 公司委托美国 B 运通公司将这批塑料文具运往纽约，并根据承运人的要求在指定时间将货物运到指定的装运港口。6 月，货物装船，船长签发了一式三份正本记名提单。货到目的港后，C 公司始终未付款，A 公司拟将货物运回。在与美国 B 运通公司的交涉过程中，A 公司于同年 12 月得知货物已被 C 贸易公司凭汇丰银行出具的保函提取。A 文化用品公司遂要求美国 B 运通公司承担无单放货的责任，而美国 B 运通公司认为，应由买方 C 公司自己承担责任。双方协商不成，A 公司遂提起诉讼。

【案例分析】A 文化用品公司是涉案货物买卖合同的卖方和提单上的托运人，将货物交给 B 运通公司承运，并取得美国 B 公司签发的记名提单，在收货人 C 贸易公司未付货款的情况下，A 公司仍然是合法的提单持有人，有权主张提单项下的物权。作为物权凭证，提单的主要意义就在于，合法的提单持有人有权控制和支配提单项下的货物，并可以据此担保货款的实现。美国 B 公司在未征得托运人的同意，又未收回正本提单的情况下将货物交给非提单持有人的行为，显然侵犯了 A 公司在提单项下的物权，造成 A 公司未收回货款而对提单项下的货物失控，依法应当对 A 公司因此遭受的经济损失承担赔偿责任。最后，法院判决美国 B 运通公司向原告 A 文化用品公司赔偿所有货款及利息损失。

2. 不同结算方式的结合使用

1）信用证与汇款的结合使用

信用证与汇款的结合是指一笔交易的货款，部分用信用证方式支付，预付款或余额采用汇款方式结算。这种结算方式的结合形式常用于允许其交货数量有一定机动幅度的某些初级产品的交易。进出口双方在合同中规定 90% 货款以信用证方式支付，其余 10% 在货物运抵目的港，经检验合格后，按实际到货数量确定余款，以汇款方式支付。使用这种结算形式，必须首先在合同里订明采用的是何种信用证和何种汇款方式，以及按何种金额的比例。

【案例 6-9】甲国的 A 公司出口农产品给乙国的 B 公司。双方商定用信用证方式结算。由于商品的数量不易控制，B 公司在申请开证时，难以确定金额。请分析在这种情况下，可以怎样结合不同的结算方式，既可以保证收汇，又有数量和金额变化的灵活性。

【案例分析】 本案可以采用信用证与汇款相结合的方式,即主体货款用信用证方式,余款用汇款方式在货物发运后支付。在货物发运前,先开立信用证,规定凭装运单据支付若干金额,待装运完毕核算装运数量,或货物到达目的地经检验后,将余款用汇款的方式支付。

2)信用证和托收的结合

信用证和托收的结合是指一笔交易的货款,部分用信用证方式支付(通常是合同金额的40%～70%),其余货款以即期或远期付款交单的托收方式结算。具体做法通常是:必须由信用证的开证行兼任托收项下的代收行,并在信用证中规定出口商开立两张汇票,信用证项下的部分货款凭光票付款,托收方式部分则附带全套货运单据,在进口方付清发票的全额后才可交单,这种方式可减少进口商的开证保证金和开证额度的占用,加速资金周转。对出口商来说,因有部分信用证的保证,且信用证规定货运单据跟随托收汇票,开证银行须待全部货款付清后,才能向进口商交单,所以收汇比较安全。

3)跟单托收与汇款相结合

跟单托收与汇款相结合是指合同中规定的支付方式为买方签订合同后先支付一定金额的预付款或押金,货物装运后,剩余部分通过银行托收。比如,买方已支付20%～30%的订金,一般不会拒付托收项下的货款,否则,订金将无法收回。卖方的收汇风险将大大降低,即使买方拒付,仍可以将货物返运回国,订金将用于支付往返费用。

4)汇款、托收、信用证的结合

汇款、托收、信用证结合使用的形式常用于大型机械、成套设备和大型交通运输工具(飞机、船舶等)等货款的结算。这类产品,交易金额大、生产周期长、检验手段复杂、交货条件严格以及产品质量保证期限长,往往要求买方以汇款方式预付部分货款或定金,大部分货款以信用证方式结算,尾款部分以托收方式结算。尾款付款期限较长,一般在卖方完成全部交货责任或承担质量保证期满,经检验合格后再予付清。

本 章 小 结

本章主要介绍了国际结算的工具和方式。国际结算的工具主要指票据,包括汇票、本票和支票。

国际结算中最常用的结算方式有汇付、托收和信用证三种,其中汇付和托收属于商业信用,信用证属于银行信用。汇付属于顺汇,托收和信用证属于逆汇。结算的三种方式涉及的主要当事人都是出口方、出口方银行、进口方银行和进口方。

银行保函和备用信用证作为国际担保的主要形式,在国际贸易中也发挥着重要作用。银行保函是指银行应申请人或委托人的要求向受益方开出的书面付款保证承诺。备用信用证是一种特殊形式的信用证,是开证银行对受益人承担一项义务的凭证。开证行保证在开证申请人未能履行其应履行的义务时,受益人只要凭备用信用证的规定向开证行开具汇票,并随附开证申请人未履行义务的声明或证明文件,即可得到开证行的偿付。

练习思考题

一、单项选择题

1. 在汇票背面只有背书人签字、背书人名称，这是（   ）。

    A. 限定性背书   B. 特别背书   C. 记名背书   D. 空白背书

2. 承兑以后，汇票的主债务人是（   ）。

    A. 出票人   B. 持票人   C. 承兑人   D. 保证人

3. 持票人将汇票提交付款人的行为是（   ）。

    A. 提示   B. 承兑   C. 背书   D. 退票

4. 背书人在汇票背面只有签名，不写被背书人，这是（   ）。

    A. 限制性背书   B. 特别背书   C. 记名背书   D. 空白背书

5. 在信用证结算方式下，汇票受款人通常的抬头是（   ）。

    A. 限制性抬头   B. 指示性抬头   C. 持票人抬头   D. 来人抬头

6. 属于顺汇方式的支付方法是（   ）。

    A. 汇付   B. 托收   C. 信用证   D. 银行保函

7. T/T是指（   ）。

    A. 提单   B. 电汇   C. 信用证   D. 远期汇票

8. 承兑交单方式下开立的汇票是（   ）。

    A. 即期汇票   B. 远期汇票   C. 银行汇票   D. 银行承兑汇票

9. 在国际贸易中，用以统一解释、调和信用证各有关当事人矛盾的国际惯例是（   ）。

    A.《托收统一规则》   B.《跟单信用证统一惯例》

    C.《合约保证书同意规则》   D. 以上答案都不对。

10. 信用证支付方式实际上把进口人履行的付款责任转移给（   ）。

    A. 出口人   B. 银行   C. 供货商   D. 最终用户

二、多项选择题

1. 国际货款收付在采用非现金结算时的支付工具是（   ）。

    A. 货币   B. 支票   C. 汇票   D. 本票

2. 一张汇票，可以是（   ）。

    A. 即期汇票   B. 跟单汇票   C. 商业汇票   D. 银行承兑汇票

3. 不可撤销信用证的鲜明特点是（   ）。

    A. 给予受益人双重的付款承诺   B. 有开证行确定的付款承获

    C. 给予买方最大的灵活性   D. 给予卖方以最大的安全性

4. 远期汇票付款期限的规定方法有（   ）。

    A. 见票即付   B. 见票后若干天付

    C. 出票后若干天付   D. 提单日后若干天付

5. 汇付包括( )。

    A. 票汇   B. 电汇   C. 信汇   D. 承兑交单

6. 汇付方式通常涉及的当事人有( )。

    A. 汇入行   B. 汇款人   C. 受款人   D. 汇出行

7. 托收根据所使用的汇票不同,可分为( )。

    A. 付款交单   B. 承兑交单   C. 光票托收   D. 跟单托收

8. 属于商业信用的国际贸易结算方式是( )。

    A. 信用证   B. 托收   C. 汇付   D. 汇款

9. 信用证结算方式所涉及的主要当事人有( )。

    A. 受益人   B. 开证行   C. 通知行   D. 议付行

10. 开立信用证的形式主要有( )。

    A. 信开本   B. 信函   C. 电开本   D. 简电本

三、判断题

1. 对卖方而言,在汇付、托收和信用证三种支付方式中,汇付的风险最大。 ( )

2. 托收是商业信用,汇付和信用证是银行信用。 ( )

3. 我方按 FOB 伦敦从英国购买一批机器设备,即交货地点为伦敦。 ( )

4. 信用证根据基础合同开立,因此信用证和合同应完全一致。 ( )

5. 信用证的基本当事人包括出口商、进口商、开证行。 ( )

6. 通知行应合理审慎地鉴别所通知的信用证的表面真实性,即核对电开信用证信开信用证的印鉴是否无误。 ( )

7. 未记载付款日期的汇票是废票。 ( )

8. 支票也有即期和远期的区分。 ( )

9. 票汇是用银行即期汇票作为结算工具的汇款方式。 ( )

10. 托收项下,汇票的出票人是出口商或卖方,付款人是进口商或买方。 ( )

四、简答题

1. 什么是汇票?它有哪些基本的当事人?

2. 汇票是怎样分类的?汇票使用有哪些步骤?

3. 什么是本票?它是怎样分类的?

4. 什么是支票?它是怎样分类的?

5. 简述汇票、本票和支票的区别。

6. 什么是汇付?汇付的当事人有哪些?汇付是怎样分类的?

7. 票汇的业务流程图是怎样?

8. 什么是托收?它有哪些当事人?它是怎样分类的?

9. 即期付款交单业务流程是怎样的?远期付款交单业务流程是怎样的?

10. 什么是信用证?信用证有哪些当事人?

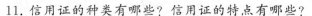

11. 信用证的种类有哪些？信用证的特点有哪些？

12. 叙述信用证的基本业务流程。

13. 什么是银行保函？银行保函有哪些内容？

14. 什么是备用信用证？备用信用证有哪些种类？

15. 保函和备用信用证的异同点有哪些？

五、案例分析

1. 中方某公司以 CIF 价格向美国出口一批货物，合同的签订日期为 6 月 2 日。到 6 月 28 日由美国花旗银行开来了不可撤销即期信用证，金额为 35 000 美元，证中规定装船期为 7 月，付款行为日本东京银行。我方中国银行收证后于 7 月 2 日通知出口公司。7 月 10 日我方获悉国外进口商因资金问题濒临倒闭。在此情况下我方应如何处理才能保证没有损失？为什么？

2. 某贸易有限公司向国外某客商出口货物一批，合同规定的装运期为 6 月，D/P 支付方式付款。合同订立后，我方及时装运出口，并收集好一整套结汇单据及开出以买方为付款人的 60 天远期汇票委托银行托收货款。单据寄抵代收行后，付款人办理承兑手续时，货物已到达了目的港，且行情看好，但付款期限未到。为及时提货销售取得资金周转，买方经代收行同意，向代收行出具信托收据借取货运单据提前提货。不巧，在销售的过程中，因保管不善导致货物被焚毁，付款人又遇其他债务关系倒闭，无力付款。在这种情况下，责任应由谁承担？为什么？

3. 某丝绸进出口公司向中东某国出口丝绸织制品一批，合同规定：出口数量为 200 箱，价格为 2 500 美元 CIF 中东某港，5—7 月分三批装运，即期不可撤销信证付款，买方应在装运月份开始前 30 天将信用证开抵卖方。合同签订后，买方按合同的规定按时将信用证开抵卖方，其中汇票各款载有"汇票付款人为开证行/开证申请人"字样。我方在收到信用证后未留意该条款，即组织生产并装运，待制作好结汇单据到付款行结汇时，付款行以开证申请人不同意付款为由拒绝付款。付款行的做法有无道理？为什么？我方的失误在哪里？

4. 出口合同规定的支付条款为装运月前 15 天票汇付款，买方延至装运月中始从邮局寄来银行汇票一张，为保证按期交货，卖方于收到该汇票次日即将货物托运，同时委托银行代收票款。一个月后，接银行通知，因该汇票系伪造，已被退票。此时，货已抵达目的港，并已被买方凭出口企业自行寄去的单据提走。事后追偿，对方早已人去楼空。对此损失，卖方的主要教训是什么？

5. 某出口公司与某外商订立一出口合同，规定货物分两批装运，支付条件为即期不可撤销信用证。对方按约定开来限定通知议付的信用证，经审核无误，第一批货物随即装运，我出口公司在规定交单期限内向通知银行交单议付，通知银行经审核认可后向出口公司议付了货款，接着，开证行也向议付行作了偿付。出口公司正准备发运第二批货物时，我通知行忽接开证行电传，声称申请人收到第一批货物后，发现品质不符合合同规定，要求拒付第二批货物的货款，据此请通知受益人停止发运第二批货物，如已发运，则不要再议付该项货款。我通知银行在与出口公司联系后，立即回电拒绝。试分析我通知行这样

做是否有理？为什么？

6.一家公司销售货物，买卖合同规定按不可撤销信用证付款。收到的信用证规定受益人须提交商业发票及经买方会签的商品检验证书。卖方收到信用证后，如期备妥货物并装运，而且安全到达目的地。但由于买方始终未在商品检验证书上会签，使卖方无法根据信用证收到货款，后经长期多方交涉，虽然最终追回了货款，但仍受到极大损失。卖方应该吸取什么教训？

国际货物运输

第 7 章

学习目标

(1) 了解海洋运输的特点和作用。

(2) 掌握海洋运输中班轮运输的定义与运费计算。

(3) 了解国际铁路运输、国际公路运输和国际航空运输的基本知识。

(4) 了解其他运输方式。

(5) 理解国际货物买卖合同中的运输条款的内容。

素质目标

(1) 在选择国际货物运输方式时要切合实际。

(2) 在填制国际货物运输单据时要诚实守信,遵守有关法律法规。

本章关键词

国际海运　国际铁路运输　国际公路运输　国际航空运输　海运提单　装运时间

分批装运　转运　滞期　速遣　OCP

引入案例

上海 S 公司同某国 A 商达成一笔交易,买卖合同规定的支付方式是即期付款交单。S 公司按期将货物装出交由 B 轮船公司承运,并出具转运提单,货物经日本改装后,再由其他轮船公司船舶运往目的港。货到目的港后,A 公司已宣告破产倒闭。当地 C 公司伪造假提单向第二程轮船公司在当地的代理人处提走货物。

S 公司企业装运货物后,曾委托银行按跟单托收(付款后交单)方式收款,但因收货人已倒闭,货款无着,后又获悉货物已被冒领,遂与 B 轮船公司交涉,凭其签发的正式提单要求交出承运货物。B 公司却借口依照提单第 13 条规定的"承运人只对第一程负责,对第二程运输不负运输责任"为由,拒不赔偿。于是,S 公司将其诉诸法院。

B公司拒不赔偿是否有道理？为什么？

【案例分析】B公司拒不赔偿是没有道理的。B轮船公司承运负责的是多式联运方式：多式联运是一站式运输，一个承运人，一张单据，一次付费，所以B公司也应该承担第二程运输的责任。

7.1 海洋运输

在我们学习相关理论知识之前，我们先来看一个案例。

【案例7-1】上海S公司5月23日接到一张国外开来的信用证，信用证规定受益人为上海S公司（卖方），申请人为E贸易有限公司（买方）。信用证对装运期和议付有效期条款规定："Shipment must be effected not prior to 31st May, 2010. The Draft must be negotiated not later than 30th June, 2010."

上海S公司发现信用证装运期太紧，23日收到信用证，31日装运就到期。所以有关人员即于5月26日（24日和25日是双休日）按装运期为5月31日通知储运部安排装运。储运部根据信用证分析单上规定的5月31日装运期即向货运代理公司配船。因装运期太紧，经多方努力才设法商洽将其他公司已配上的货退载，换上S公司的货，勉强挤上有效的船期。

上海S公司经各方努力，终于在5月30日装运完毕，并取得5月30日签发的提单。6月2日备齐所有单据向开证行交单。6月16日开证行来电提出："提单记载5月30日装运货物，不符合信用证规定的装运期限。不同意接受单据……"

【案例分析】信用证规定的是"装运必须不得早于2010年5月31日（…not prior to 31st May），议付有效期规定为最迟不得晚于6月30日"，即装运期与议付有效期都是在6月1日至6月30日，而卖方却于31日以前装运，所以不符合信用证要求。

一般信用证对装运期的习惯规定为：最迟装运期某月某日，或不得晚于某月某日装（…not later than…）。

有关审证人员没有认真地审查信用证条款，误解了信用证装运期的规定。

运输是社会物质生产的必要条件之一，是国民经济的基础和先行。运输虽然不创造产品，不增加社会产品的数量和使用价值，但它通过实现产品的空间位置移动来连接不同的生产单位、生产与消费、不同市场、不同国家或地区而使生产不断地进行和延续，创造场所效用。根据《中华人民共和国国家标准：物流术语》对运输（transportation）的解释，运输是指用设备和工具，将物品从一地点向另一地点运送的物流活动。其中包括集货、分配、搬运、中转、装入、卸下、分散等一系列操作。同样地，国际货物运输是实现进出口商品、暂时进出口商品、转运物资、过境物资、邮件、国际捐赠和援助物资、加工装配所需物料、部件以及退货等从一国向另一国运送的物流活动，属于国际物流范畴。狭义而言，国际货物运输仅指与一国进出口货物贸易相关的货物运送活动。没有国际货物运输也就无法实现进出口商品在空间上的移动和跨国交付，国际贸易活动也就不能最终实现。

由于国际货物的运输环境相对比较复杂,时间和空间距离较大,且气候条件较为复杂,因此,物品在不同国家之间的流动和转移往往需要不同运输方式的承运人参与和相互协作,经过多次转运和/或转载才能完成。国际贸易使用的运输方式有海运、铁路运输、空运、公路运输、管道运输、邮运和联合运输等。其中海洋运输方式是国际货物运输最为主要的方式之一。

7.1.1 海洋运输

在国际贸易中2/3以上的货物要通过海上运输来完成,因此,海洋运输是国际贸易中使用最为广泛的一种运输方式。其特点如下。

(1)运力大。海洋运输的天然航道四通八达,不受道路限制,遇到特殊情况还可以改道航行。

(2)运量大。海上货轮小的能载几千吨,大的载货几万吨,一般杂货船可载1万～2万吨。巨型的油轮可装50万吨以上。其载重量远远大于铁路运输,如一艘万吨级货轮载重量相当250～300个车皮的载重量。

(3)运费低。由于海运运量大,分摊于每吨货运的运输成本就少,因此,运价相对低廉,约为铁路运费的1/5,公路运费的1/10,航空运费的1/30。

(4)速度慢。由于船体大,水的阻力高,所以速度慢。

(5)风险较大。大多是人为因素,如海盗的袭击。也易受自然条件的影响,如海啸、飓风、雷击等影响。

海运所涉及的当事人主要有承运人、托运人和货运代理。

承运人是指承办运输货物事宜的人,如船公司、船方代理,他们有权签发提单。

托运人是指委托他人办理货物运输事宜的人。如卖方或出口单位。

货运代理是指货运代理人接受货主或者承运人委托,在授权范围内以委托人名义办理货物运输事宜的人。俗称"货代"。海洋运输按经营方式不同,可分为租船运输和班轮运输两种。

7.1.2 海洋出口运输的运作程序和租船订舱

海洋出口运输的运作程序根据贸易条件的不同而有所差异。按FOB条件成交,卖方无须办理租船订舱手续;按照CFR条件成交,卖方无须办理保险;按照CIF条件成交,卖方既要租船订舱,又要办理保险,即卖方需要办理报检、保险、货物集港、报关、装船、发装船通知和支付运费。

出口单位或货运代理公司根据货量大小,向船公司或其代理洽商租船或办理订舱事宜。

就最常见的班轮运输而言,出口单位委托货运代理(货代)向船公司或其代理人办理出口货物运输业务时,需向其提供订舱委托书,委托其代为订舱,该委托书是出口单位和货代之间委托代理关系的证明文件。除此之外,托运时还要提供商业发票、装箱单、出口货物报关单及出口收汇核销单等,必要时还需提供出口许可证、商检证书等。货代接受委托后,缮制托运单(一式数份,其中包括装货单、配舱回单、收货单等)向船公司办理订舱手续,船公司根据托运的货物、船舶的舱容和抵港受载的日期,分轻重缓急进行配载。如接受订舱则在托运单的几联单据上编制提单号码,填上船名、航次并签署,表示确认托运人的订舱,并将其中的配舱回单、装货单退还给托运人,托运人凭装货单办理报关手续。出口单位在船公司通知的时间内,将货物发运到港区内指定仓库或货场,准备装货。

7.1.3 海洋货物运输的作用

1. 海洋货物运输是国际贸易运输的主要方式

国际海上货物运输虽然存在速度较低、风险较大的不足,但是由于它的运力大、运量大、运费低,以及对货物适应性强等长处,加上全球特有的地理条件,使其成为国际贸易中主要的运输方式。我国进出口货运总量的 80%~90% 是通过海上运输进行的,集装箱运输的兴起和发展,不仅使货物运输向集合化、合理化的方向发展,而且节省了货物包装用料和运杂费,减少了货损货差,保证了运输质量,缩短了运输时间,从而降低了运输成本。

2. 海洋货物运输是国家减少外汇支出,增加外汇收入的重要渠道之一

在我国,运费支出一般占外贸进出口总额的 10% 左右,尤其大宗货物的运费占的比重更大,海洋出口运输的运作程序根据贸易条件的不同而有所差异。在贸易中要充分利用国际贸易术语,争取我方多派船,这样不但可以减少外汇的支出,还可以争取更多的外汇收入。特别是需要把我国的运力投入国际航运市场,积极开展第三国的运输,来为国家创造外汇收入。目前,世界各国,特别是沿海的发展中国家都十分重视建立自己的远洋船队,注重发展海上货物运输。一些航运发达国家,其外汇运费的收入已成为这些国家国民经济的重要支柱。

3. 发展海洋运输业有利于改善国家的产业结构和国际贸易出口商品的结构

海上运输是依靠航海活动的实践来实现的,航海活动的基础是造船业、航海技术和掌握技术的海员。造船工业是一项综合性的产业,它的发展又可带动钢铁工业、船舶设备工业、电子仪器仪表工业的发展,促进整个国家的产业结构的改善。我国由原来的船舶进口国,近几年逐渐变成了船舶出口国,而且正在迈向船舶出口大国的行列。由于我国航海技术的不断发展,船员外派劳务已引起了世界各国的重视。由于海上运输业的发展,我国的远洋运输船队已进入世界 10 强之列,为今后大规模的拆船业发展提供了条件,这不仅为我国的钢铁厂冶炼提供了廉价的原料、节约了能源和进口矿石的消耗,还可以出口外销废钢。由此可见,海上运输业的发展,不仅能改善国家的产业结构,而且会改善国际贸易中的商品结构。

4. 海洋运输船队是国防的重要后备力量

海上远洋运输船队在战争时历来都被用作后勤运输工具。美、英等国把商船队称为:"除陆、海、空之外的第四军种",原苏联的商船队也被西方国家称为"影子舰队"。可见,它对战争的胜负所起的作用。正因为海上运输占有如此重要的地位,海上航运事业才会受到世界各国的重视,各国通过立法对其加以保护,从资金上加以扶植和补助,并在货载方面给予优惠。

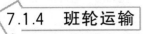 7.1.4 班轮运输

班轮运输(liner transport)又称定期船运输,简称班轮(liner),是指船舶在固定航线上和固定港口之间按事先公布的船期表和运费率往返航行,从事客货运输业务的一种运输方式。班轮运输比较适用于运输小批量的货物。

1. 班轮运输的特点

(1)"四定",即固定航线、固定港口、固定船期和相对固定的运费率。

(2)"一负责",即货物由班轮公司负责配载和装卸,运费内已包括装卸费用,班轮公司和托运人双方不计滞期费和速遣费。

(3)班轮公司和货主双方的权利、义务和责任豁免均以班轮公司签发的提单条款为依据。

2. 班轮运费(liner freight)

班轮运费是班轮公司为运输货物而向货主收取的费用。其中包括货物在装运港的装货费、在目的港的卸货费以及从装运港至目的港的运输费用和附加费用。

(1)运输费用。运输费用是指货物从装运港到目的港所应收取的费用,其中包括货物在港口的装卸费用,是构成全程运费的主要部分。其计算标准主要有以下几种。

① 按货物的毛重计收,即以重量吨(weight ton)计收,在运价表中以"W"表示。

② 按货物的体积计收,即以尺码吨(measurement ton)计收,在运价表中以"M"表示。

按重量吨或尺码吨计收运费的单位统称为运费吨(freight ton)。

③ 按货物的价格计收,又称从价运费,即以货物价值作为运费计收的标准,适用于黄金、白银、精密仪器及手工艺品等贵重商品。在运价表中以"AV"或"Ad Val"表示。一般按货物FOB价值的一定百分比收取。

④ 按重量吨或尺码吨计收,在运价表上用 W/M 表示。这是最常见的一种选择性计收标准,即由船公司根据高收费的原则选择其中一种作为计收标准。

⑤ 按收费高者计收,即选择较高的一种作为计算运费的标准。例如在运价表上注有"W/M or A.V."或"W/M"的,指在重量吨或尺码吨或从价运费三种,或在重量吨与尺码吨两种标准中,选择高的收费作为升级标准。

⑥ 使用"W/M Plus AV"是指先按货物重量吨或尺码吨从高计收后,另加收一定百分率的从价运费。

⑦ 按货物的件数计收,如车辆按辆,活牲畜按头。

⑧ 由船、货双方议定。在运价表中,注有"open"字样。临时议定运价的办法,适用于运量较大、货价较低、装卸方便而快速的诸如粮食、矿石等货物的运输。临时议定的运费一般比较低。

⑨ 起码运费(mini rate)计收。凡不足1运费吨(1重量吨或尺码吨)的货物,无论该货物属于几级,均按该航线上的一级货收取运费,称为起码运费。

(2)附加费。班轮运费中的附加费是指针对某些特定情况或需做特殊处理的货物在基本运费之外加收的费用。附加费名目很多,主要有:超重附加费、超长附加费、直航附

加费、转船附加费、港口拥挤附加费、选港附加费。此外,还有港口附加费、燃油附加费、变更卸货港附加费、绕航附加费等。

计算班轮运费,一般可使用下列计算公式。

① 当附加费为绝对值时:

$$班轮运费 = 基本费率 \times 运费吨 + 附加费$$

② 当附加费是百分比时:

$$班轮运费 = 基本费率 \times 运费吨 \times (1 + 附加费百分比)$$

【案例 7-2】某商品纸箱包装,每箱毛重 30 千克,净重 25 千克,体积 0.05 立方米,原报价每公吨 3 000 美元 FOB 上海,现客户要求改报 CIF 悉尼港,经查该商品计费标准为 W/M10 级,每运费吨运费为 200 美元,港口附加费 10%,保险费率为 2%,加一成投保,问:在不减少我方收汇额的条件下,我方应如何再报价?

【案例分析】因为 0.05＞0.03,所以按体积计算班轮运费

$$每箱运费 = 运费吨数 \times 基本运费率 \times (1 + 附加运费率之和)$$
$$= 0.05 \times 200 \times (1 + 10\%) = 11(美元/箱)$$

价格中未约定计重方法时默认为净重,每吨净重的箱数为

$$1\,000 \div 25 = 40(箱)$$

$$每吨净重运费 F = 40 箱 \times 11 美元/箱 = 440 美元$$

$$每吨货物的 CIF 价:CIF = \frac{FOB + F}{1 - 1.1 \times Ri} = \frac{3\,000 + 440}{1 - 1.1 \times 2\%} = 3\,476.48(美元)$$

应改报每吨 USD 3 476.48 CIF 悉尼,才能维持我方净收益不变。

【案例 7-3】上海光明进出口有限公司与纽约特尔有限公司签订一份出口某种商品的合同,出口商品的数量是 100 件,每件毛重 25 千克,体积 20 厘米×30 厘米×40 厘米,价格 CFR 价 NEWYORK 每件 55 美元。查表得知该商品为 8 级货,计费标准为 W/M,基本运费吨 80 美元,另外征收转船附加费 20%,燃油附加费 10%。试计算应收总运费。

【案例分析】该商品的重量吨为 25 千克＝0.025 公吨,尺码吨为 0.2×0.3×0.4＝0.024 立方米。因为 0.025＞0.024,因此按照重量计算运费。

单位运费:80×(1+20%+10%)×0.025=2.6(美元/件)

应收总运费:2.6×400=1 040(美元)

应收总运费为 1 040 美元。

7.1.5　租船运输

租船运输(charter transport)又称不定期船运输,是指租船人向船东租赁船舶用于运输货物的业务。

1. 租船运输的特点

(1) 无固定航线、港口、船期,这需要货主与船公司协商确定;无固定运价、租金及装卸费用,这些需要船货双方根据船运市场的供求关系进行商定。

(2) 适合大宗低价货物,如粮食、矿砂、煤炭、化肥及水泥等。

2. 租船运输的种类

(1) 定期租船(time charter)又称期租船,是指按一定期限租赁船舶的方式,即由船东

（船舶出租人）将船舶出租给租船人在规定期限内使用，在此期限内由租船人自行调度和经营管理。租期可长可短，短则数月，长则数年。

定期租船的特点是：在租赁期内，船舶由租船人负责经营和管理；一般只规定船舶航行区域而不规定航线和装卸港；除另有规定外，可以装运各种合法货物；船东负责船舶的维修和机械的正常运转；不规定装卸率和滞期速遣条款；租金按租期每月（或30天）每载重吨计算；船东和租船人双方的权利和义务以租船合同为依据。

（2）定程租船（voyage charter，trip charter）又称程租船或航次租船，是指按航程租赁的方式。

定程租船的特点是：无固定航线、固定装卸港口和固定航行船期，而是根据租船人（货主）的需要和船东的可能，经双方协商，在程租船合同中规定；程租船合同需规定装卸率和滞期、速遣费条款；运价受租船市场供需情况的影响较大，租船人和船东双方的其他权利、义务一并在程租船合同中规定。定程租船以运输货值较低的粮食、煤炭、木材、矿石等大宗货物为主。

（3）光船租船（bare boat charter）是租船的一种，与其他租船方式所不同的是船东不提供船员。在租期内船舶所有人只提供一艘空船给承租人使用，而配备船员、供应给养、船舶的营运管理以及一切固定或变动的营运费用都由承运人负担。也就是说，船舶所有人在租期内除了收取租金外，不再承担任何责任和费用。因此，一些不愿经营船舶业务，或者缺乏经营管理船舶经验的船舶所有人也可将自己的船舶以光船租船的方式出租。

7.1.6 海运提单

不同的运输方式使用的运输单据也各有不同，主要有海运提单、铁路运单、航空运单和多式联运单据等。由于海洋货物运输方式使用得最普遍，因此，海运提单成为运输提单中最重要的单据之一。

1. 海运提单

海运提单（bill of lading，或B/L）简称提单，是指由船长或船公司或其代理人签发的，证明已收到特定货物，允诺将货物运至特定的目的地，并交付给收货人的凭证。海运提单也是收货人在目的港据以向船公司或其代理提取货物的凭证。海运提单的性质和作用可以概括为以下三个方面。

（1）提单是承运人或其代理人签发的货物收据（receipt for the goods）。

（2）提单是一种货物所有权的凭证（document of title）。

（3）提单是承运人与托运人间订立的运输契约的证明（evidence of the contract carriage）。

2. 海运提单的种类

海运提单可从不同的角度进行分类，以下是主要的几种。

1）根据货物是否已装船，可分为已装船提单和备运提单

（1）已装船提单（on board B/L，shipped B/L）是指承运人已将货物装上指定轮船后所签发的提单。已装船提单上应注有船名和装船日期，即提单日期。装船日期表明装货完毕的日期，该日期应完全符合买卖合同规定的装运时间。

（2）备运提单（received for shipment B/L）是指承运人已收到托运货物，在等待装运期间所签发的提单。在集装箱运输的情况下，银行也可接受货物在承运人监管下出具的备运提单。

2）根据提单有无批注条款，可分为清洁提单和不清洁提单

（1）清洁提单（clean B/L）是指货物在装船时"表面状况良好"，承运人在提单上未加任何有关货物受损或包装不良等批注的提单。

（2）不清洁提单（unclean B/L，foul B/L）是指承运人在提单上对货物的表面状况或包装加有不良或存在缺陷等批注的提单。银行一般不接受不清洁提单。

3）根据提单是否可以流通转让，可分为记名提单、不记名提单和指示提单

（1）记名提单（straight B/L）是指在提单上的收货人栏内填写特定的收货人名称。这种提单只能由该特定收货人提货，因此记名提单不能流通转让。

（2）不记名提单（bear B/L）是指提单上的收货人栏不指明收货人，只注明提单持有人（bearer）字样，这种提单无须背书转让，流通性强、风险大，实际业务中很少使用。

（3）指示提单（order B/L）是指在提单上的收货人栏内仅填写"凭指示"（to order），或"凭某某人指示"（to order of...）字样，这种提单经背书后可转让给他人提货。目前，在实际业务中，使用最多的是"凭指示"并经空白背书的提单，习惯上称为"空白抬头、空白背书"提单。

4）根据运输方式的不同，可分为直达提单、转船提单和联运提单

（1）直达提单（direct B/L）是指轮船从装运港装货后，中途不经过换船而直接驶往目的港卸货所签发的提单。

（2）转船提单（transhipment B/L）是指轮船从装运港装货后，不直接驶往目的港，需要在中途港换装另外船舶运往目的港所签发的提单。

（3）联运提单（through B/L）是指需经两种或两种以上的运输方式联运的货物，由第一程海运承运人所签发的，包括运输全程并能在目的港或目的地凭以提货的提单。

5）根据内容繁简的不同，可分为全式提单和简式提单

（1）全式提单（long form B/L）既有正面条款又有背面条款，对承托双方的权利、义务有明确的规定。

（2）简式提单（short form B/L）仅有正面内容，而略去背面内容。一般租船合同项下的提单多使用简式提单。

6）根据运费支付方式的不同，可分为运费预付提单和运费到付提单

（1）运费预付提单（freight prepaid B/L）是指在货物装船后立即支付运费的提单。

（2）运费到付提单（freight to be collected B/L）是指当货物到达目的港后，收货人在提取货物前支付运费的提单。

7）根据船舶营运方式的不同，可分为班轮提单和租船提单

（1）班轮提单（liner B/L）是指由班轮公司承运货物后签发给托运人的提单。

（2）租船提单（charter party B/L）是指船方根据租船合同签发的提单。

8）根据提单使用效力的不同，可分为正本提单和副本提单

（1）正本提单（original B/L）是指在提单上有正本（original）字样，它是提货的依据，议付的凭证。全套正本海运提单（full set ocean original B/L）可以是一式两份或者三份，

根据合同或信用证要求来定,其中一份提货后,其余各份均告失效。

(2) 副本提单(non negotiable or copy B/L)仅供内部流传、业务工作参考及企业确认之用。

9) 根据签发人的不同,可分为船公司提单和货代提单

(1) 船公司提单是指为自己船只承运的货物签发的提单。该提单便于收货人查询货物的到达情况,因为船公司在目的港都有其卸货代理。

(2) 货代提单是指货运代理公司承揽货物后再委托其他船运公司运输货物而签发的提单。

10) 其他种类提单

(1) 过期提单(stale B/L)是指在信用证条件下,错过规定的交单日期或晚于货物到达目的港的提单。前者是指卖方在超过提单签发日期 21 天后才交到银行议付的提单,根据惯例,银行拒绝接受此类提单。后者是指在运输中,由于运输路线较短,提单往往不能在船到目的港前到达,从而形成过期提单。

(2) 倒签提单(anti-dated B/L)是指货物装船后,应托运人的请求由承运人签发的早于货物实际装船日期的提单。例如,实际装船日期是 6 月 25 日,为了符合客户 6 月 1 日之前装货的要求,则将提单日期倒签至 6 月 21 日,以符合客户规定的装运期。

(3) 预借提单(advanced B/L)是指货物尚未装船,预先签发的、借给托运人的一种提单。

按规定提单须于货物装船完毕时签发,倒签提单、预借提单的提单日期都不是真正的装船日期。这种行为侵犯了收货人的合法权益,故应尽量减少或杜绝使用。

(4) 舱面提单(on deck B/L)是指承运人签发的提单上注有"货装甲板"字样的提单。这种提单的托运人一般都向保险公司加保舱面险,以保货物安全。除非信用证有所规定,否则银行一般不接受舱面提单。

(5) 起码提单(mini B/L)是指船方按最低运费计收所签发的提单。

3. 海运提单的格式和内容

每个船公司都有自己的提单格式,虽格式不尽相同,但提单的内容大致相同,分正面记载事项和背面的运输条款。

1) 提单的正面内容

①提单号码(B/L);②托运人(shipper);③收货人或指示(consignee or order);④被通知人(notify party);⑤前程运输(pre-carriage by);⑥装运港(port of loading);⑦船名(vessel);⑧转运港(port of transshipment);⑨卸货港(port of discharge);⑩最后目的港(final destination);⑪集装箱号或唛头号(container seal No. or marks and Nos);⑫货物的件数、包装种类和货物描述(number and kind of packages、description of goods);⑬毛重(gross weight);⑭尺码(measurement);⑮运费和费用(freight and charges);⑯转船信息(regarding transshipment information please contact);⑰运费预付地(prepaid at);⑱运费支付地(freight payable at);⑲签单地点和日期(place and date of issue);⑳全部预付(total prepaid);㉑正本提单份数(number of original B/L);㉒承运人或船长签名(signed for or on behalf of the master)。

2）提单背面条款

在班轮提单背面,通常印有运输条款,它是确定承托双方以及承运人、收货人和提单持有人之间的权利与义务的主要依据。

海运提单样张和实例如图 7-1 和图 7-2 所示。

海运提单

托运人 Shipper	B/L No.

收货人　　　　　　　　　　中国对外贸易运输总公司
Consignee or order　　　　China National Foreign Trade Transportation Corp.
　　　　　　　　　　　　直运或转船提单
　　　　　　　　　　　　　Bill of Lading
　　　　　　　　　　　Direct or with Transshipment

被通知人
Notify address

前程运输 Pre-carriage by	装运港 Port of loading
船名 Vessel	转运港 Port of transhipment
卸货港 Port of discharge	最终目的地 Final destination
集装箱号及唛头 Container seal No. or marks and Nos.	商品种类 Kind of package
商品描述 Description of goods	运费 Fright and change
毛重（公吨） Gross weight	净重 Measurement（m³）

转运信息
Handling information(incl.method of packing identifying marks and numbers etc.)

件数 No. of packages	实际毛重（千克） Actual gross weight(kg)	运价类别 Rate class	收费重量 Chargeable weight	费率 Rate/charge	货物品名及数量（包括体积或尺寸） Nature and quantity of goods
预付地点 Place of prepaid	全部预付 Total prepaid	正本提单数量 Original B/L	签单地点和日期 Place and date of signature	承运人或船长的签名 Signed for carrier	

图 7-1　海运提单样张

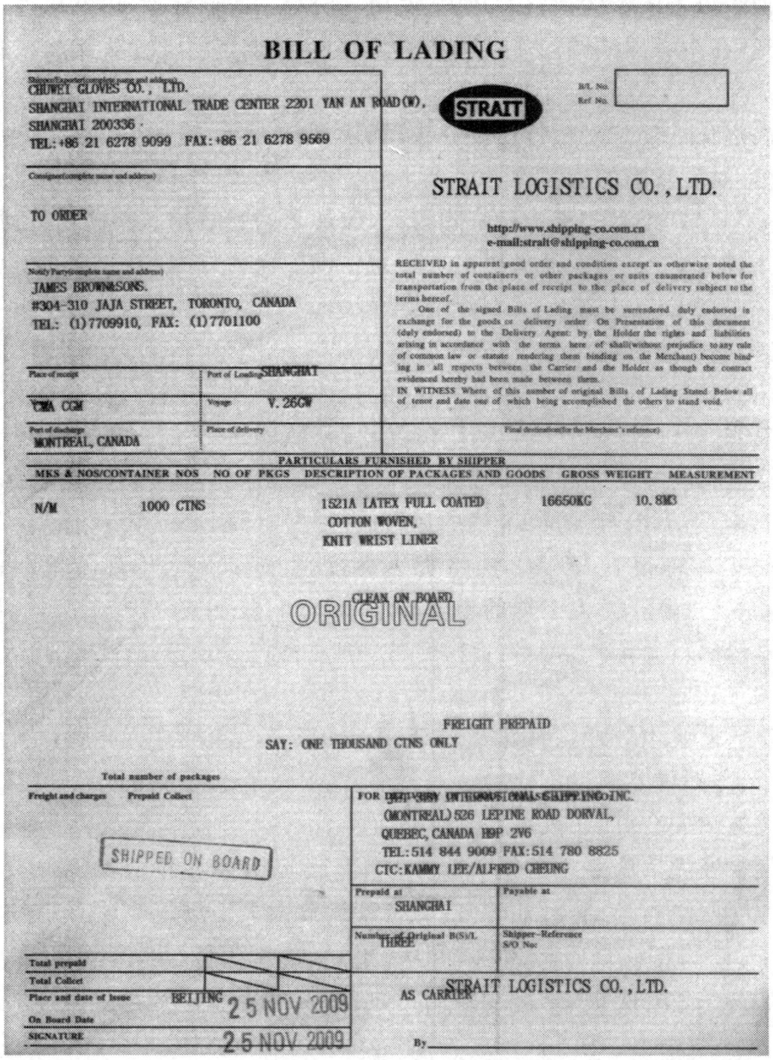

BILL OF LADING

Shipper(complete name and address)
CHUWEI GLOVES CO., LTD.
SHANGHAI INTERNATIONAL TRADE CENTER 2201 YAN AN ROAD(W),
SHANGHAI 200336
TEL:+86 21 6278 9099 FAX:+86 21 6278 9569

B/L No.
Ref No.

STRAIT

Consignee(complete name and address)
TO ORDER

STRAIT LOGISTICS CO., LTD.

http://www.shipping-co.com.cn
e-mail:strait@shipping-co.com.cn

Notify Party(complete name and address)
JAMES BROWN&SONS.
#304-310 JAJA STREET, TORONTO, CANADA
TEL: (1)7709910, FAX: (1)7701100

RECEIVED in apparent good order and condition except as otherwise noted the total number of containers or other packages or units enumerated below for transportation from the place of receipt to the place of delivery subject to the terms hereof.

One of the signed Bills of Lading must be surrendered duly endorsed in exchange for the goods or delivery order On Presentation of this document (duly endorsed) to the Delivery Agent by the Holder the rights and liabilities arising in accordance with the terms here of shall(without prejudice to any rule of common law or statute rendering them binding on the Merchant) become binding in all respects between the Carrier and the Holder as though the contract evidenced hereby had been made between them.

IN WITNESS Where of this number of original Bills of Lading Stated Below all of tenor and date one of which being accomplished the others to stand void.

Place of receipt | Port of Loading SHANGHAI
CMA CGM | Voyage V.26CW
Port of discharge MONTREAL, CANADA | Place of delivery | Final destination(for the Merchant's reference)

PARTICULARS FURNISHED BY SHIPPER

MKS & NOS/CONTAINER NOS	NO OF PKGS	DESCRIPTION OF PACKAGES AND GOODS	GROSS WEIGHT	MEASUREMENT
N/M	1000 CTNS	1521A LATEX FULL COATED COTTON WOVEN, KNIT WRIST LINER	16650KG	10.8M3

CLEAN ON BOARD
ORIGINAL

FREIGHT PREPAID
SAY: ONE THOUSAND CTNS ONLY

Total number of packages

Freight and charges Prepaid Collect
SHIPPED ON BOARD

FOR DELIVERY OF GOODS PLEASE APPLY TO: ... INC.
(MONTREAL) 526 LEPINE ROAD DORVAL,
QUEBEC, CANADA H9P 2V6
TEL:514 844 9009 FAX:514 780 8825
CTC:KAMMY LEE/ALFRED CHEUNG

Prepaid at SHANGHAI | Payable at
Number of Original B(S)/L THREE | Shipper Reference S/O No

Total prepaid
Total Collect
Place and date of issue BEIJING 25 NOV 2009
On Board Date 25 NOV 2009
SIGNATURE

STRAIT LOGISTICS CO., LTD.
AS CARRIER
By

图 7-2 海运提单实例

4. 海上货运单

海上货运单(sea waybill or ocean waybill)简称海运单,是指承运人直接签发给收货人的提单。海运单不是物权凭证,不能用其向银行押款,也不可转让,因此,也被称为“不可转让海运单”(non-negotiable sea waybill)。

7.2 国际铁路运输

1. 国际铁路运输的概念

国际铁路运输(international rail transport)是仅次于海运的一种主要的运输方式,是

指在两个或两个以上国家的铁路运送中,使用一份统一的联运票据,并以连带责任办理货物的全程运送,在由一国铁路向另一国铁路移交货物时,无须收、发货人参加的一种铁路运输方式。

国际铁路运输的优点是运行速度较快,载运量较大,运输途中风险较小,一般能保持终年正常运输,具有较高的连续性。

为了充分利用铁路运输进出口货物,我国参加了国际货物铁路联运,使我国与一些亚洲和欧洲国家连成一片,为发展我国对外贸易提供了极为有利的条件。

2. 铁路货物运输的特点和作用

1)铁路货物运输的特点

铁路运输是国家之间的经济大动脉,是物流运输方式的一种,和其他运输工具相比,它有以下的特点。

(1)铁路运输的准确性和连续性强。铁路运输几乎不受气候影响,一年四季可以不分昼夜地进行定期的、有规律的、准确的运转。

(2)铁路运输速度比较快。铁路货运速度每昼夜可达几百公里,一般货车可达100km/h左右,远远高于海上运输的速度。

(3)运输量比较大。铁路一列货物列车一般能运送3000~5000公吨货物,远远高于航空运输和汽车运输。

(4)铁路运输成本较低。铁路运输费用仅为汽车运输费用的几分之一到十几分之一;运输耗油约是汽车运输的1/20。

(5)铁路运输安全可靠,风险远比海上运输小。

(6)初期投资大。铁路运输需要铺设轨道、建造桥梁和隧道,铁路建设工程艰巨复杂;需要消耗大量钢材、木材;占用土地,其初期投资大大超过其他运输方式。

另外,国际铁路运输由运输、机务、车辆、工务、电务等业务部门组成,要具备较强的准确性和连贯性,各业务部门之间必须协调一致,这就要求在运输指挥方面实行统筹安排,统一领导。

2)铁路货物运输的作用

(1)有利于发展同欧亚各国的贸易

通过铁路把欧亚大陆连成一片,为发展中、近东和欧洲各国的贸易提供了有利的条件。在中华人民共和国成立初期,我国的国际贸易主要局限于东欧国家,在当时铁路运输是我国进出口贸易的主要运输方式,占我国进出口货物运输总量的50%左右。进入20世纪60年代以后,随着我国海上货物运输的发展,铁路运输进出口货物所占的比例虽然有所下降,但其作用仍然十分重要。自20世纪50年代以来,我国与朝鲜、蒙古、越南、苏联的进出口货物,绝大部分仍然是通过铁路运输来完成的;我国与西欧、北欧和中东地区的一些国家也通过国际铁路联运来进行进出口货物的运输。

(2)有利于开展同港澳地区的贸易,并通过中国香港进行转口贸易

铁路运输是大陆地区和港澳开展贸易的一种运输方式。港澳两地的日用品一直以来都是大陆供给,随着内地对该地区出口的不断扩大,运输量也逐渐增加,做好对港澳的运输,达到优质、适量、均衡、应时的要求,在政治上和经济上非常重要。为了确保该地区

的市场供给,内地开设了直达港澳地区的快运列车,这对繁荣稳定港澳市场,以及该地区的经济发展起到了积极作用。

中国香港是世界闻名的自由港,与世界各地有着非常密切的联系,海、空定期航班比较多,作为转口贸易基地,开展陆空、陆海联运,对我国发展与东南亚、欧美、非洲、大洋洲各国和地区的贸易,保证我国出口创汇起着重要作用。

(3) 对进出口货物在港口的集散和各省、市之间的商品流通起着重要作用

我国幅员辽阔,海运进口货物大部分利用铁路从港口运往内地的收货人,海运出口货物大部分也是由内地通过铁路向港口集中,因此铁路运输是我国国际货物运输的重要集散方式。至于国内各省市和地区之间调运外贸商品、原材料、半成品和包装物料,主要也是通过铁路运输来完成的。我国国际贸易进出口货物运输大多都要通过铁路运输这一环节,铁路运输在我国国际货物运输中发挥着重要的作用。

(4) 利用欧亚大陆桥运输是必经之道

大陆桥运输是指以大陆上的铁路或公路运输系统为中间桥梁,把大陆两端的海洋连接起来的集装箱连贯运输方式。

大陆桥运输一般都是以集装箱为媒介,采用国际铁路系统来运送。我国目前开办的西伯利亚大陆桥和新欧亚大陆桥的铁路集装箱运输具有安全、迅速、节省的优点。这种运输方式对发展我国与中、近东及欧洲各国的贸易提供了便利的运输条件。为了适应我国经济贸易的发展需要,利用这两条大陆桥开展铁路集装箱运输也是必经之道,这将会促进我国与这些国家和地区的国际贸易发展。

7.3 国际公路运输

1. 国际公路概念

国际公路运输是国家与国家之间以陆地公路为通道的运输方式。运输工具主要是汽车。

国际公路运输(international road transport)是外贸货物运输的方式之一,它与铁路运输同为陆上运输的基本方式。公路运输机动灵活,简捷方便,可以深入可通公路的各个角落,它不仅可以直接运进或运出对外贸易货物,而且也是港口、车站、机场集散进出口货物的重要手段。尤其在实现"门到门"运输业务中,更离不开公路运输。但公路运输载货有限,运输成本高,运输风险也较大。

公路运输在我国对外贸易运输中占有一定的地位。它是我国边疆地区与邻国物资交流的主要手段,这不但缩短运输距离,节省运输费用,而且对加强我国与周边邻国的经济合作、促进与邻国的贸易往来,具有重要意义。此外,我国内地对香港、澳门两个特别行政区的部分进出口,也是通过公路运输来完成的。

2. 国际公路货物运输的作用

(1) 公路运输的特点决定了它最适合于短途运输。它可以将两种或多种运输方式衔

接起来,实现多种运输方式联合运输,做到进出口货物运输的"门到门"服务。

(2)公路运输可以配合船舶、火车、飞机等运输工具完成运输的全过程。它是港口、车站、机场集散货物的重要手段。尤其是鲜活商品、集港疏港抢运,往往能够起到其他运输方式难以起到的作用。可以说,其他运输方式往往要依赖汽车运输来最终完成两端的运输任务。

(3)公路运输也是一种独立的运输体系。它可以独立完成进出口货物运输的全过程。公路运输是欧洲大陆国家之间进出口货物运输的最重要的方式之一。我国的边境贸易运输、港澳货物运输,其中有相当一部分也是靠公路运输独立完成的。

(4)集装箱货物通过公路运输实现国际多式联运。集装箱由交货点通过公路运到港口装船,或者相反。美国陆桥运输,我国内地通过香港的多式联运都可以通过公路运输来实现。

7.4 航空运输

1. 航空运输的概念

航空运输(air transport)是以航行器为运输工具,以天空为航线进行的运输。航空运输有旅客运输和货物运输,也有动物航空运输和专项物资货物运输。

国际货物的航空运输具有许多优点:运送迅速;节省包装、保险和储存费用;可以运往世界各地而不受河海和道路限制;安全准时。因此,航空运输对易腐、鲜活、季节性强、紧急需要的商品运送尤为适宜,其被称为"桌到桌快递服务"(desk to desk express service)。

2. 航空货物运输禁忌

航空货物运输严禁使用草袋包装或草绳捆扎。货物包装内不准夹带禁止运输或者限制运输的物品、危险品、贵重物品、保密文件和资料等。

特种货物运输,除应当符合普通货物运输的规定外,还应当同时遵守下列相应的特殊要求。

(1)托运人要求急运的货物,经承运人同意,可以办理急件运输,并按规定收取急件运费。

(2)凡对人体、动植物有害的菌种、带菌培养基等微生物制品,非经民航总局特殊批准不得承运。凡经人工制造、提炼,进行无菌处理的疫苗、菌苗、抗生素、血清等生物制品,如托运人提供无菌、无毒证明可按普货承运。微生物及有害生物制品的仓储、运输应当远离食品。

(3)植物和植物产品运输须凭托运人所在地县级(含)以上的植物检疫部门出具的有效"植物检疫证书"。

(4)危险货物的运输必须遵守中国民用航空总局有关危险货物航空安全运输的管理规定。

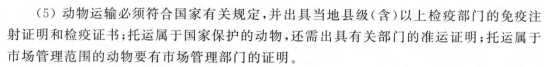

（5）动物运输必须符合国家有关规定，并出具当地县级（含）以上检疫部门的免疫注射证明和检疫证书；托运属于国家保护的动物，还需出具有关部门的准运证明；托运属于市场管理范围的动物要有市场管理部门的证明。

（6）托运人托运鲜活易腐物品应当注意的事项。应当提供最长允许运输时限和运输注意事项，定妥舱位，按约定时间送达机场办理托运手续。

（7）托运贵重物品的注意事项。贵重物品包括：黄金、白金、铱、铑、钯等稀贵金属及其制品；各类宝石、玉器、钻石；珍贵文物（包括书、画、古玩等）；现钞、有价证券以及毛重每公斤价值在人民币 2 000 元以上的物品等。贵重物品应当用坚固、严密的包装箱包装，外加#字形铁箍，接缝处必须有封志。

（8）枪支、警械（简称枪械）是特种管制物品；弹药是特种管制的危险物品。托运时应当出具下列证明。

① 托运人托运各类枪械、弹药必须出具出发地或运往县、市公安局核发的准运或国家主管部委出具的许可证明。

② 进出境各类枪支、弹药的国内运输必须出具边防检查站核发的携运证；枪械、弹药包装应当是出厂原包装，非出厂的原包装应当保证坚固、严密、有封志。枪械和弹药要分开包装。枪械、弹药运输的全过程要严格交接手续。

根据货物的性质，在运输过程中需要专人照料、监护的货物，托运人应当派人押运，否则，承运人有权不予承运。押运货物需预先订妥舱位。押运员应当履行承运人对押运货物的要求并对货物的安全运输负责。押运员应当购买客票和办理乘机手续。托运人派人押运的货物如有损失，除非证明是由承运人的过失造成的，否则，承运人不承担责任。经证明是由于承运人的过失造成的，按本规则第四十五条的有关条款赔偿。承运人应当协助押运员完成押运任务。在货运单储运注意事项栏内注明"押运"字样并写明押运的日期和航班号。

3. 航空运单

航空运单（airway bill）是承运人与托运人之间签订的运输契约，也是承运人或其代理人签发的货物收据。航空运单还可作为承运人核收运费的依据和海关查验放行的基本单据。但航空运单不是代表货物所有权的凭证，也不能通过背书转让。收货人提货不是凭航空运单，而是凭航空公司的提货通知单。在航空运单的收货人栏内，必须详细填写收货人的全称和地址，而不能做成指示性抬头。

航空运单依签发人的不同可分为主运单（master air way bill）和分运单（house air way bill）。前者是由航空公司签发的，后者是由航空货运代理公司签发的，两者在内容上基本相同，法律效力也无不同。

航空运价是承运人为货物航空运输所收取的报酬，不包括报关、提货、仓储等费用。运价通常分为三类：第一类是特种货物运价（special cargo rate），是在特定航线上享有的特别优惠运价。特定运价规定有起码重量（100kg），达不到则不能按此运价计算。第二类是等级货物运价（class cargo rate）。该运价仅适用于少数货物。通常在一般运价基础上加减一定百分比计收，其起码重量为 5kg。第三类是一般货物运价（general cargo rate）。若货物的种类既不适用特种货物运价也不适用等级货物运价，就必须按一般货物运价计收。以 45kg 为划分点，45kg 以上比 45kg 以下的运费低。换言之，重量越大其运价越低。

7.5 其他运输方式

7.5.1 国际管道运输

国际管道运输是国家与国家之间以管道为通道的运输方式。运输工具主要是管道。运载的货物可以是固体粉末，也可以是液体或气体。

国际管道运输（pipeline transport）是一种特殊的运输方式。它是在国家之间的管道内借助于高压气泵的压力将货物输往目的地的一种运输方式，主要适用于运输液体和气体货物。它具有固定投资大、建后运输成本低的特点。

国际管道运输在美国、欧洲的许多国家以及石油输出国组织（OPEC）的石油运输方面起到了积极的作用。例如，中东和北非输往欧洲的石油有很大部分是通过管道运输，俄罗斯输出的原油的管道输油能力也很大。

我国管道运输起步较晚，但随着石油工业的发展，为石油运输服务的石油管道也迅速地发展起来。迄今为止，我国不少油田均有输油管道直通海港。我国至朝鲜也早已敷设管道，以供应朝鲜石油之用。为配合石油工业发展的需要，新的管道将不断兴起，一个纵横贯通全国的石油管道网，不久定将实现。

管道运输费用按油类不同的品种和规格规定不同的费率，在计算时多数按传统做法，以桶为计费单位，但也有以公吨为单位来计算运费的。

管道运输不仅运输量大、连续、迅速、经济、安全、可靠、平稳以及投资少、占地少、费用低，还可实现自动控制。除广泛用于石油、天然气的长距离运输外，还可运输矿石、煤炭、建材、化学品和粮食等。管道运输可省去水运或陆运的中转环节，缩短运输周期，降低运输成本，提高运输效率。当前管道运输的发展趋势是：管道的口径不断增大，运输能力大幅度提高；管道的运距迅速增加；运输物资由石油、天然气、化工产品等流体逐渐扩展到煤炭、矿石等非流体。中国目前已建成大庆至秦皇岛、胜利油田至南京等多条原油管道运输线。

管道运输的缺点是灵活性差。管道运输不如其他运输方式（如汽车运输）灵活，除承运的货物比较单一外，它也不容随便扩展管线。实现"门到门"的运输服务，对一般用户来说，管道运输常常要与铁路运输或汽车运输、水路运输配合才能完成全程输送。

7.5.2 国际邮政包裹运输

1. 国际邮政包裹运输的概念

国际邮政包裹运输（international parcel post transport）是以国际邮政运输包裹为运

输对象的国际货物运输,它是一种最简便的运输方式。国际邮政运输是一种具有国际多式联运性质的运输方式。一件国际邮件一般要经过两个或两个以上国家的邮政局和两种或两种以上不同运输方式的联合作业方可完成。各国邮政部门之间订有协定和公约,从而保证了邮件包裹传递的畅通无阻、四通八达,形成了全球性的邮政运输网,遂使国际邮政运输得以在国际贸易中被广泛使用。

近年来,特快专递业务迅速发展。目前快递业务主要有国际特快专递(international express mail service,EMS)和 DHL 信使专递(DHL courier service)。

2. 国际邮政包裹运输的特点

国际邮政包裹运输(international parcel post transport)是国际贸易运输不可缺少的渠道,主要有以下几个特点。

1) 具有广泛的国际性

国际邮政是在国与国之间进行的,在多数情况下,国际邮件需要经过一个或几个国家经转。各国相互经转对方的国际邮件,是在平等互利、相互协作配合的基础上,遵照国际邮政公约和协定的规定进行的。为确保邮政运输能安全、迅速、准确地传送,在办理邮政运输时,必须熟悉并严格遵守本国和国际的邮政各项制度和规定。

2) 具有国际多式联运性质

国际邮政的运输过程一般需要经过两个或两个以上国家的邮政局和两种或两种以上不同的运输方式的联合作业才能完成。但从邮政托运人角度来说,它只要向邮政局照章办理一次托运,一次付清足额邮资,并取得一张包裹收据(parcel post receipt),全部手续即告完备。至于邮件运送、交接、保管、传递等一切事宜均由各国邮政局负责办理。当邮件运抵目的地后,收件人即可凭邮政局到件通知和收据向邮政局提取邮件。所以,国际邮政运输就其性质而论,具有国际多式联合运输的性质。

3) 具有"门到门"(door to door)运输的性质

各国邮政局如星斗密布于全国各地,邮件一般可在当地就近向邮政局办理,邮件到达目的地后,收件人也可在当地就近邮政局提取邮件,所以邮政运输基本上可以说是"门到门"运输,它为邮件的托运人和收件人提供了极大的方便。但国际邮政运输与其他运输方式还是有所不同。国际邮政运输的主要任务是通过国际邮件的传递,沟通和加强各国人民之间的通讯联系,促进相互间的政治、经济、文化交流。这与国际贸易大量的货物运输在业务性质上是存在差别的。国际邮政运输,对邮件的重量和体积均有限制,如每件包裹重量不得超过 20 公斤,长度不得超过 1 米。所以邮政运输只适宜于重量轻、体积小的小商品,如精密仪器、机器零件、金银首饰、药品以及各种样品和零星物品等。

7.5.3 集装箱运输

1. 集装箱运输的概念

集装箱是一种容器,是能反复使用的运输辅助设备。因其外形像一个箱子,所以又称货柜、货箱。

集装箱运输(container transport)是以集装箱(container)为运输单位进行运输的一

种现代化的先进的运输方式,它可适用于各种运输方式的单独运输和不同运输方式的联合运输。集装箱运输的优点有加速货物装卸,提高港口吞吐能力,加速船舶周转,减少货损货差,节省包装材料,减少运杂费用,降低营运成本,简化货运手续和便利货物运输等。集装箱运输是运输方式上的一大革命,它的出现和广泛运用,对国际贸易产生了很大的影响。

2. 集装箱运输的交接方式

集装箱运输中,整箱货和拼箱货在船货双方之间的交接方式有以下几种。

(1) 门到门(door to door),即由托运人负责装载的集装箱,在其货仓或工厂仓库交承运人验收后,由承运人负责全程运输,直到收货人的货仓或工厂仓库交箱为止。这种全程连线运输,称为"门到门"运输。

(2) 门到场(door to CY),即由发货人货仓或工厂仓库至目的地或卸箱港的集装箱装卸区堆场。

(3) 门到站(door to CFS),即由发货人货仓或工厂仓库至目的地或卸箱港的集装箱货运站。

(4) 场到门(CY to door),即由起运地或装箱港的集装箱装卸区堆场至收货人的货仓或工厂仓库。

(5) 场到场(CY to CY),即由起运地或装箱港的集装箱装卸区堆场至目的地或卸箱港的集装箱装卸区堆场。

(6) 场到站(CY to CFS),即由起运地或装箱港的集装箱装卸区堆场至目的地或卸箱港的集装箱货运站。

(7) 站到门(CFS to door),即由起运地或装箱港的集装箱货运站至收货人的货仓或工厂仓库。

(8) 站到场(CFS to CY),即由起运地或装箱港的集装箱货运站至目的地或卸箱港的集装箱装卸区堆场。

(9) 站到站(CFS to CFS),即由起运地或装箱港的集装箱货运站至目的地或卸箱港的集装箱货运站。

(10) 集装箱出口货运特有的单证是设备交接单。

应用于集装箱运输中的技术有以下几种。

IT:information technology(信息技术)。

EDI:electronic data interchange(电子数据交换)。

GPS:global positioning system(全球定位系统)。

TMS:terminal manage system(码头管理系统)。

IMT:international multimodal transport(国际多式联运)。

3. 集装箱运输的优点

集装箱运输自产生以来,经历了近三十多年来的快速发展期。这主要取决于它具备的一系列传统运输所不具备的优点:集装箱运输提高了货运速度,加快了运输工具、货物及资金的周转;减少了运输过程中的货差、货损,提高货运质量;节省货物包装费用,减少货物运杂费支出;简化货运手续,便利货物运输。

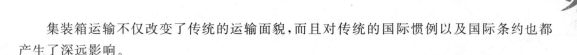

集装箱运输不仅改变了传统的运输面貌,而且对传统的国际惯例以及国际条约也都产生了深远影响。

7.5.4 国际多式联运

1. 国际多式联运的概念

国际多式联运(international multimodal transport/international combined transport)是指以集装箱为媒介,把海、陆、空各种传统的单一运输方式有机地结合起来,组成一种国际连贯运输方式,包括陆海联运、陆空联运、海空联运等。国际多式联运是一种以实现货物整体运输的最优化效益为目标的联运组织形式,它通常以集装箱为运输单元,将不同的运输方式有机地组合在一起,构成连续的、综合性的一体化货物运输。

2. 国际多式联运应具备的条件

(1) 多式联运经营人与托运人之间必须签订多式联运合同,以明确承、托双方的权利、义务和豁免关系。多式联运合同是确定多式联运性质的根本依据,也是区别多式联运与一般联运的主要依据。

(2) 必须使用全程多式联运单据(multimodal transport documents,M. T. D.,我国现在使用的是 C. T. B/L),该单据既是物权凭证,也是有价证券。

(3) 必须是全程单一运价。这个运价一次收取,包括运输成本(各段运杂费的总和)、经营管理费和合理利润。

(4) 必须由一个多式联运经营人对全程运输负总责。他是与托运人签订多式联运合同的当事人,也是签发多式联运单据或多式联运的提单者,他承担自接受货物起至交付货物止的全程运输责任。

(5) 必须是两种或两种以上不同运输方式的连贯运输。如为海/海、铁/铁、空/空联运,虽为两程运输,但仍不属于多式联运,这是一般联运与多式联运的一个重要区别。同时,在单一运输方式下的短途汽车接送也不属于多式联运。

(6) 必须是跨越国境的国际的货物运输。这是区别国内运输和国际运输的限制条件。

利用集装箱发展多式联运,有利于简化货运手续,加快货运速度,降低运输成本,节省运杂费用。

3. 办理国际多式联运的做法和计费方法

在国际多式联运公司营业处或其代理处办理,业务手续和计费方法与班轮运输相同。

采用国际多式联运时应注意的问题。

(1) 要考虑货价和货物性质是否适宜使用集装箱运输。

(2) 要注意装运港和目的港之间有无集装箱航线,有无装卸及搬运集装箱的设备。

(3) 装箱点和起运点能否办理海关手续。

4. 国际多式联运的业务程序

一般的业务程序,主要包括以下环节。

(1) 接受托运申请,订立多式联运合同。

（2）空箱的发放、提取。

（3）出口报关。

（4）货物装箱及交接。

（5）订舱及安排货物运送。

（6）办理货物运送保险。

（7）签发多式联运提单，组织完成货物的全程运输。

（8）货物运输过程中的海关业务。

（9）货物到达交付。

5. 国际多式联运经营人

国际多式联运经营人指本人或通过其代表与发货人订立多式联运合同的任何人，他是事主，而不是发货人的代理人或代表或参加多式联运的承运人的代理人或代表，并且负有履行合同的责任。多式联运经营人可以分为两种：一种为有船承运人为多式联运经营人，另一种为无船承运人为多式联运经营人。前者在接收货物后，不但要负责海上运输，还需安排汽车、火车与飞机的运输，因此，经营人往往再委托给其他相应的承运人来运输，并把交接过程中可能产生的装卸和包装储藏业务，也委托给有关行业办理。但是，这个经营人必须对货主负整个运输过程中产生的责任。后者在接收货物后，也是将运输委托给各种方式的运输承运人进行，但他本人对货主仍应负责。无船经营人不拥有船舶，他们通常是内陆运输的承运人，仓储业者或其他从事陆上货物运输中某一环节的人，也就是说无船经营人往往拥有除船舶以外一定的运输工具。

6. 国际多式联运的优越性

国际多式联运是一种比区段运输高级的运输组织形式，20 世纪 60 年代末美国首先试办多式联运业务，并受到货主的欢迎。随后，国际多式联运在北美、欧洲和远东地区开始采用；20 世纪 80 年代，国际多式联运已逐步在发展中国家实行。目前，国际多式联运已成为一种新型的重要的国际集装箱运输方式，受到国际航运界的普遍重视。1980 年 5 月在日内瓦召开的联合国国际多式联运公约会议上产生了《联合国国际多式联运公约》。该公约将在 30 个国家批准和加入一年后生效。它的生效将对今后国际多式联运的发展产生积极的影响。

国际多式联运是今后国际运输发展的方向，这是因为，开展国际集装箱多式联运具有许多优越性，主要表现在以下几个方面。

（1）简化托运、结算及理赔手续，节省人力、物力和有关费用。在国际多式联运方式下，无论货物运输距离有多远，由几种运输方式共同完成，也不论运输途中货物经过多少次转换，所有一切运输事项均由多式联运经营人负责办理。而托运人只需办理一次托运，订立一份运输合同，一次支付费用，一次保险，从而省去托运人办理托运手续的许多不便。同时，由于多式联运采用一份货运单证，统一计费，因而也可简化制单和结算手续，节省人力和物力。此外，一旦运输过程中发生货损货差，由多式联运经营人对全程运输负责，从而也可简化理赔手续，减少理赔费用。

（2）缩短货物运输时间，减少库存，降低货损货差事故，提高货运质量。在国际多式联运方式下，各个运输环节和各种运输工具之间配合密切，衔接紧凑，货物所到之处中转迅速及时,大大减少货物在途停留的时间,从而从根本上保证了货物安全、迅速、准确、及时地运抵目的地,因而也相应地降低了货物的库存量和库存成本。同时,多式联运系通过集装箱为运输单元进行直达运输,尽管货运途中须经多次转换,但由于使用专业的机械装卸,且不涉及槽内货物,因而货损货差事故大为减少,从而在很大程度上提高了货物的运输质量。

(3) 降低运输成本,节省各种支出。由于多式联运可实行门到门运输,因此对货主来说,在货物交由第一承运人以后即可取得货运单证,并据以结汇,从而提前了结汇时间。这不仅有利于加速货物占用资金的周转,而且可以减少利息的支出。此外,由于货物是在集装箱内进行运输的,因此从某种意义上来看,可相应地节省货物的包装,理货和保险等费用的支出。

(4) 提高运输管理水平,实现运输合理化。对区段运输而言,由于各种运输方式的经营人各自为政,自成体系,因而其经营业务范围受到限制,货运量相应也有限。而一旦由不同的联运经营人共同参与多式联运,经营的范围便可以大大扩展,同时可以最大限度地发挥其现有设备的作用,选择最佳的运输线路组织合理化运输。

(5) 其他作用:从政府的角度来看,发展国际多式联运具有以下重要意义:有利于加强政府部门对整个货物运输链的监督与管理;保证本国在整个货物运输过程中获得较大的运费收入配比;有助于引进新的先进运输技术;减少外汇支出;改善本国基础设施的利用状况;通过国家的宏观调控与指导职能保证使用对环境破坏最小的运输方式达到保护本国生态环境的目的。

7. 国际多式联运与一般国际货物运输的区别

国际多式联运极少由一个经营人承担全部运输。往往是接受货主的委托后,联运经营人自己办理一部分运输工作,而将其余各段的运输工作再委托其他的承运人。但这又不同于单一的运输方式,这些接受多式联运经营人负责转托的承运人,只是依照运输合同对联运经营人负责,与货主不发生任何业务关系。因此,多式联运经营人可以是实际承运人,也可以是无船承运人(non-vessel operating carrier,NVOC)。国际多式联运与一般国际货物运输的主要不同点有以下几个方面。

1) 货运单证的内容与制作方法不同

国际多式联运大都为"门到门"运输,故货物于装船或装车或装机后应同时由实际承运人签发提单或运单,多式联运经营人签发多式联运提单,这是多式联运与任何一种单一的国际货运方式的根本不同之处。在此情况下,海运提单或运单上的发货人应为多式联运的经营人,收货人及通知方一般应为多式联运经营人的国外分支机构或其代理;多式联运提单上的收货人和发货人则是真正的、实际的收货人和发货人,通知方则是目的港或最终交货地点的收货人或该收货人的代理人。

多式联运提单上除列明装货港、卸货港外,还要列明收货地、交货地或最终目的地的名称以及第一程运输工具的名称、航次或车次等。

2) 多式联运提单的适用性和可转让性与一般海运提单不同

一般海运提单只适用于海运,从这个意义上说,多式联运提单只有在海运与其他运输方式结合时才适用,但现在它也适用于除海运以外的其他两种或两种以上的不同运输方

式的连贯的跨国运输(国外采用"国际多式联运单据"就可避免概念上的混淆)。

多式联运提单把海运提单的可转让性与其他运输方式下运单的不可转让性合二为一,因此多式联运经营人根据托运人的要求既可签发可转让的也可签发不可转让的多式联运提单。如属前者,收货人一栏应采用指示抬头;如属后者,收货人一栏应具体列明收货人名称,并在提单上注明不可转让。

3) 信用证上的条款不同

根据多式联运的需要,信用证上的条款应有以下三点变动。

(1) 向银行议付时不能使用船公司签发的已装船清洁提单,而应凭多式联运经营人签发的多式联运提单,同时还应注明该提单的抬头如何制作,以明确可否转让。

(2) 多式联运一般采用集装箱运输(特殊情况除外,如在对外工程承包下运出机械设备则不一定采用集装箱),因此,应在信用证上增加指定采用集装箱运输的条款。

(3) 如不由银行转单,改由托运人或发货人或多式联运经营人直接寄单,以便收货人或代理能尽早取得货运单证,加快在目的港(地)提货的速度,则应在信用证上加列"装船单据由发货人或由多式联运经营人直寄收货人或其代理"之条款。如由多式联运经营人寄单,发货人出于议付结汇的需要应由多式联运经营人出具一份"收到货运单据并已寄出"的证明。

4) 海关验放的手续不同

一般国际货物运输的交货地点大都在装货港,目的地大都在卸货港,因而办理报关和通关的手续都是在货物进出境的港口。而国际多式联运货物的起运地大都在内陆城市,因此,内陆海关只对货物办理转关监管手续,由出境地的海关进行查验放行。进口货物的最终目的地如为内陆城市,则进境港口的海关一般不进行查验,只办理转关监管手续,待货物到达最终目的地时由当地海关查验放行。

7.5.5 大陆桥运输

1. 大陆桥运输概述

大陆桥运输(land bridge transport)是指利用横贯大陆的铁路(公路)运输系统作为中间桥梁,把大陆两端的海洋连接起来的集装箱连贯运输方式。简单地说,就是两边是海运,中间是陆运,大陆把海洋连接起来,形成海—陆联运,而大陆起到了"桥"的作用,所以称为"陆桥"。而海—陆联运中的大陆运输部分就被称为"大陆桥运输"。

大陆桥运输是借助于不同的运输方式,跨越辽阔的大陆或狭窄的地峡,以沟通两个互不毗连的大洋或海域之间的运输形式。通常也是一种国际联合运输。目的在于缩短运输距离,减少运输时间和节约运输总费用支出。目前从太平洋东部的日本,通过海运到苏联远东沿海港口(纳霍德卡和东方港等),后再经西伯利亚大铁路等陆上交通,横跨亚欧大陆直达欧洲各国或沿海港口,再利用海运到达大西洋沿岸各地,这类货物运输即为典型的大陆桥运输。

大陆桥运输一般都是以集装箱为媒介,因为采用大陆桥运输,中途要经过多次装卸,如果采用传统的海陆联运,不仅增加运输时间,而且大大增加了装卸费用和货损货差,以

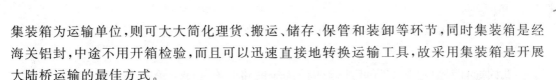

集装箱为运输单位,则可大大简化理货、搬运、储存、保管和装卸等环节,同时集装箱是经海关铝封,中途不用开箱检验,而且可以迅速直接地转换运输工具,故采用集装箱是开展大陆桥运输的最佳方式。

目前运用较广的是西伯利亚大陆桥及亚欧大陆桥。此外,还有一种 OCP 运输方式。OCP 是英文 over-land common point 的缩写,意为"内陆公共点"。它是以美国落基山脉为界,界东的广大地区划为内陆地区,凡海运到美国西海岸港口再以陆路运往内陆地区的货物,如提单上表明按 OCP 条款运输,则可享受比直达西海岸港口费率低的优惠,陆运的运费率也可降低 5% 左右,相反方向的运送也相同。这种优惠只适用于货物的最终目的地在 OCP 地区,而且必须经美国西海岸港口中转。

2. 大陆桥运输的历史背景

大陆桥运输是集装箱运输开展以后的产物,出现于 1967 年,当时苏伊士运河封闭、航运中断,而巴拿马运河又堵塞,远东与欧洲之间的海上货运船舶,不得不改道绕航非洲好望角或南美致使航程距离和运输时间倍增,加上油价上涨导致航运成本猛增,而当时正值集装箱运输兴起。在这种历史背景下,大陆桥运输应运而生。从远东港口至欧洲的货运,于 1967 年年底首次开辟了使用美国大陆桥运输路线,把原来全程海运,改为海、陆、海运输方式,该试办结果取得了较好的经济效果,达到了缩短运输里程、降低运输成本、加速货物运输的目的。

3. 大陆桥运输的线路

1) 北美大陆桥

北美大陆桥是世界上历史最悠久、影响最大、服务范围最广的陆桥运输线。北美大陆桥指从日本东向,利用海路运输到北美西海岸,再经由横贯北美大陆的铁路线,陆运到北美东海岸,再经海路运输到欧洲的"海—陆—海"运输结构。

2) 西伯利亚大陆桥

西伯利亚大陆桥是利用俄罗斯西伯利亚铁路作为陆地桥梁,把太平洋远东地区与波罗的海和黑海沿岸以及西欧大西洋口岸连起来。此条大陆桥运输线东自海参崴的纳霍特卡港口起,横贯欧亚大陆,至莫斯科,然后分三路,一路自莫斯科至波罗的海沿岸的圣彼得堡港,转船往西欧、北欧港口;另一路从莫斯科至俄罗斯西部国境站,转欧洲其他国家铁路(公路)直运欧洲各国;还有一路从莫斯科至黑海沿岸,转船往中东、地中海沿岸。所以,从远东地区至欧洲,通过西伯利亚大陆桥有海、铁、海,海、铁、公路和海、铁、铁三种运送方式。西伯利亚大陆桥的营运情况及主要问题如下。

自 20 世纪 70 年代初以来,西伯利亚大陆桥运输发展很快。目前,它已成为远东地区往返西欧的一条重要运输路线。日本是利用此条大陆桥的最大顾主。整个 80 年代,其利用此大陆桥运输的货物数量每年都在 10 万个集装箱以上。为了缓解运力紧张的情况,苏联又建成了第二条西伯利亚铁路。但是,西伯利亚大陆桥也存在三个主要问题。

(1) 运输能力易受冬季严寒影响,港口有数月冰封期。

(2) 货运量西向大于东向约二倍,来回运量不平衡,集装箱回空成本较高,影响了运输效益。

（3）运力仍很紧张，铁路设备陈旧。随着新亚欧大陆桥的正式营运，这条大陆桥的地位正在下降。

我国通过西伯利亚铁路可进行陆桥运输的路线有三条：第一条，铁—铁路线；第二条，铁—海路线；第三条，铁—公路线。

3）新亚欧大陆桥

亚欧第二大陆桥，也称新亚欧大陆桥。该大陆桥东起中国的连云港，西至荷兰鹿特丹港，全长 10 837km，其中在中国境内 4 143km，途经中国、哈萨克斯坦、俄罗斯、白俄罗斯、波兰、德国和荷兰 7 个国家，可辐射到 30 多个国家和地区。1990 年 9 月，中国铁路与哈萨克铁路在德鲁日巴站正式接轨，标志着该大陆桥的贯通。1991 年 7 月 20 日开办了新疆—哈萨克斯坦的临时边贸货物运输。1992 年 12 月 1 日由连云港发出首列国际集装箱联运"东方特别快车"，经陇海、兰新铁路，西出边境站阿拉山口，分别运送至阿拉木图、莫斯科、圣彼得堡等地，标志着该大陆桥运输的正式营运。近年来，该大陆桥运量逐年增长，并具有巨大的发展潜力。

4）其他运输形式

北美地区的陆桥运输不仅包括上述的大陆桥运输，而且包括小陆桥运输（mini-bridge）和微桥运输（micro-bridge）等运输组织形式。

小陆桥运输从运输组织方式上看与大陆桥运输并无大的区别，只是其运送的货物的目的地为沿海港口。

微桥运输与小陆桥运输基本相似，只是其交货地点在内陆地区。

4. 大陆桥运输的优越性

大陆桥运输运费低廉、运输时间短、货损货差率小、手续简便，是一种经济、迅速、高效的现代化的运输方式。

7.6 运输条款

1. 装运时间（time of shipment）

国际货物买卖合同中的运输条款通常包括装运时间、装运港和目的港、分批装运和转运、装运通知、滞期和速遣等内容。

1）装运时间

装运时间又称装运期，是指卖方将合同规定的货物装上运输工具或交给承运人的期限。

交货时间（time of delivery）则是在目的港船上交货的时间。

2）装运时间的规定方法

（1）规定明确具体的装运时间可分为规定一段时间和规定最迟期限两种。

例如：7 月装运（shipment during July）；

7/8/9 月装运(shipment during July/Aug./Sep.);

装运期不迟于 7 月 31 日(shipment not later than July 31);

9 月底或以前装运(shipment at or before the end of Sep.)。

(2) 规定收到信用证后若干天装运,如收到信用证后 30 天装运(shipment within 30 days after receipt of L/C)。

(3) 规定近期装运术语,如立即装运(immediate shipment)、即期装运(prompt shipment)、尽快装运(shipment as soon as possible)等。由于这种规定方法太笼统,故国际商会修订的《跟单信用证统一惯例》规定,不应使用"迅速""立即""尽速"和类似的词语。如使用了这类词语,银行不予理会。

3) 规定装运时间的注意事项

(1) 应充分考虑货源、船源和交货之前的运输安排问题。

(2) 规定要具体明确,尽量避免使用诸如"尽快装运"等笼统的或无统一解释的词语,以免引起争议。

(3) 装运期限长短要适中,既要保证安排船货的正常需要,又要避免装运期太长而影响买方的资金周转,增加买方的价格风险。

(4) 应注意与买方的开证日期相协调。

2. 装运港和目的港

1) 装运港(地)

(1) 原则上选择靠近产地、交通方便、费用较低、基础设施较完善的地方。

(2) 采用 CFR、CIF 等术语交易时,应多订几个装运港(地),便于灵活选择;采用 FOB 条件时,买方应特别注意装运港(地)的装载条件是否适合。

(3) 采用集装箱多式联运,一般以有集装箱经营人收货站的地方为装运地。

2) 目的港(地)

在出口业务中,对于目的港(地)的选择,要考虑以下因素。

(1) 要注意不能以我国政府不允许进行贸易往来的国家或地区作为目的港(地)。

(2) 目的港必须是船舶可以安全停泊的港口(非疫、非战争地区)。

(3) 目的港(地)的规定应明确具体。

(4) 除非采用多式联运方式运输,否则一般不接受以内陆城市为目的地的条款,如向内陆国家出口货物,应选择离目的地最近且卖方能安排船舶的港口为目的港。

(5) 合理使用"选择港"。

(6) 注意所规定的目的港(地)有无重名问题。

3. 分批装运

1) 分批装运的含义

分批装运(partial shipment)是指一笔成交的货物,分若干批次在不同航次、车次、班次装运。而同一船只、同一航次中分多次装运的货物,即使提单装船日期不同,装货港口不同,也不能按分批论处。

根据国际商会《跟单信用证统一惯例》(UCP 500)规定,除非信用证另有规定,可允许分批装运(partial shipment allowed),即受益人(出口商)可以在装运有效期内将货物分若干批装运。

2)分批装运的原因

(1)数量大,卖方不能做到货物一次交付。

(2)有的进口原料商,本人无仓库,货到后直接送工厂加工。

(3)运输条件的限制。

4. 转运

转运(transshipment)是指货物自装运港运至目的港的过程中,从一运输工具转移到另一运输工具上,或是由一种运输方式转为另一种运输方式的行为。一般来说,当货物运往无直达船停靠或虽有直达船而无固定船期或船期较少的港口,可在合同中规定"允许转运"条款。

5. 装船通知

装运通知(shipping advice)是装运条款中不可缺少的一项重要内容。不论按哪种贸易术语成交,交易双方都要承担相互通知的义务。规定装运通知的目的在于明确买卖双方的责任,促使双方互相配合,共同搞好车、船、货的衔接,有利于贸易的顺利进行。

其他装运条款:

1)OCP 条款的概念

OCP 条款是指从远东地区到美国东部(洛矶山脉以东地区)的货物运输,陆路运费优惠的条款。

2)采用 OCP 条款时要注意的问题

(1)货物的最终目的地必须属于 OCP 地区。

(2)货物必须经美国西岸港口中转。

(3)提单上必须标明 OCP 字样,注明中转港口和最终目的地。

6. 滞期、速遣条款

在国际贸易中,大宗商品在程租船运输的情况下,买卖合同中应规定滞期、速遣条款。在合同规定的装卸时间内,如果租船人未能完成装卸作业,给船方造成经济损失,为了补偿船方由此而产生的损失,应由租船人向船东支付一定的罚金,此项罚金被称为滞期费(demurrage)。反之,如果租船人在合同规定的时间内提前完成了装卸,给船方节约了船期,从而降低了费用成本增加了收益,则船方要给租船人一定金额的奖励,这种奖励被称为速遣费(dispatch money)。在实际业务中,速遣费通常为滞期费的一半。

【案例7-4】某公司出口 10 000 公吨货物,与船方签订的承租合同中规定:FIO(租船人负责装卸费),装卸率为 500 公吨/每工作日,滞期费为 600 美元/每工作日,速遣费为 300 美元/工作日。实际装完用了 22 日 6 小时,问该公司应该支付滞期费还是获得速遣费?金额为多少?

【案例分析】由于按照装卸率应该 10 000÷500=20(天)装完,所以,该公司应该支付滞期费。滞期费=(22.25-20)×600=1 350(美元)。

该公司应该支付滞期费。滞期费为 1 350 美元。

本 章 小 结

国际贸易运输方式有很多,如国际海运方式、国际铁路运输方式、国际公路运输方式、国际航空运输、国际管道运输、国际邮包运输、集装箱运输、国际多式联运、大陆桥运输等。在所有的运输方式中,海上货物运输最为重要,因为国际货物运输中海上货物运输占到80%以上。通过本章的学习,可以初步了解有关国际货物运输方面的基本知识,具体掌握运输方式的选择,国际合同中各项装运条款的内容和规定办法,以及各种装运单据的运用。

国际货物运输具有线长、面广、中间环节多、情况复杂多变和风险大的特点,为了完成国际货物的运输任务,必须合理地选用各种运输方式,订好买卖合同中的各项装运条款,并掌握装运单据的缮制、运用以及有关的运输知识。

国际货物买卖合同中的运输条款通常包括装运时间、装运港和目的港、分批装运和转运、装运通知、滞期和速遣等内容。

OCP 是 overland common points 的缩写,意为内陆地区。内陆地区是根据美国运费规定,以美国西部 9 个州为界,也就是以落基山脉为界,其以东地区,均为内陆地区范围。

按 OCP 运输条款达成的交易,出口商不仅可享受美国内陆运输的优惠费率,还可以享受 OCP 海运的优惠费率。

练习思考题

一、专业术语演练(请将下列的英文翻译成中文)

1. time charter
2. freight prepaid B/L
3. charter transport
4. liner transport
5. bill of lading
6. on deck B/L
7. port of transshipment
8. sea waybill or ocean waybill
9. air transport
10. scheduled air-line
11. consolidation
12. airway bill
13. special cargo rate
14. class cargo rate
15. full container load,FCL
16. container yard,CY
17. container freight station,CFS
18. container transport
19. fright for all kinds
20. freight for class
21. freight for class and basis
22. delivery record
23. international multimodal transport
24. international rail transport
25. road transport
26. pipeline transport
27. parcel post transport
28. international express mail service

29. freight for class and basis   30. international multimodal transport

31. international rail transport   32. road transport

33. pipelinetransport   34. parcel post transport

35. demurrage   36. freight for class and basis

37. dispatch money

二、单项选择题

1. 根据运输方式,可分为(　　)、转船提单和联运提单。

    A. 直达提单　　　　　B. 备运提单　　　　　C. 已装船提单　　　　　D. 一般提单

2. 根据货物是否已装船,可分为已装船提单和(　　)。

    A. 备运提单　　　　　B. 清洁提单　　　　　C. 不清洁提单　　　　　D. 指示提单

3. 海洋出口运输的运作程序是根据贸易条件不同而有所差异。按(　　)条件成交,卖方无须办理租船订舱手续。

    A. FOB 术语　　　　　B. CFR 术语　　　　　C. CIF 术语　　　　　D. CPT 或 CIP 术语

4. 贸易中若充分利用(　　),争取我方多派船,不但节省了外汇的支付,还可以争取更多的外汇收入。

    A. 国际贸易术语　　　B. 国际惯例　　　　　C. 国际条约　　　　　D. 国际关系

5. (　　)是指船舶在固定航线上和固定港口之间按事先公布的船期表和运费率往返航行,从事客货运输业务的一种运输方式。

    A. 班轮运输　　　　　B. 租船运输　　　　　C. 一般运输　　　　　D. 不定期运输

6. (　　)是租船的一种,所不同的是船东不提供船员。在租期内船舶所有人只提供一艘空船给承租人使用,而配备船员、供应给养、船舶的营运管理以及一切固定或变动的营运费用都由承运人负担。

    A. 光船租船　　　　　B. 定期租船　　　　　C. 定程租船　　　　　D. 一般租船

7. (　　)具有许多优点:运送迅速;节省包装、保险和储存费用;可以运往世界各地而不受河海和道路限制。

    A. 国际航空运输　　　B. 国际铁路运输　　　C. 国际公路运输　　　D. 国际海洋运输

8. (　　)又称装运期,是指卖方将合同规定的货物装上运输工具或交给承运人的期限。

    A. 装运时间　　　　　B. 交货时间　　　　　C. 装船时间　　　　　D. 卸货时间

9. (　　)是指一笔成交的货物,分若干批次在不同航次、车次、班次装运。

    A. 分批装运　　　　　B. 整批装运　　　　　C. 一批装运　　　　　D. 若干批装运

10. 转运(transshipment)是指货物自装运港运至目的港的过程中,从一运输工具转移到另一运输工具上,或是由一种运输方式转为另一种运输方式的行为。

    A. 国际航空运输　　　　　　　　　　B. 国际铁路运输

    C. 国际公路运输　　　　　　　　　　D. 国际海洋运输

三、多项选择题

1. 海洋运输是国际贸易中使用最为广泛的一种运输方式,其特点包括(　　)。

A. 运力大   B. 运量大   C. 运费低   D. 速度慢和风险较大

2. 班轮运输的特点包括(   )。

A. "四固定"

B. "一负责"

C. 班轮公司和货主双方的权利、义务和责任豁免均以班轮公司签发的提单条款为依据

D. "三注意"

3. 租船种类主要有(   )等几种。

A. 定期租船   B. 定程租船   C. 光船租船   D. 定费租船

4. 根据提单是否可以流通转让,可分为(   )。

A. 记名提单   B. 不记名提单   C. 指示提单   D. 不指示提单

5. 分批装运的原因主要有(   )。

A. 数量大,卖方不能做到货物一次交付

B. 有的进口原料商,本人无仓库,货到后直接送工厂加工

C. 运输条件的限制

D. 运输条件无限制

6. 大陆桥运输优越性主要包括(   )。

A. 缩短了运输里程   B. 降低了运输费用

C. 加快了运输速度   D. 简化作业手续

7. 国际集装箱运输(大陆桥运输)与国际铁路运输的区别主要有(   )。

A. 责任不同   B. 结汇方式不同   C. 运输要求不同   D. 运单不同

8. 航空货物运输的方式很多,有(   )。

A. 班机运输   B. 包机运输   C. 集中托运   D. 航空急件传送

9. 装运时间的规定方法有(   )。

A. 规定明确具体的装运时间   B. 规定收到信用证后若干天装运

C. 规定近期装运术语   D. 参照合同签发日期

10. 集装箱运输单证不同于传统运输的货运单据,主要有(   )。

A. 场站收据   B. 集装箱装箱单

C. 提单或集装箱联运提单   D. 设备交接单和收货记录

四、判断题

1. 海洋货物运输是国家节省外汇支付,增加外汇收入的重要渠道之一。   (   )

2. "四定",即固定航线、固定港口、固定船期和相对固定的运费率。   (   )

3. 班轮运费是班轮公司为运输货物而向货主收取的费用。   (   )

4. 海运所涉及的当事人主要有承运人、托运人和货运代理。   (   )

5. 不清洁提单是指承运人在提单上对货物表面状况或包装加有不良或存在缺陷等批注的提单。   (   )

6. 倒签提单是货物装船后,应托运人请求承运人签发的早于货物实际装船日期的

提单。   （　　）

    7. 起码提单是船方按最低运费计收所签发的提单。   （　　）

    8. 航空运输是运用航行器进行的运输。航空运输有旅客运输和货物运输。   （　　）

    9. 分批装运是指一个合同项下的货物分若干批或若干期装运。   （　　）

    10. 按惯例,速遣费一般为滞期费的一半。   （　　）

五、简答题

    1. 海洋货物运输有哪些作用?

    2. 什么是班轮运费?班轮运费由哪些部分组成?

    3. 什么是租船运输?租船运输的特点有哪些?

    4. 什么是海运提单?海运提单的性质和作用有哪些?

    5. 什么是国际铁路运输?国际铁路运输有哪些优点?

    6. 规定装运时间有哪些注意事项?

    7. 什么是国际公路运输?它有哪些作用?

    8. 航空货物运输有哪些要求?

    9. 什么是国际管道运输?它有哪些优势?

    10. 什么是分批运输?什么是转运?

六、案例分析

    1. 某年某公司与非洲客户签订一项商品销售合同。当年12月起至次年6月交货。每月等量装运一定量米,凭不可撤销信用证,提单签发后60天付款。对方按时开来信用证,证内装运条件仅规定:最迟装运期为6月30日,分数批装运。我经办人员见证内未有"每月等量装运××万米"字样,为了早日出口,早收汇,便不顾合同装运条款,除当年12月按合同规定等量装运第一批外,其余货物分别与次年1月底、2月底装完,我银行凭单结汇。这样交货有无问题?说说理由。

    2. 某出口公司按CFR条件向日本出口红豆250公吨,合同规定卸货港为日本口岸,发货时,正好有一船驶往大阪,我公司打算租用该船,但在装运前,我方主动去电询问哪个口岸卸货时值货价下跌,日方故意让我方在日本东北部的一个小港卸货,我方坚持要在神户、大阪卸货。双方争执不下,日方就此撤销合同。我方做法是否合适?日本商人是否违约?

    3. 国内A公司从中国香港B公司进口A套德国设备,合同价格条件为CFR广西梧州,装运港是德国汉堡,装运期为开出信用证后90天内,提单通知人是卸货港的外运公司。

    合同签订后,A公司于7月25日开出信用证,10月18日香港B公司发来装船通知,11月上旬B公司将全套议付单据寄交开证行,A公司业务员经审核未发现不符并议付了货款。

    船运从汉堡到广西梧州包括在香港转船正常时间应为45～50天。12月上旬,A公司屡次查询梧州外运公司都无货物消息,公司怀疑B公司倒签提单,随即电询B公司,B

公司答复却已如期装船。

12月下旬,A公司仍未见货物,再次电告B公司要求联系其德国发货方协助查询货物下落。B公司回电说德国正处假期,无人上班,没法联络。A公司无奈只好等待。

1月上旬,德国的假期结束,B公司来电,称货物早已在去年12月初运抵广州黄埔港,请速派人前往黄埔办理报关提货手续。此时货物海关滞报已40多天,待A公司办好所报关提货手续已是次年1月底,发生的滞箱费、仓储费、海关滞报金、差旅费及其他相关费用达十几万元。A公司从中应吸取什么教训?

4. 上海某茶叶公司向乔治公司出口茶叶500公吨,信用证支付,规定分5个月装运完毕,3月装80公吨;4月装120公吨;5月装140公吨;6月装110公吨;7月装50公吨。不允许分批装运从上海港口发往伦敦港。卖方于3月15日和4月20日在青岛港分别装运80公吨和120公吨,都顺利结汇。但是第三批因货源不足于5月20日在青岛港装了70.500公吨。卖方经过联系烟台正好有同样品质的货物,于是要求该轮再驶往烟台港继续装货。船方考虑目前船舱空载,同意在烟台又装了64.100公吨。卖方办理协议时提交两套提单,一套是5月20日在青岛签发的,另一套是5月28日在烟台签发的。单据寄到开证行,该行认为单证不符,拒收单据。不符点如下:①信用证规定不允许分批装运,而茶叶公司于5月20日和5月28日分别在青海和烟台装船,不符合;②信用证规定5月装140公吨,而茶叶公司装运总量只有134.6公吨,短装5.4公吨,不符合信用证要求。同时,乔治公司对短装造成用户停工待料也提出索赔意见。

银行拒付是否有道理?为什么?

5. 一批货物共100箱,自广州运至纽约,船公司已签发"装船清洁提单",等货到目的港,收货人发现下列情况:①5箱欠交;②10箱包装严重破损,内部货物已散失50%;③10箱包装外表完好,箱内货物有短少。上述三种情况是否应属于船方或托运人责任?为什么?

七、操作题练习

操作题一

(一)资料

上海Y贸易公司是一家综合性贸易公司,坐落于上海中山西路223号6楼,经营范围包括机电设备、轻工产品等。2010年10月公司业务员王经理与日本横滨一公司签订了一份出售台灯(desk lamp)的合同,合同中规定通过国际航空运输来送货。航空公司选择东方航空公司。台灯共10 000盏,货运单号码为:SH32751146W-01,按每件7.5美元的费率计收运费,运费共计75 000美元,保险金额为7 500美元,每盏的实际毛重12千克,收费重量为11千克,托运人申明商品的价值为750 000美元,飞机航班为FG68,于2010年10月28日从上海的浦东机场起飞到日本的OSAKA机场降落卸货。日本公司全称(英文)为TKAMLA CORPORATION 6-7,KAWARA MACH OSAKA,JAPAN

(二)实训任务

班级同学分组,请根据上述背景资料,以易达贸易有限公司的王经理的名义,委托东方航空公司代办空运出口货物,填制"空运出口货物委托书"。

国际货物托运书

中国民用航空局
THE CIVIL AVIATION ADMINISTRATION OF CHINA
国际货物托运书
SHIPPER'S LETTER OF INSTRUCTION

托运人姓名及地址 SHIPPER'S NAME AND ADDRESS	航班/日期 FLIGHT/DAY
收货人姓名及地址 CONSIGNEE'S NAME AND ADDRESS	已预留吨位 BOOKED
代理人的名称和城市 ISSUING CARRIER'S AGENT NAME AND CITY	运费 CHARGES
始发站 AIRPORT OF DEPARTURE	通知人 ALSO NOTIFY
到达站 AIRPORT OF DESTINATION	货运单号码 NO. OF AIR WAYBILL
托运人声明的价值 SHIPPER' DECLARED VALUE	保险金额 AMOUNT OF INSURANCE

处理情况(包括包装方式货物标志及号码等) HANDLING INFORMATION (INCL. METHOD OF PACKING IDENTIFYING MARKS AND NUMBERS ETC.)					
件数 NO. OF PACKAGES	实际毛重(千克) ACTUAL GROSS WEIGHT(KG)	运价类别 RATE CLASS	收费重量 CHARGEABLE WEIGHT	费率 RATE/CHARGE	货物品名及数量(包括体积或尺寸) NATURE AND QUANTITY OF GOODS

托运人签字 SIGNATURE OF SHIPPER	日期 DATE	经手人 AGENT	日期 DATE

操作题二

(一) 资料

承操作题一,上海 Y 贸易公司于 2010 年 10 月又与该日本公司签订了一份出售电动风扇(electric fan)的合同,合同中规定通过中国对外贸易运输总公司的 TUO 144 号船负责运输送货。前程运输方式为 Combined Transport,卸货港是 OSAKA,JAPAN。海运单据号码为 CSA5034,电动风扇共 10 000 台,货运单号码为:SH32751146W-01,按每台7.5 美元的费率计收运费,共计 75 000 美元,货物共 1 000 台,保险金额为 7 500 美元,每台的实际毛重 12 千克,收费重量即净重为 11 千克。集装箱号及唛头为:OSAKA No. 1-4860,于 2010 年 10 月 28 日从上海港到日本的 OSAKA 港卸货。货物的最终目的地是公司仓库。无转运信息。预付地点为上海,按货款的 30% 预付。Y 贸易公司的王经理与船长张大鹏于 10 月 8 日在上海签约。

（二）实训任务

班级同学分组，根据上述背景资料，以 Y 贸易公司王经理的名义，委托中国对外贸易运输公司出口货物，填制以下"海运提单"。

<h2 style="text-align:center">海运提单</h2>

托运人
Shipper

B/L No.

收货人
Consignee or order

中国对外贸易运输总公司
China National Foreign Trade Transportation Corp.
直运或转船提单
Bill of Lading
Direct or with Transshipment

被通知人
Notify address

前程运输 Pre-carriage by	装运港 Port of loading
船名 Vessel	转运港 Port of transhipment
卸货港 Port of discharge	最终目的地 Final destination
集装箱号及唛头 Container seal No. or marks and Nos.	商品种类 Kind of package
商品描述 Description of goods	运费 Fright and change
毛重（公吨） Gross weight	净重 Measurement（m³）

转运信息
Handling information(incl. method of packing identifying marks and numbers etc.)

件数 No. of packages	实际毛重（千克） Actual gross weight（kg）	运价类别 Rate class	收费重量 Chargeable weight	费率 Rate/charge	货物品名及数量（包括体积或尺寸） Nature and quantity of goods
预付地点 Place of prepaid	全部预付 Total prepaid	正本提单数量 Original B/L	签单地点和日期 Place and date of signature	承运人或船长的签名 Signed for carrier	

八、计算题

运费计算（海运）。（由教师指导下进行课堂分组计算，每组对计算步骤、结果答案小

结,交给教师评议）

1. 上海某公司出口一批十字扳手到日本神户，共 600 件，总重量 16.2 公吨，总尺码为 23.316 立方米，由公司装在了一个 6 米规格集装箱。经查船公司运价表，该货运费计算标准为 W/M，等级为 10 级，6 米规格箱运费率是 US＄870/M 和 US＄850/W，装箱费是 US＄120/20'。试计算该批十字扳手的总运费。

2. 我某出口公司对拉美国家出口一批货物重 10 公吨，尺码吨 10.456 立方米，总值 CFR 6 000 美元，货物需在我国香港转船，请计算运费为多少美元？（每公吨基本费率为 503 港币，香港中转费每吨 51 港币，燃油附加费 80 港币，有关汇率 1 美元等于人民币 6.51 元、1 港币等于人民币 0.87 元，计费标准为 W/M）。

3. 某公司出口一批货，共 2 640 件，总重量为 37.8 公吨，总体积为 124.486 立方米，由船公司装了一个 20 英尺和两个 40 英尺的集装箱，从上海装船，在我国香港转船运至荷兰鹿特丹。运费计算标准：M，等级 1-8 级，从上海至鹿特丹港口的直达费率和香港转船费率分别为 US＄1 850/20'，US＄3515/40' 和 US＄2050/20'，US＄3915/40'。装箱费率是 US＄120/20'，US＄240/40'。①试计算该批货物的总运费。②该批货物原报价为每件 24 美元 FOB 上海，试计算 CFR 鹿特丹价。

4. 上海华贵进出口公司出口一批钢材，共 19.6 公吨，15 立方米，由上海装船经我国香港转至纽约港。经查，上海至香港，该货运费计算标准为 W/M，8 级，基本费率为每运费吨 20.50 美元，香港至纽约，计算标准为 W/M，8 级基本费率为每运费吨 60 美元，另收香港中转费，每运费吨 13 美元。试计算该批货的总运费。

5. 出口一批斧头，共 19.6 公吨，14.892 立方米，由上海装船经香港转运至纽约。经查，上海至香港，该货运费计算标准为 W/M，等级为八级，基本费率为每运费吨 20.50 美元香港至纽约，计算标准为 W/M，等级为八级，基本费率为每运费吨 60 美元，另收香港中转费，每运费吨 13.00 美元。试计算该批货物的总运费。

6. 出口商品 200 件，每件毛重 80 千克，体积 100 厘米×40 厘米×25 厘米，经查轮船公司的"货物分级表"，该货运费计算标准为 W/M，等级为 5 级，又查我国至××港费率表为 5 级，运费率为每吨运费为 80 美元，另收港口附加费 10％，直航附加费 15％，轮船公司对该批货物共收取运费多少？原报 FOB 上海价为每件 400 美元，问改报 CFR××港，应报价多少？

国际货物运输保险

第 8 章

学习目标

（1）了解国际货物运输保险的含义和保险原则。

（2）掌握海上风险、海上损失和费用的相关知识。

（3）理解中国海上运输保险的险别。

（4）了解伦敦保险协会海洋运输保险条款。

（5）理解合同中的货物运输保险条款和有关保险费用的计算。

素质目标

（1）选择国际货物运输保险险别时依据具体业务情况，实事求是，不能弄虚作假。

（2）填制和使用国际货物运输保险单据要符合有关的法律法规。

本章关键词

运输保险　中国海洋运输货物保险　伦敦保险协会保险　"仓至仓"条款　除外责任
保险合同

引入案例

2021年3月，我国某进出口公司向日本横滨某公司销售罐头一批，共500箱，按照CIF横滨向保险公司投保了一切险。因为提单上只写了进口商的名称，而没有写明其详细地址，故货物抵达横滨后，船公司无法通知进口商提货，只好将该批货物运回原地，但因轮船渗水，有229箱罐头被海水浸湿。货返原地后，我方公司未将货物卸下，而是在提单上补写了进口商的详细地址后，又运往横滨，进口商在提货后，发现罐头已经生锈，所以只提取了未生锈的271箱罐头，其余的罐头又运回原地，于是我方公司凭保险单向保险公司提起索赔，要求赔偿229箱货物的锈损，但保险公司经调查研究后发现，罐头生锈发生在第二航次，而不是第一航次，而第二航次投保人未投保,所以不属于承保责任范围,对我方的索赔请求予以拒绝。

【案例分析】本案例是一起保险人拒绝理赔案。本案中保险人拒绝理赔是正当的,理由如下:保险事故不属于保险单的承保范围。本案例中被保险人只对货物运输的第一航次投了保险。但货物是在第二航次中发生风险损失的,即使该项损失属于一切险的承保范围,承保人也不予负责。

被保险人在提出保险索赔时违反了诚信原则,被保险人明知是不属于投保范围的航次所造成的损失还向保险公司索赔,目的是想利用保险公司的疏忽将货损转嫁给保险公司,违背了诚信的原则,保险人有权拒绝赔付。

由本案可以看出,在保险理赔工作中,保险人对被保险人的索赔请求予以审查是十分重要的一环,如果保险人在审查中有疏忽大意的行为,则有可能给不法商人提供可乘之机,骗取巨额的保险赔款,使保险人蒙受重大的经济损失。

8.1 国际货物运输保险概述

8.1.1 国际货物运输保险的含义

国际货物运输保险是以对外贸易货物运输过程中的各种货物作为保险标的的保险。进出口商作为投保人或被保险人,通过支付一定的保险费向保险人投保,以取得保险人对被保险货物的风险保障。国际贸易货物的运输方式有海洋运输、铁路运输、公路运输、航空运输及邮政运输等。按照保险标的的运输工具,保险种类相应分为四类:海洋运输货物保险、陆上运输货物保险、航空运输货物保险和邮包保险。

8.1.2 国际货物运输保险的原则

1. 保险利益原则

国际货物运输保险应遵循保险利益原则(principle of insurable interest)保险利益又称可保利益或可保权益,是指被保险人和投保人对保险标的所有法律上承认的利益。保险利益与保险标的有密切关系,但性质却不相同。保险标的是保险单中载明的投保对象,保险利益体现为投保人和保险标的之间的利益关系。在国际货运保险中,反映在保险标的上的利益主要是货物本身的价值,但也包括与之相关的费用,如运费、保险费、关税和预期利润等。在国际货运保险实践中,货物所有权并非保险利益的来源,承担货物灭失或损坏风险的一方才具有保险利益。因此,何方具有保险利益,享有索赔权利,取决于风险在于何方或者取决于使用何种贸易术语。

【案例 8-1】我国某外贸公司向日、英两国商人分别以 CIF 和 CFR 价格出售水果罐头,这两批货物自起运地仓库运往装运港的途中均遭受损失,这两笔交易中保险公司是否应给予赔偿?

【案例分析】CIF 条件下由卖方负责办理保险,CFR 条件下一般由买方办理保险。根据保险利益原则,保险利益体现为投保人和保险标的之间的利益关系,只有承担风险的一方一旦遭遇保险事故,才可能涉及经济利益的损失,简言之,承担风险的一方才具有保险利益,这两批货物遭受损失的地点均为从起运地仓库运往装运港的途中,货物并未到达装运港,更未装上船,因此风险仍属于卖方,卖方具有保险利益,但在 CFR 条件下由买方办理保险,买方只投保自己具有保险利益的运输区间,即从装运港装船后到保险单载明的目的仓库这段距离。因此,如果卖方未投保自卖方仓库到装运港装船的这段运输区间,尽管有保险利益,保险公司也不予赔偿。在 CIF 条件下由卖方投保,投保自保险单载明的起运地仓库到目的地仓库,并且在货损的期间卖方具有保险利益,因此保险公司有赔偿义务。

2. 最大诚信原则

最大诚信原则(principle of utmost good faith)是指保险合同双方当事人在订立和履行合同时,必须以最大的诚意履行义务,恪守承诺,互不欺骗,互不隐瞒。最大诚信原则主要涉及三个方面的内容:告知、陈述和保证。告知与陈述的内容很相近,告知义务应当在保险合同成立之前履行,是指投保人在投保时,应把他所知道的有关保险标的的重要事实全部告诉被保险人,而且陈述信息必须真实。英国的《海上保险法》中规定"凡能影响谨慎的保险人确定保险费的事项,或决定承保与否以及对确定保险条件有影响的事项,均为重要事实,如船舶的船籍、船龄"。保证是指保险人要求投保人或者被保险人对某一事项的作为或不作为、履行某事项的条件以及某种事态的存在或不存在做出承诺,是保险合同的重要条款之一。

3. 代位追偿原则

代位追偿原则(principle of subrogation)是指发生在保险责任范围内的、由第三者责任造成的损失,保险人向被保险人履行赔偿义务,并享有以被保险人的地位向在该项损失中的第三者责任方索赔的权利,这一原则可防止被保险人由于保险事故的发生而获得超过其实际损失的经济补偿。

4. 近因原则

近因原则(principle of proximate cause)中的近因并不是指时间上最接近的原因,而是指导致保险事故发生的最有效、最直接、最主要的,或起决定性作用的原因。在运输途中导致货物的损坏或灭失的近因并属于承保风险的,保险人应承担损失赔偿责任;若近因不属于承保风险的,则保险人不负赔偿责任。

【案例 8-2】暴风引起电线杆倒塌,电线短路引起火花,火花引燃房屋,从而导致财产损失。在这个过程中,财产损失的近因是什么?

【案例分析】近因是指导致保险事故发生的最有效、最直接、最主要的,或起决定性作用的原因,导致财产损失时间最近的原因是火灾,但起决定性作用的原因是暴风,因此近因是暴风。

5. 损失补偿原则

损失补偿原则(principle of indemnity)是指当保险标的遭遇保险事故时,被保险人有权获得按保险合同约定的充分的补偿,同时保险金额受到一定的限制,不能超过规定的限

额。损失补偿原则一方面可以给予被保险人经济保障,另一方面可以防止被保险人利用保险不当得利,可以有效预防道德风险和欺诈。

8.2 海上运输货物保险承保的范围

海上运输货物保险以货物和船舶作为保险标的,主要承保海上风险、损失与费用以及各种外来原因引起的风险损失。正确理解海运货物保险承保的各种风险、损失与费用的含义,有助于买卖双方在实际操作中合理地选择投保险别,正确处理保险索赔。

8.2.1 海上风险

风险(risks)是造成货物损失和发生费用的原因。根据英国 1906 年颁布的《海上保险法》,海上风险是指因航海所致或航海时发生的风险,如海难、火灾、战争、海盗、抢劫、盗窃、捕获、禁制以及君王和人民的扣押、抛弃、船员的故意行为以及其他类似风险,或在保险合同中注明的其他风险。在海运保险中,海洋运输中的风险一般可分为海上内在风险和海上外来风险。

1. 海上内在风险

海上内在风险(perils of sea)并非指发生在海上的所有风险,一般指海上偶然发生的自然灾害和意外事故。对于必然发生的事件如一般风浪,以及海运途中因战争引起的损失不含在内。另外,海上内在风险不仅仅局限于海上航运过程中发生的风险,还包括与海运相连接的内陆、内河、内湖在运输过程中发生的一些自然灾害和意外事故。

1) 自然灾害

自然灾害(natural calamities)是指由自然界力量所引起的灾害。由于此类灾害不以人们的意志而转移,破坏力大,因此是保险人承保的主要风险。例如,恶劣气候、雷电、海啸、洪水、火山爆发、浪击落海及其他人力不可抗拒的力量所造成的灾害。其中洪水、地震、火山爆发等风险可能是发生在内陆或内河或内湖的风险,但这些风险是伴随海上航行而产生的,在长期实践中,逐渐地把它们也列入海运货物保险的承保范围之内。

2) 意外事故

意外事故(fortuitous accidents)是指由于人们意志中偶然的、难以预料的原因所造成的事故,如其他物体碰撞、互撞、失踪、倾覆、失火、爆炸、在危机情况下抛弃货物、船长和船员的恶意行为等造成的货物损失。另外,伦敦保险协会于 2008 年修订的《协会货物保险条款》规定,路上运输工具的倾覆或出轨也属意外事故的范畴。在实践中,陆地上行驶的汽车、卡车等运输工具因发生意外而翻倒、倾斜所导致的车祸损失均属于意外事故。

2. 海上外来风险

海上外来风险(extraneous risks)是指除海上风险以外由于其他各种外来原因所造成

的风险,分为一般外来风险和特殊外来风险。

1)一般外来风险

一般外来风险(general extraneous risks)是指被保险货物在运输途中,由于一般外来原因所造成的风险。例如,偷窃、提货不着、破碎、发霉、短量、串味、玷污、渗漏、淡水雨淋、受潮受热、钩损和锈损等风险损失。

2)特殊外来风险

特殊外来风险(special extraneous risks)是指军事、政治、国家政策法令以及行政措施等特殊外来原因所造成的风险。例如,战争、罢工、因船舶中途被扣而导致交货不到,以及货物被有关当局拒绝进口或没收而导致的损失等。

除上述各种风险损失外,保险货物在运输途中还可能发生其他损失,如运输途中的自然损耗以及由于货物本身特点和内在缺陷所造成的货损等,这些损失不属于保险公司承保的范围。

8.2.2 海上损失

海上损失又称海损,是指被保险货物在海运中由于发生风险所造成的损坏或灭失。由于海上风险不仅局限于海上航运过程中发生的风险,因此损失也不局限于海上航运过程中发生的损失,按照海运保险业务的一般习惯,海上损失还包括与海运相连接的陆上或内河运输中所发生的损失与费用。根据货物的损失程度,海上损失可以分为全部损失和部分损失。

1. 全部损失

全部损失(total loss)简称全损,是指运输中的整批货物全部遭受损失或视同全部损失,可分为实际全损和推定全损。

1)实际全损

实际全损(actual total loss)也称绝对全损。《中华人民共和国海商法》(简称《海商法》)第245条规定,保险标的发生保险事故后灭失,或者受到严重损坏完全失去原有形体、效用,或者不能再归被保险人所拥有的,为实际全损。具体来讲,构成被保险货物实际全损的情况有下列几种。

(1)保险标的完全灭失,如船货遭遇飓风或碰撞后沉入海底无法打捞,船货遭遇火灾完全灭失等。

(2)保险标的丧失属性,如茶叶经水浸泡完全丧失茶叶的饮用功能,失去商业价值。

(3)保险标的仍然存在,但被保险人已丧失所有权而无法挽回,如船货被海盗劫走或被敌方扣押。

(4)船舶失踪达到一定时期仍无音信。我国《海商法》第248条规定,船舶失踪达2个月,可按实际全损处理。

2)推定全损

推定全损又称商业全损。我国《海商法》第246条规定,货物发生事故后,被保险货物的实际损失已不可避免,或为避免实际全损所需要的费用与继续运送货物到达目的地的费用总和超过保险价值的,为推定全损。具体来讲,保险货物的推定全损有以下几种情况。

(1) 保险标的的实际全损不可避免。如船舶触礁地点由于危险或气候恶劣,不可进行救助。

(2) 被保险人丧失对保险标的的实际占有,并且在合理的时间内不可能收回该标的,或者被收回标的的费用要大于标的回收后的价值。

(3) 保险货物严重受损,其修理、恢复费用和后续运输费用总和大于货物本身的价值,该批货物就构成了推定损失。

【案例 8-3】有一批外销的服装,在海上运输途中,因船体触礁,海水灌入舱内导致服装严重受损,若将这批服装漂洗后运至原定目的港所花费的费用已超过服装的保险价值,则该案例属于何种损失?

【案例分析】如果保险货物严重受损,其修理、恢复费用和后续运输费用总和大于货物本身的价值,该批货物就构成了推定全损,上述案例中服装漂洗后运至原定目的港所花费的费用已超过服装的保险价值,符合推定全损的要件,因此该批服装的损失为推定全损。

发生推定全损时,被保险人可以要求保险人按部分损失赔偿,也可以要求按全部损失赔偿。如果要求保险人按照全部损失赔偿,必须向保险人及时发出委托(abandonment)通知,将保险标的的一切权利和义务转移给保险人,并且不得附加条件。委付一经保险人接受,不得撤回。保险人在接受委付后,可以通过对标的物的处理,接受大于赔偿金额的收益。

2. 部分损失

部分损失(partial loss)是指被保险货物一部分发生损失或毁灭,没有达到全损的程度。部分损失又可分为共同海损和单独海损两种。

1) 共同海损(general average, GA)

我国《海商法》第 193 条规定,共同海损是指在同一航海过程中,船舶、货物和其他财产遭遇共同危险,为了共同安全,有意地合理采取措施所直接造成的特殊牺牲所支付的特殊费用。构成共同海损,应具备以下条件。

(1) 必须确实遭遇危难,即危险是真实的、不可避免的,而不是主观臆测的。

(2) 采取的措施是有意识的而且是合理的。

(3) 必须是为了船、货的共同安全而采取的措施,仅为单方面的利益造成的损失不能作为共同海损。

(4) 支出的费用是额外的,是为了解除危险而采取的措施才导致的特殊牺牲,而不是危险直接造成的。

(5) 牺牲和费用的支出必须是有效的。

共同海损的表现形式为共同海损牺牲和共同海损费用。共同海损牺牲是指共同海损行为导致的船舶、货物等本身的损失,如抛弃货物,为扑灭船上火灾而造成的货损,割弃残损物造成的损失等。共同海损费用,是指为采取共同海损行为而支付的费用,如救助报酬,避难港费用,驶往和在避难港等地支付给船员的工资及其他开支,修理费用等。凡属共同海损范围内的牺牲和费用,由有关获救受益方(即船方、货方或其他救助方)根据获救价值按比例分摊,这种分摊称为共同海损分摊(general average contribution)。

2)单独海损

单独海损(particular average,PA)是指由于承保范围内的风险所直接导致的船舶或货物的部分损失,损失由各受损方单独负担。在现行的 2008 年修订的伦敦保险协会的《协会货物保险条款》中,已不再使用"单独海损"这个术语,但在实际业务中,它仍被用来表示除共同海损外的部分损失。它与共同海损的主要区别在于以下几点。

(1)造成海损的原因不同。单独海损是指承保范围内的风险直接导致的船货损失;共同海损是为了解除船货共同危险而有意采取的合理措施所造成的损失。

(2)损失的承担责任不同。单独海损,由受损方自行承担;而共同海损,则应由各受益方按照受益大小的比例共同分摊。

(3)损失的内容不同。单独海损指损失本身;共同海损包括损失和由此产生的费用。

【案例 8-4】某货轮从青岛驶往日本神户港,途中遭遇雷电致使船舱起火,船长为避免损失扩大采取紧急措施,向船舱灌水灭火。火虽被扑灭,但轮船由于发动机被烧坏而无法行进。于是船长雇用拖轮将轮船拖回新港修理,检修后重新驶往神户港。这次事故造成 50 箱货物被火烧毁;20 箱货物由于灭火时被水浸泡失去原有的性能;发动机被烧坏,产生了额外的修理、拖轮费用。以上损失分别属于什么性质的损失?

【案例分析】被火烧毁的货物及发动机的损失属于单独海损,是承保风险直接导致的损失;被水浸泡而受损的货物及产生额外的修理、拖轮费属于共同海损,是为了解除船货共同危险而有意采取的合理措施所造成的损失。

3. 费用

海上风险会导致货物的损坏或灭失,造成被保险人的经济损失。除此之外,当事人还会采取各种措施避免损失的扩大,因而产生一些额外的费用(charges)。对这类费用,保险公司也应给予赔偿。海上的风险造成的费用主要包括施救费用和救助费用两种。

1)施救费用

施救费用(sue and labor charges)是指保险标的遭受保险责任范围内的灾害事故时,由被保险人或他的代理人、雇佣人和受让人等,为了防止损失的扩大,采取各种措施抢救保险标的所支付的合理费用。保险人对这种施救费用负责赔偿。

2)救助费用

救助费用(salvage charges)是指当保险标的遭受保险责任范围内的灾害事故时,由保险人和被保险人以外的第三者采取救助行动并获成功,由被救助方向救助人支付的劳务报酬。国际惯例一般实行"无效果,不赔付"的原则,即保险人赔付救助费用的前提是救助必须有效。

3)其他费用

其他费用是指运输货物遭遇海上风险后,在中途港、避难港产生的额外费用,如港口停泊费、卸货费、仓储费、保管费等。

8.3 中国海上运输保险的险别

保险险别就是保险级别,是指保险公司对风险和损失的承担责任范围。目前国际保险市场通用的是英国伦敦保险协会所制定的"协会货物条款"(Institute Cargo Clauses,ICC)。我国参照国际保险市场的习惯做法并结合我国保险实情,制定了各种保险条款,总称为"中国保险条款"(China Insurance Clauses,CIC)。

《中国人民保险公司海洋运输货物保险条款》是中国进出口贸易中海运货物保险的重要依据,该条款规定了保险人的责任范围、除外责任、责任起讫、被保险人的义务和索赔期限等内容。其中,责任范围就是中国海运货物保险的险别。

8.3.1 基本险别

基本险别又称主险,可以单独投保,分为平安险、水渍险和一切险。

1. 平安险

平安险(free from particular average,FPA)英文字面意思为"单独海损不赔",其承担的责任范围包括以下几点。

(1) 在运输过程中,由于恶劣气候、雷电、地震、洪水、海啸等自然灾害,造成整批货物的实际全损或推定全损。

(2) 由于运输工具遭遇搁浅、触礁、沉没、互撞、与流冰或其他物体碰撞以及失火爆炸等意外事故造成被保险货物的全部或部分损失。

(3) 运输工具在已经发生搁浅、触礁、沉没、焚毁等意外事故的情况下,货物在意外事故发生前后又遭遇恶劣气候、海啸、雷电等自然灾害造成的被保险货物的部分损失。

(4) 在装卸转船过程中,被保险货物一件或数件落海所造成的全部失或分损失。

(5) 被保险人对遭受承保责任内危险的货物采取抢救、防止或减少货损的措施而支付的合理费用,但以不超过该批被救货物的保险金额为限。

(6) 运输工具遭遇自然灾害或者意外事故,需要在中途的港口或者在避难港口停靠,因而引起的卸货、装货、存仓以及运送货物所产生的特别费用。

(7) 共同海损的牺牲、分摊费和救助费用。

(8) 运输契约订有"船舶互撞责任条款",该条款规定应由货方偿还船方的损失。

2. 水渍险

水渍险(with average 或 with particular average,WA 或 WPA)英文字面意思为"单独海损赔付",水渍险的责任范围较平安险大,多出自然灾害造成的部分损失。承保责任范围包括以下两点。

(1) "平安险"的各项责任。

(2) 由于恶劣气候、雷电、海啸、地震、洪水等自然灾害所造成的部分损失。

3. 一切险

一切险（all risks）的承保范围最为广泛，除包括"平安险"和"水渍险"的保险责任外，还包括一般外来原因所造成的被保险货物的全损或部分损失。一切险一般承保价值较高，被保商品通常为易受损的货物，如瓷器、电器等。虽然一切险承保的范围最广，但并非承保海运途中可能遇到的一切风险、费用和损失，比如由运输延迟、战争和罢工等原因造成的损失，一切险不予承保。

4. 基本险的除外责任

为使保险人的赔偿责任更加明确，《中国海洋运输货物保险条款》规定了保险人的除外责任，即保险公司不负责赔偿的范围，一般来说是非意外的、非偶然的或比较特殊的风险，其内容如下。

（1）被保险人的故意行为或过失所造成的损失。

（2）属于发货人责任所引起的损失。

（3）在保险责任开始前，被保险货物已存在的品质不良或数量短缺所造成的损失。

（4）被保险货物的自然损耗、本质缺陷、特性以及由于市价跌落，引起的损失或费用。

（5）战争险条款、罢工险条款规定的责任范围和除外责任。

5. 基本险的责任起讫

保险的责任起讫也称保险期间或保险期限，是指保险公司承担责任的开始至结束时期，保险期间内发生的保险责任范围内的风险损失，被保险人有权索赔。由于保险业务中对责任起讫不规定具体日期，而是采用"仓至仓"条款，故该条款适用于指战争险以外的各种险别，也适用海运外的其他运输方式。"仓至仓"条款已成为国际易中规范保险公司与被保险人之间责任起讫的国际性条款。

"仓至仓"条款（warehouse to warehouse clause，W/W Clause）是指保险人的承保责任从被保险货物运离保险单所载明的起运地发货人的仓库或储存处开始生效，包括正常运输过程中的海上、陆上、内河和驳船运输在内，直到该项货物到达保险单所载明的目的地收货人的最后仓库或储存处所，或被保险人用作分配、分派或常运输的其他储存处为止。如未抵达保险单载明的最后仓库或储存所，则以被保险货物在卸货港卸离海轮后满60天为止。另外，"仓至仓"条款还对以下几种情况作出规定。

（1）若货物运抵被保险人用做分配、分派的处所，或在非正常运输的情况下运抵其他储存处所，保险责任也告终止。

（2）若货物在卸离海轮后60天内被运往非保险单载明的目的地，当开始转运时保险责任也告终止。

（3）若发生被保险人无法控制的延迟、绕航、被迫卸货、重装、转载或承运人终止运输契约等航程变更的情况，使保险货物运到非保险单所载明的目的地时，在被保险人及时通知保险人并在必要时加缴保险费的条件下，如果货物在60天内继续运往原保险单所载的目的地，保险责任仍按前述期限终止；若货物在当地出售，则保险责任至交货时为止，但无论如何均以全部卸离海轮后60天内为止。

运用"仓至仓"条款时，要注意保险责任起讫期限与索赔有效期的区别。保险责任的起讫时间是保险人承担保险责任的有效时间，即保险人仅在有效时间内对保险货物在承保范围内的损失予以赔偿。索赔的有效期是被保险人提出索赔的有效时间,《中国人民保险公司海洋运输货物保险条款》规定自被保险货物运抵目的地卸离海轮之日起计算,索赔有效期为 2 年。

特别需要指出的是,在 FOB 和 CFR 条件下,如果在装运港之前货物发生风险,由于风险未转移,所以应由卖方承担损失。但此处的损失不可要求保险人赔付,因为保险的抬头是买方,卖方不是受益人。因此在这两种术语下,保险责任并不是从货物运离保险单所载明的发货人仓库或储存地开始,而是在装运港装上船后开始。

8.3.2 附加险别

附加险是对基本险的补充和扩展,承保除自然灾害和意外事故以外的各种外来原因造成的损失。基本险可以单独投保,但附加险不能单独投保,只能在投保了基本险别的基础上加保。根据损失的性质,附加险分为 一般附加险、特殊附加险和特别附加险。

1. 一般附加险

一般附加险承保一般外来风险所造成的损失,共有 11 种险别,属于一切险的承保范围,可在投保平安险、水渍险的基础上选择加保。

1) 偷窃、提货不着险

偷窃、提货不着险(theft,pilferage and non delivery)是指保险人负责赔偿被保险货物因被偷窃,以及被保险货物运抵目的地后整件未交所造成的损失。

2) 淡水雨淋险

淡水雨淋险(fresh water and rain damage)是指保险人负责赔偿承保货物在运输途中遭受雨水、淡水以及雪融水浸淋造成的损失,包括船上淡水舱、水管漏水以及舱汗所造成的货物损失。

【案例 8-5】某出口公司按 CIF 条件出口一批货物,向中国人民保险公司投保水渍险,货物在运输途中遭遇大雨导致货物有明显的雨水浸淋,损失严重。出口公司能否获得保险公司的赔付?

【案例分析】淡水雨淋险属于一般附加险,是承保货物在运输途中遭受雨水、淡水及雪融水浸淋造成的损失。而水渍险承保责任则不包含一般附加险的内容,因此出口公司无法获得保险公司的赔付。

3) 渗漏险

渗漏险(risk of leakage)是指保险人负责赔偿在运输途中由于外来原因导致容器损坏,使承保的流质、半流质、油类货物渗漏所引起的损失,或因液体渗漏而引起的货物腐烂变质造成的损失。

4) 短量险

短量险(risk of shortage)是指保险人负责赔偿承保的货物除正常运输途中的自然损耗外的,因外来原因导致外包装破损、开口、裂缝引起的货物短缺损失,或散装货物发生数量和重量的短缺损失。

5) 混杂、玷污险

混杂、玷污险(risk of intermixture and contamination)是指保险人负责赔偿承保的货物在运输过程中由于外来原因混进杂质而影响货物的品质,或被玷污或接触有害物质造成的损失。

6) 碰损、破碎险

碰损、破碎险(risk of clash and breakage)是指保险人负责赔偿承保货物(如木制品、金属制品)因外来的震动、颠簸、碰撞、挤压而造成货物的凹瘪、碰损,或造成易碎货物本身的破裂、断碎引起的损失。

7) 串味险

串味险(risk of odour)是指保险人负责赔偿承保的食品、化妆品等货物因接触其他货物的异味而串味,影响货物的原有性能而造成的损失。

8) 受潮受热险

受潮受热险(risk of sweat and heating)是指保险人负责赔偿承保的货物因气温突然变化或由于船上通风设备失灵致使船舱内水汽凝结,导致货物受潮或受热所造成的损失。

9) 钩损险

钩损险(risk of hook damage)是指保险人负责赔偿承保的货物(袋装、箱装或捆装货物)在吊装过程中,包装或货物被钩损造成的损失及支付的修理和更换包装的费用。

10) 包装破裂险

包装破裂险(risk of breakage of packing)是指保险人负责赔偿承保的货物在运输过程中因外来原因导致包装破裂所引起的货物短量、玷污损失及支付的修理和更换包装的费用。

11) 锈损险

锈损险(risk of rust)是指保险人负责赔偿承保的货物在运输过程中因外来原因导致生锈而造成的损失。裸装的金属材料及本身已经生锈的货物不应投保本险别。

2. 特殊附加险

特殊附加险是指承保由于政治、军事风险等特殊外来原因所引起的风险与损失的险别。它不包括在一切险范围内,可在平安险、水渍险和一切险的基础上加保,中国人民保险公司承保的特殊附加险,包括以下几种。

1) 战争险

战争险(war risk)是指保险人负责赔偿由战争或类似战争行为等引起的被保险货物的直接损失。由于原子弹、核武器所造成的损失,或战争期间船货被当权者扣押等损失,保险公司不予赔偿。另外,海外战争险中包含"由海盗行为所致的损失",但陆运、空运和邮包的战争险不包含此条款。

2) 罢工险

罢工险(strikes risk)是指保险人负责赔偿因罢工者的行为及罢工期间任何人的恶意行为造成的被保险货物的直接损失。由罢工期间各种行为引起的共同海损的牺牲、分摊和救助费用也由保险公司赔偿。

无论是战争险还是罢工险负责的损失都是直接损失,对于间接损失不负责任。按国际保险业惯例,已投保战争险后另加保罢工险,仅需在保险单中附上罢工险条款即可,无须另收保险费。如只要求加保罢工险,则按战争险费率收费。

海运战争险责任的起讫与海运货物基本险有所不同,不采取"仓至仓"条款,而是以"水上危险"为限,即从货物装上保险单载明的装运港的海轮或驳船开始,到卸离保险单所载明的目的港的海轮或驳船为止。但罢工险责任起讫采取"仓至仓"条款。海洋运输货物中战争险和罢工险以间接损失为除外责任,即在战争、罢工期间由于劳动力短缺或不能及时运输所致的损失,或因无人工作或无法补给燃料使冷藏机停止工作所致冷藏货物的损失都属于除外责任。

【案例 8-6】某货轮装有冷冻食品一批以及大豆 1 000 公吨。货主对这些货物均投保了一切险加战争险和罢工险。货抵目的地后,大豆刚卸码头便遇上当地工人罢工。在工人与政府的武装冲突中,该批大豆有的被撒在地面,有的被当作掩体,损失近半。另外,货轮因无法补充燃料,以致冷冻设备停机,造成冷冻食品变质。这些因罢工而引起的损失,保险公司是否应该赔偿?

【案例分析】造成大豆损失的近因是罢工,属于罢工险责任,故保险公司应承担大豆损失赔偿责任;而冷冻食品损失的近因是燃料不足和冷冻设备停机,不属于罢工险的责任范围,故保险公司不承担赔偿责任。

3. 特别附加险

1) 交货不到险

交货不到险(failure to deliver risk)是指自被保险货物装上船舶后,在 6 个月内无法运到原定交货地的损失,保险人负责赔偿。任何非承运人原因造成的交货不到,在被保险人将全部权益转移给保险人的前提下,保险人都按全部损失予以赔偿。与一般附加险中的"提货不着险"不同,"交货不到险"侧重政治风险,如无法取得进口许可证,被另一国在中途港强迫卸货等。除提货不着险之外,战争险项下所承担的责任,也不在交货不到险的保险责任范围之内。

2) 进口关税险

进口关税险(import duty risk)是指承保货物受损后,被保险人仍需在目的港按完好货物的金额交纳进口关税而造成相应货损部分的关税损失,由保险人负责赔偿。

3) 舱面险

舱面险(on deck risk)是指被保险人承保装载于舱面(船舶甲板上)的货物遭受保险事故所致的损失以及被抛弃或海浪冲击落水所致的损失。该险别针对体积较大或有毒性、污染性的货物,或根据航运习惯必须装载于舱面的货物。

4) 拒收险

拒收险(rejection risk)是指被保险人承保货物在具备一切必需的有效进口许可证的前提下,被进口国政府或有关当局(如海关、动植物检疫局)拒绝进口或没收造成的损失。

5) 黄曲霉素险

黄曲霉素险(aflatoxin risk)是指被保险人承保由于货物黄曲霉素含量超过进口国规定的限制标准时,被进口国拒绝进口、没收或强制改变用途时造成的损失。黄曲霉素是一种带有毒性的物质,发霉的花生、大米等经常含有这种毒素,各国当局对黄曲霉素的含量有严格的限制标准。

8.4 伦敦保险协会海洋运输保险条款

英国在国际海上贸易航运和保险业中占有重要的地位,据统计,全世界约有三之二的国家和地区均采用英国伦敦保险协会制定的《协会货物险条款》(*Institute Cargo Clauses*,ICC)。ICC 旧条款于 1963 年形成,该条款包括平安险、水渍险和一切险三套条款,《中国人民保险公司海洋运输货物保险条款》正是参照该条款制定的。目前广泛使用的《协会货物险条款》,是于 1982 年和 2008 年修订的,并于 2009 年 1 月 1 日起正式施行的新条款。与 1963 年《协会货物险条款》相比,新条款主要有以下几方面的变化:第一,新条款取消了平安险、水渍险和一切险的名称,采用英文字母 A、B、C 命名;第二,承保责任采用"列明风险"和"一切风险减除外责任"两种方式;第三,新条款取消"全部损失"与"部分损失"的划分;第四,新条款结构统一,语言精练,体系完整,并且条款中险别的差距扩大,容易划分。

该条款主要包括以下 6 种险别。

(1) 协会货物条款(A), *Institute Cargo Clauses*(A),简称 ICC(A)

(2) 协会货物条款(B), *Institute Cargo Clauses*(B),简称 ICC(B)

(3) 协会货物条款(C), *Institute Cargo Clauses*(C),简称 ICC(C)

(4) 协会战争险条款(货物), *Institute War Clauses-Cargo*

(5) 协会罢工险条款(货物), *Institute Strikes Clauses-Cargo*

(6) 恶意损害险条款, *Malicious Damage Clauses*

8.4.1 《协会货物险条款》的主要险别

在上述六种险别条款中,ICC(A)、ICC(B)和 ICC(C)为主要条款,可作为独立的险别单独投保。其中,ICC(A)的责任范围最广,承保范围大致相当于中国的一切险,ICC(B)和 ICC(C)分别相当于水渍险和平安险。

1. 协会货物条款(A)

1) 承保范围

ICC(A)采用"一切风险减除外责任"的方式,即对于未列入除外责任的风险保险公司均予负责。在 ICC(A)中,海盗风险是承保风险,但在中国海洋货物运输中属于战争险的范围。

2）除外责任

（1）一般除外责任,包括因被保险人的故意违法行为造成的损失或费用;因延迟直接引起的损失或费用;保险标的自然渗漏、重量或容量的自然损耗或自然磨损造成的损失或费用;因船舶所有人、经理人、租船人经营破产或不履行债务造成的损失或费用;因包装或准备不足或不当造成的损失或费用;因使用任何原子武器或热核武器造成的损失或费用;因保险标的的内在缺陷或特征造成的损失或费用。

（2）不适航、不适货除外责任,指船舶、集装箱等运输工具不适航或不适货,且被保险人或其受雇人在保险标的装船前就已知晓。

（3）战争除外责任,指因战争、革命、造反、叛乱或由此引发的敌对行为造成的损失或费用;因拘留、捕获、禁止、扣留、扣押（海盗除外）或任何企图、威胁造成的损失或费用;因被遗弃的鱼雷、漂流水雷、炸弹或其他战争武器造成的损失或费用。

（4）罢工除外责任,是指罢工人员、被迫停工人员或参加工潮、暴动和民变人员造成的损失或费用;因罢工、被迫停工造成的损失或费用;任何恐怖主义者或出于政治动机采取行动的人导致的损失或费用。

2.协会货物条款（B）

ICC（B）采用"列明风险"的方式,无论是全损还是部分损失,只要在列举的承保范围内,保险人均应给予赔偿。

1）承保范围

火灾、爆炸;船舶或驳船触礁、搁浅、沉没或倾覆;陆上运输工具倾覆或出轨;船舶、驳船或运输工具同水以外的外界物体碰撞;在避难港卸货;地震、火山爆发;共同海损牺牲;抛货和货物被浪击落海;海水、湖水或河水进入船舶、驳船、运输工具的大型海运箱或贮存处所;货物在装卸时落海或摔落造成整件的全损。

2）除外责任

ICC（B）与ICC（A）的除外责任大体相同,仅有两点区别:一是ICC（A）中对被保险人的故意违法行为造成的损失不负责赔偿,但对被保险人之外的其他人的故意不法行为造成的损失、费用承担赔偿责任,而在ICC（B）中对任何人的故意违法行为造成的标的物的损失均不负责赔偿;二是在ICC（A）中保险人承保"海盗行为"造成的损失,而在ICC（B）中该风险属于除外责任。

3.协会货物条款（C）

与ICC（B）相同,ICC（C）也采用"列明风险"的方式,无论是全损还是部分损失,只要在列举的承保范围内,保险人均给予赔偿。ICC（C）承保的风险要小于ICC（A）和ICC（B）,其不承保自然灾害及非重大意外事故引发的风险,仅承保重大意外事故引发的风险。

1）承保范围

爆炸、火灾、在避难港卸货;共同海损牺牲;船舶或驳船搁浅、触礁、沉没或倾覆;陆上运输工具倾覆或出轨；与船舶、驳船或运输工具以外的任何外界物体碰撞；抛货。

2）除外责任

ICC(C)的除外责任与ICC(B)相同。

【案例8-7】 某公司向新加坡出口一批大米，并投保了ICC(C)条款。载货轮船在航行中遇到飓风，导致船沉没。另外，该公司还向美国出口一批木材，由另外一艘船装运，投保了中国海运货物平安险。第一艘船舶在运送途中遭受风暴袭击，船只沉没造成大米全部损失。第二艘船舶在遭受风暴袭击后又不幸搁浅，虽经抢救脱险，但部分木材受损。上述的两船货物是否该由保险公司承担赔偿责任？

【案例分析】 ICC(C)条款仅承保重大意外事故带来的损失，大米的损失是由自灾害引起的全部损失，不属于ICC(C)条款承保的范围，保险公司不应给予赔偿，平安险承保"运输工具在已经发生意外事故的情况下，货物在意外事故发生前后又遭遇自然灾害造成的被保险货物的部分损失"。木材的损失属于该类损失，在平安险的承保范围内，保险公司应给予赔偿。

8.4.2 《协会货物险条款》的其他险别

除主要条款外，《协会货物险条款》还包括协会战争险条款、协会罢工险条款和协会货物恶意损害险条款。

1. 协会战争险条款

1）承保范围

协会战争险主要承保由于下列原因造成的损失：①战争、革命、造反、叛乱或由此引发的敌对行为造成的损失或费用；②因拘留、捕获、禁止、扣留、扣押或任何企图、威胁造成的损失或费用；③因被遗弃的鱼雷、漂流水雷、炸弹或其他战争武器造成的损失费用。协会战争险和中国的战争险相比，其承保范围并无实质性的差别，但要注意以下两点：第一，协会战争条款可以作为独立险别进行投保，而中国保险条款中的战争险需要在基本险的基础上加保；第二，目前ICC和CIC都承保战争期间由于非敌对行为导致的保险货物的损坏或灭失，如保险货物遭受他国敌对双方的原子武器。但对于敌对行为而使用的原子武器所致的损失不负责赔偿。

2）除外责任

协会战争险条款的除外责任与ICC(A)条款的"一般除外责任"及"不适航，不适货除外责任"基本相同，但在"一般除外责任"上增加了"航程挫折条款"，即由于战争原因使货物未能到达保险单所载明的目的地，不得不终止航程时，所引起的间接损失保险公司不负责赔偿。

2. 协会罢工险条款

1）承保范围

协会罢工险条款可作为独立险别投保，主要承保由于下列原因造成的损失：①罢工人员、被迫停工人员或参加工潮、暴动和民变人员造成的损失或费用；②任何恐怖主义者或出于政治动机采取行动的人导致的损失或费用。

2）除外责任

协会罢工险条款的除外责任与ICC(A)条款的"一般除外责任"及"不适航、不适货除外责任"及战争险条款的除外责任基本相同。协会罢工险只承保由于罢工风险造成的直接损失，而对于间接损失不负责赔偿，如罢工期间由于劳动力短缺引起的损失，航程挫折引起的损失，敌对行为引起的损失。

3. 协会货物恶意损害险条款

协会货物恶意损害险条款属于《协会货物保险条款》的附加条款，没有完整的结构，不能单独投保。该条款承保被保险人以外的其他人故意破坏行为导致的保险货物的损害或灭失，但排除故意破坏行为是出于政治动机。恶意损害险除了在ICC(A)中被列为承保风险外，在ICC(B)和ICC(C)中均属于除外风险。如果被保险人需要这种保障，在投保ICC(B)或ICC(C)的同时可加保恶意损害险。

8.5　合同中的货物运输保险条款

在国际货物买卖合同中，为了明确交易双方在货运保险方面的责任，通常都订有保险条款，其内容主要包括保险投保人、保险公司、保险险别、保险费率和保险金额的约定事项。

8.5.1　各种贸易术语下保险条款的约定

在国际贸易实践中，由于使用的贸易术语不同，投保义务的承担者也不同。

由卖方投保的贸易术语有CIF、CIP和DAP、DPU、DDP，可在合同中订明："insurance to be covered by the sellers(保险由卖方负责)"。

由买方投保的贸易术语有EXW、FCA、FAS、FOB、CFR和CPT，可在合同中订明："insurance to be covered by the buyers(保险由买方负责)"。

如果买方要求卖方代办保险，则应在合同保险条款中订明："Insurance to be effected by the sellers on behalf of the buyers for 110% of invoice value against WPA, premium to be for the buyers' account and to be overdraw under credit together with invoice value (由买方委托卖方按发票金额的110%代为投保海运水渍险，保险费用由买方承担并允许在信用证下与货款同时支付)"。

买卖双方约定的险别通常为平安险、水渍险、一切险三种基本险别中的一种。如有需要，可同时加保一种或若干种附加险。如果约定采用英国伦敦保险协会的货物保险条款，也应在投保基本险的同时加保附加险。

8.5.2 保险金额和保险费率的约定

1. 保险金额的确定

保险金额是被保险人对保险标的的实际投保金额,即保险人赔偿的最高限额,也是保险人承担保险责任和计收保险费的依据。根据保险市场的习惯做法,保险金额都是按CIF 价或 CIP 价加成计算,即按发票金额再加 10% 的保险加成率。一旦被保险人的货物损失时,保险人能够充分补偿被保险人的保险费和运费,以及所支出的开证费、电报费等费用。因此,如果买卖合同中未规定保险金额时,习惯上是按 CIF 价或 CIP 价的 110% 投保。关于投保加成,《跟单信用证统一惯例》(*UCP 600*)和 *INCOTERMS 2010* 均规定最低保险金额为 CIF 价或 CIP 价的 110%,因此保险金额可能高于 CIF 价或 CIP 价的110%。在贸易洽谈时,如买方要求保险加成超过 10% 时,卖方也可酌情接受。

中国人民保险公司承保出口货物的保险金额,也可按 CIF 或 CIP 加成 10% 计算。如果买方要求保险加成提高到 20%～30% 时,则保险差额部分应由买方负担,如果保险加成超过 30% 时,应征求保险公司的同意后方能投保,否则无效。

2. 保险金额和保险费的计算

(1) 计算保险费:

$$保险费 = 保险金额 \times 保险费率$$

(2) 已知 CIF 或 CIP 价格和保险加成率,计算保险金额:

$$保险金额 = CIF(或 CIP)货价 \times (1 + 投保加成率)$$

(3) 已知 CFR 或 CPT 价格、保险费率和保险加成率,计算保险金额,需要先把 CFR 或 CPT 价格折算成 CIF 或 CIP 价格,然后计算保险金额。折算公式为

$$CIF(或 CIP)货价 = CFR(或 CPT)货价 \div [1 - 保险费率 \times (1 + 投保加成率)]$$

【案例 8-8】某出口公司出口一批商品到印度某港口,使用 CFR 术语,总金额 20 000 美元,投保水渍险及战争险,水渍险费率为 0.3%,战争险费率为 0.04%,投保加成率为10%。如果买方要求卖方按照 CIF 价格加成 10% 代办投保,保险金额为多少?

【案例分析】
$$
\begin{aligned}
CIF(或 CIP)货价 &= CFR 价 \div [1 - 保险费率 \times (1 + 投保加成率)] \\
&= 20\,000 \div [1 - (0.3\% + 0.04\%) \times (1 + 10\%)] \\
&\approx 20\,075.08(美元)
\end{aligned}
$$

$$保险金额 = 20\,075.08 \times (1 + 10\%) = 22\,082.59(美元)$$

3. 保险单据的约定

保险单样张如图 8-1 所示。

在买卖合同中,如果约定保险由卖方投保,通常还规定卖方应向买方提供保险单。一旦被保险的货物在运输途中发生承保范围内的风险损失,买方即可凭卖方提供的保险单向有关保险公司索赔。

在国际贸易业务中,常用的保险单据有保险单(俗称大保单,是保险人和被保险人之间成立保险合同关系的正式凭证)、保险凭证(俗称小保单,是一种简化的保险合同,也具有与保险单同样的法律效力)、预约保险单和批单。

中国人民保险公司上海分公司
THE PEOPLE'S INSURANCE CO. OF CHINA
SHANGHAI BRANCH

保险单　　　　　　　　　　　　　号次 NO.
INSURANCE POLICY
　　　　　　　　　　　　　　　　　　　　_____

发票号码：
INVOICE NO.: _____
被保险人：
INSURED: _____

标记	包装及数量	保险货物项目	保险金额
MARKS & NOS.	PACKING & QUANTITY	DESCRIPTION OF GOODS	AMOUNT INSURED

总保险金额：
TOTAL AMOUNT INSURED: _____

保费：　　　　　　费率：　　　　　　装载运输工具：
PREMIUN: _____　RATE: _____　PER CONVEYANCE S. S.: _____

开航日期：　　　　　　　　　　自　　　　　　至
SLG. ON OR ABT: _____　FROM _____　TO _____

承保险别：
CONDITIONS: _____

赔款偿付地点：　　　　　　　　　　　　中国人民保险公司上海分公司
CLAIM PAYABLE AT: _____　THE PEOPLE'S INSURANCE CO.
　　　　　　　　　　　　　　　　　　　OF CHINA SHANGHAI BRANCH

日期：
DATE: _____
地址：
ADDRESS: _____
CABLE: _____　　　　_____
TELES: _____　　　　　GENERAL MANAGER

图 8-1　保险单样张

本 章 小 结

国际货物运输保险应遵循保险利益原则、最大诚信原则、近因原则、损失补偿原则和代位追偿原则。国际货物运输保险包括海洋运输货物保险、陆上运输货物保险、航空运输货物保险和邮包保险。

海上运输货物保险承保的范围包含风险、损失与费用。其中风险分为海上风险（包括自然灾害和意外事故）和外来风险（包括一般外来风险和特殊外来风险）；损失分为全部损失（包括实际全损和推定全损）和部分损失（包括共同海损和单独海损）。费用分为施救费用、救助费用和其他费用。

中国海洋运输货物保险条款的基本险别有平安险、水渍险和一切险，基本险可以单独投保。附加险别有一般附加险、特殊附加险、特别附加险和专门险，不可单独投保，只能在选择基本险的基础上加保。伦敦保险协会海洋运输保险条款中的基本险别有 ICC（A）条款、ICC(B)条款和ICC(C)条款,另外协会战争险条款和罢工条款也可以作为独立险别单独投保。协会货物恶意损害险条款属于附加险,可在ICC(B)和ICC(C)的基础上加保。

除了海洋运输货物保险外,陆上运输货物保险、航空运输货物保险和邮政包裹运输货物保险也是重要的国际货物运输保险。

保险金额是被保险人对保险标的的实际投保金额,即保险人赔偿的最高限额,也是保险人承担保险责任和计收保险费的依据。根据保险市场的习惯做法,保险金额一般都是按CIF价或CIP价加成计算,即按发票金额再加10%的保险加成率。

练习思考题

一、单项选择题

1. 战争、罢工风险属于(　　)。

    A. 自然灾害　　　　B. 意外事故　　　　C. 一般外来风险　　D. 特殊外来风险

2. 根据我国《海洋货物运输保险条例》的规定,承保范围最基本的险别是(　　)。

    A. 平安险　　　　　B. 水渍险　　　　　C. 一切险　　　　　D. 罢工险

3. 我公司按FOB进口玻璃器皿,在装卸搬运过程中,货物部分受损,要得到保险公司赔偿,我公司应该投保(　　)。

    A. 平安险　　　　　B. 一切险　　　　　C. 破碎险　　　　　D. 一切险+破碎险

4. 根据现行伦敦保险协会《海运货物保险条款》的规定,采用"一切风险减去除外责任"的办法是(　　)。

    A. ICC(A)　　　　　B. ICC(B)　　　　　C. ICC(C)　　　　　D. ICC(D)

5. 根据现行伦敦保险协会《海运货物保险条款》的规定,下列承保风险最大的险别是(　　)。

    A. ICC(A)　　　　　B. ICC(B)　　　　　C. ICC(C)　　　　　D. ICC(D)

6. 在保险人所承保的海上风险中,雨淋、渗漏属于(　　)。

    A. 自然灾害　　　　B. 意外事故　　　　C. 海上风险　　　　D. 外来风险

7. 某外贸公司出口茶叶5公吨,在海运途中遭受暴风雨,海水涌入货舱内使一部分茶叶发霉变质,这种损失属于(　　)。

    A. 实际全损　　　　B. 推定全损　　　　C. 共同海损　　　　D. 单独海损

8. 我公司按CIF条件出口棉花300包,货物在海运途中因货舱内水管渗漏,致使50包棉花遭水渍受损,在投保(　　)保险公司负责赔偿。

    A. 平安险　　　　　B. 水渍险　　　　　C. 渗漏险　　　　　D. 一切险

9. 根据仓至仓条款的规定,从货物在目的港卸离海轮时起满(　　)天,不管货物是否进入保险单载明的收货人仓库,保险公司的保险责任均告终止。

    A. 15　　　　　　　B. 30　　　　　　　C. 10　　　　　　　D. 60

10. 根据现行伦敦保险协会《海运货物保险条款》的规定,下列险别中,不能单独投保

的是（　　　）
    A. ICC(A)　　　　B. 战争险　　　　C. ICC(C)　　　　D. 恶意损坏险

二、多项选择题

1. 我公司以 CFR 条件进口一批货物,在海运途中部分货物丢失,要得到保险公司的赔偿,我公司可投保（　　　）。
    A. 平安险　　　　　　　　　　　　B. 一切险
    C. 平安险加偷窃提货不着险　　　　D. 一切险加偷窃提货不着险

2. 根据我国现行《海洋货物运输保险条款》的规定,下列损失中属于水渍险承保范围的有（　　　）。
    A. 由海啸造成的被保货物的损失
    B. 由于下雨造成的被保货物的损失
    C. 由于船舱淡水水管渗漏导致被保货物的损失
    D. 由于船舶搁浅导致的被保货物的损失

3. 根据英国《协会货物条款》的规定,下列险别中可以单独投保的是（　　　）。
    A. ICC(A)　　　　B. ICC(B)　　　　C. ICC(C)　　　　D. ICC(D)

4. 根据我国现行《海洋货物运输保险条款》的规定,能够独立投保的险别有（　　　）。
    A. 平安险　　　　B. 水渍险　　　　C. 一切险　　　　D. 战争险

5. 为了防止运输中货物被盗,应该投保是（　　　）。
    A. 平安险　　　　　　　　　　　　B. 偷窃提货不着险
    C. 一切险　　　　　　　　　　　　D. 一切险加偷窃提货不着险

6. 在海上保险业务中,构成被保险货物"实际全损"的情况有（　　　）。
    A. 保险标的物完全灭失
    B. 保险标的物实际全损已无法避免
    C. 保险标的物发生变质,失去原有使用价值
    D. 船舶失踪达到一定时期

7. 构成共同海损的条件是（　　　）。
    A. 共同海损的危险必须是实际存在的,不是主观臆测的
    B. 消除船、货共同危险而采取的措施必须是合理的
    C. 必须是属于非正常性质的损失
    D. 采取措施后,船方和货方都做出一定的牺牲

8. 出口茶叶,为防止运输途中串味,办理保险时,应投保（　　　）。
    A. 串味险　　　　　　　　　　　　B. 平安险加串味险
    C. 水渍险加串味险　　　　　　　　D. 一切险

9. 根据我国海洋运输保险条款规定,一般附加险包括（　　　）。
    A. 短量险　　　　　　　　　　　　B. 偷窃提货不着险
    C. 交货不到险　　　　　　　　　　D. 串味险

10. 某国远洋货轮满载货物从 S 港起航,途中遇飓风,货轮触礁货物损失惨重,货在

A 主向其投保的保险公司发出委付通知,在此情况下,该保险公司可以选择的处理方法是( )。

    A. 必须接受委付   B. 拒绝接受委托

    C. 先接受委托,然后撤回   D. 接受委付,不得撤回

三、判断题

1. 海上保险业务中的意外事故,仅局限于发生在海上的意外事故。   (   )

2. 船舶失踪达到半年以上可做推定全损处理。   (   )

3. 单独海损是由承保风险所直接造成的被保险货物的部分损失。   (   )

4. 共同海损要由受益各方根据获救利益大小按比例分摊。   (   )

5. 一切险的承保范围包括由自然灾害、意外事故以及一切外来风险所造成的被保险货物的损失。   (   )

6. 在国际贸易中,外贸公司向保险公司投保一切险后,在运输途中由于任何外来原因所造成的一切货损,均可向保险公司索赔。   (   )

7. 水渍险的责任范围是除了平安险责任范围以内的全部责任外,还包括由于暴风、巨浪等自然灾害引起的部分损失。   (   )

8. 出口玻璃器皿,因运输途中易出现破碎,故应在投保一切险的基础上加保破碎险。   (   )

9. 按照我国《海洋货物运输保险条款》的规定,三种基本险和战争险均使用"仓至仓"条款。   (   )

10. 共同海损是部分海损中的一种。   (   )

四、计算题

1. 上海一家外贸公司以每公吨 10 000 英镑 CIF 伦敦(按加一成投保一切险,保险费率 1%),向英商报盘一批轻工业产品,该外商拟自行投保,要求改报 CFR 价,出口人应该从 CIF 中扣除多少保险费?CFR 价格为多少?

2. 某公司出口 CIF 合同规定按发票金额 110% 投保一切险和战争险,如发票金额为 15 000 美元,一切保险费费率为 0.6%,战争保险费率为 0.03%,则投保金额是多少?应付多少保险费?

3. A 公司向英国出口商品报价是每公吨 USD 1 600 CFR 伦敦,英商来电要求改报 CIF 伦敦价,该商品投保加一成投保一切险和战争险,保险费分别为 0.5% 和 0.04%,请问 A 公司新报价应是多少?

五、案例分析题

1. 上海一家公司出口一批价值 50 000 美元的货物,按发票金额加 10% 向中国人民保险公司投了水渍险,货物在转船装卸过程中遇到大雨,货抵目的港后,收货人发现该批货物上有明显的水渍浸泡,损失 70%,遂向我方提出索赔。我方的答复是否应为:该批货物已保水渍险,请向中国人民保险公司当地代理人索赔?为什么?

2. 某公司以 CIF 条件出口冷冻食品一批，合同规定投保平安险、战争险及罢工险。货到目的港后适逢码头工人罢工，港口无人作业，货物无法卸载，不久货轮因无法补充燃料以至冷冻设备停机。等到罢工结束，该批冷冻食品已变质。这种由于罢工而引起的损失，保险公司是否负责赔偿？

3. 某公司按 CFR 条件向南美某国出口花生酥糖，买方投保一切险。由于货轮陈旧，航速太慢且沿线到处揽货，结果航行 4 个月才到达目的港。花生酥糖因受热时间过长而全部软化，难以销售。这种货损保险公司是否负责赔偿？为什么？

4. 上海某单位以 FOB 条件从国外进口某货物批，受买方委托，卖方已代办了一切险。该批货物在上海卸货后，当晚在码头被偷。买方能否向保险公司要求赔偿？

5. 越南某公司以 CIF 条件出口一批无烟煤，装运前按合同规定投保平安险，货物装妥后顺利开航。船舶起航后不久在海上遭受暴风雨，海水舱致使部分无烟煤遭到水渍，损失价值达 5 000 美元。该损失应由谁承担？为什么？

6. 某货轮在航行途中因电线走火，第三舱内发生火灾，被火烧毁货物价值 5 000 美元，因灌水救火被水浸坏货物损失 6 000 美元。船方宣布该轮共同海损。该轮船长宣布共同海损是否合理？被火烧毁的货物损失 5 000 美元属于什么性质的损失？应由谁负责？被水浸的货物损失 6 000 美元属什么性质的损失？应由谁负责？

第 9 章

国际贸易争端处理

学 习 目 标

(1) 了解商品检验和进出口商品检验的基本概念。

(2) 掌握索赔的基本概念、索赔的内容。

(3) 掌握不可抗力、不可抗力的认定。

(4) 掌握仲裁的基本概念、仲裁的时效和种类以及仲裁的特点。

素 质 目 标

(1) 明白进出口商品检验对国家声誉的重要意义。

(2) 对进口商的索赔及时处理,对外商的违约及时追索,诚信守法。

(3) 维护仲裁的公平性和严肃性。

本 章 关 键 词

商品检验 出口报检 进口报检 索赔 不可抗力 仲裁

引 入 案 例

　　港口城市太仓,享有锦绣江南"金太仓"、上海浦东"后花园"之誉,是江苏省经济最为发达的地区之一。太仓港是上海国际航运中心的干线港和组合港、国家一类口岸,江苏省还把太仓港视为"江苏第一港"。为加快太仓外向型经济发展,加快外贸通关的放行速度,太仓检验检疫局开展了深入广泛的信息化建设,"三电工程"建设也在有条不紊地进行,目前太仓检验检疫局电子申报量已占总申报量的97%以上。配合江苏检验检疫局"三电工程"新的发展措施——中小型进出口企业扶持计划,太仓检验检疫局携手九城公司,结合太仓实际情况,推出了适合企业发展要求的优惠政策,召开了"太仓地区中小型企业'三电工程'扶持推广会议"。会上许多参会企业称赞太仓检验检疫局送来了"及时雨",给中小型企业的发展提供了良好的发展环境。此次会

议不仅适应了"三电工程"和"大通关"工程当前的发展形势,而且进一步让广大企业得到了信息化快捷便利的实惠,优化了太仓地区的投资软环境,深受企业欢迎。以上案例对我们有哪些启示呢?

【案例分析】太仓外向型经济发展,太仓检验检疫局开展了深入广泛的信息化建设,"三电工程"建设也在有条不紊地进行,目前太仓检验检疫局电子申报量很高。太仓检验检疫局配合江苏检验检疫局让广大企业得到信息化快捷便利的实惠,优化了太仓地区出口检验检疫效率,值得推广。

9.1 检验

9.1.1 进出口商品检验概述

1. 商品检验的概念

商品检验(commodity inspection)是指在商品买卖过程中,由具有权威性的专门的商品检验机构依据法律、法规或合同的规定,对商品质量、数量、重量和包装等方面进行检查和验证鉴定,以确定其是否与买卖合同和有关规定相一致,并同时出具检验证书的活动。

2. 进出口商品检验的概念

在国际货物买卖中,进出口商品检验是指对卖方交付货物的质量、数量和包装进行检验或鉴定,以确定卖方所交货物是否符合买卖合同的规定。商品检验工作是国际货物买卖中交易双方交接货物必不可少的业务环节。

根据各国的法律、国际惯例及国际公约规定,除双方另有约定外,当卖方履行交货义务后,买方有权对所收到的货物进行检验,如发现货物不符合合同规定,而且确属卖方责任,买方有权要求卖方进行损害赔偿或采取其他补救措施,甚至可以拒收货物。

3. 进出口商品检验的意义

(1)商品检验工作是使国际贸易活动能够顺利进行的重要环节。即商品检验是进出口货物交接过程中不可缺少的一个重要环节。

(2)商品检验是一个国家为保障国家安全、维护国民健康、保护动物、植物和环境而采取的技术法规和行政措施的手段。

(3)为了加强对进出口商品的检验工作,我国颁布了《中华人民共和国进出口商品检验法》,规定我国商检机构和国家商检部门应对进出口商品实施检验;凡未经检验的进口商品,不准销售、使用;凡未经检验合格的商品不准出口。

4. 进出口商品检验的作用

商品检验的作用主要表现在下列几个方面:①作为报关验放的有效证件;②买卖双方结算货款的依据;③计算运输、仓储等费用的依据;④办理索赔的依据;⑤计算关税的依据;⑥作为证明情况、明确责任的证件;⑦作为仲裁、诉讼举证的有效文件。

【案例9-1】2020年7月,某公司出口的一批食品添加剂因客户原因被退运,某市检验检疫局检验人员在对退运货物进行开箱检查时,发现该批货物的辅助包装为天然木托,而此批货物报检时申报的辅助包装为再生木托。根据《中华人民共和国进出境动植物检疫法》及其实施条例的规定,该局立案查处。经过调查,认定该企业违法事实清楚,证据确凿,对企业做出了罚款 3 000 元的决定。对企业做出的罚款是否合理?为什么?

【案例分析】某市检验检疫局检验人员对企业的罚款是合理的。检验人员发现该批货物的辅助包装为天然木托,而此批货物报检时申报的辅助包装为再生木托。申报货物的辅助包装和实际辅助包装不相符,是由某客户的错误造成的。

5. 有关国际货物检验权的国际条款

有关国际货物检验权的国际条款有以下两项。

(1) 英国《1893 年货物买卖法》(1979 年修订版)的规定。

(2)《联合国国际货物销售合同公约》的规定。

6. 我国对外贸易检验检疫的法律法规

我国对外贸易检验检疫的法律法规主要是"四法三条例"。"四法"是指《中华人民共和国进出口商品检验法》《中华人民共和国进出境动植物检疫法》《中华人民共和国国境卫生检疫法》《中华人民共和国食品安全法》。"三条例"是指《中华人民共和国进出口商品检验法实施条例》《中华人民共和国进出境动植物检疫法实施条例》《中华人民共和国国境卫生检疫法实施细则》。

7. 我国商品的检验机构

1) 我国内贸商品检验的机构

我国国内市场上的商品质量,由四支力量从三个方面进行检验。生产企业为第一方检验;商业企业及用户、消费者是第二方检验;技术监督部门是第三方检验。

2) 我国的进出口检验机构

中华人民共和国国家进出口商品检验局简称国家商检局,是国务院设立的主管全国进出口商品检验工作的政府机构。国家商检局在省、自治区、直辖市以及进出口商品的口岸、集散地设立的进出口商品检验局(统称商品检机构)管辖所负责地区的进出口商品检验工作。我国各省市自治区商检局及商检公司主要机构共有 35 个进出口商品检验局:中华人民共和国国家进出口商品检验局、各省市自治区进出口商品检验局、厦门、深圳、宁波等。

9.1.2 进出口商品报检

【案例 9-2】上海 S 公司于 2019 年 11 月 9 日与德国某公司签订一份由 S 公司出口化工产品的合同。合同规定的品质规格是,TiO_2 含量最低 98%,重量 17.59 公吨,价格为 CIF 悉尼每公吨 1 130 美元,总价款为 19 775 美元,信用证方式付款,装运期为 2019 年 12 月 31 日之前,检验条款规定:"商品的品质、数量、重量以中国进出口商品检验证书或卖方所出具的证明书为最后依据。"S 公司收到德方开来的信用证后,按信用证上要求将货物出运并提交了有关单据,其中商检证由我国某省进出口商品检验局出具,检验结果为 TiO_2 含量为 98.53%,其他各项符合合同规定。

2020年3月,德方公司来电反映S公司所交货物质量有问题,并提出索赔要求,5月2日,德方公司再次提出索赔,并将由德国商检SGS公司出具的抽样与化验报告副本传真给S公司。SGS检验报告称根据抽样调查,货物颜色有点发黄,有可见的杂质,TiO_2的含量是92.95%。

2020年6月,S公司对德方公司的索赔作了答复,指出货物是完全符合合同规定的,理由是有合同规定的商检机构出具的商检证书。但德方公司坚持认为,S公司出口货物未能达到合同的标准,理由是:①经用户和SGS的化验,证明S公司所交货物与合同规定"完全不符";②出口商出具的检验证书不是合同规定的检验检疫机构出具的,并且机构检验结果与实际交货不符。后来经双方公司反复协调,由S公司向德方公司赔偿一部分损失后结案。S公司从中应该吸取什么教训?

【案例分析】合同规定的品质规格是TiO_2含量最低98%,S公司在德方开来的信用证后,按信用证上要求将货物出运并提交了有关单据,其中商检证由我国某省进出口商品检验局出具,检验结果为TiO_2含量为98.53%,其他各项符合合同规定。由德国商检SGS公司出具的抽样与化验报告副本传真给S公司,SGS检验报告称根据抽样调查,货物颜色有点发黄,有可见的杂质,TiO_2的含量是92.95%,所以说明S公司的检验报告有瑕疵,TiO_2含量高于98%,S公司应该赔偿。

1.进出口商品报检概述

1)进出口商品报检范围

出入境检验检疫报检商品的范围包括以下内容。

(1)国家法律法规规定必须由出入境检验检疫机构检验检疫的商品。

国家法律法规规定必须由出入境检验检疫机构检验检疫的商品具体包括:①列入《出入境检验检疫机构实施检验检疫的进出境商品目录》内的货物;②入境废物、进口旧机电产品;③出口危险货物包装容器的性能检验和使用鉴定;④进出境集装箱;⑤进境、出境、过境的动植物、动植物产品及其他检疫物;⑥装载动植物、动植物产品和其他检疫物的装载容器、包装物、铺垫材料;进境动植物性包装物、铺垫材料;⑦来自动植物疫区的运输工具;装载进境、出境、过境的动植物、动植物产品及其他检疫物的运输工具;⑧进境拆解的废旧船舶;⑨出入境人员、交通工具、运输设备以及可能传播检疫传染病的行李、货物和邮包等物品;⑩旅客携带物(包括微生物、人体组织、生物制品、血液及其制品、骸骨、骨灰、废旧物品和可能传播传染病的物品以及动植物、动植物产品和其他检疫物)和携带伴侣动物;⑪国际邮寄物(包括动植物、动植物产品和其他检疫物、微生物、人体组织、生物制品、血液及其制品以及其他需要实施检疫的国际邮寄物);⑫其他法律、行政法规规定需经检验检疫机构实施检验检疫的其他应检对象。

(2)输入国家或地区规定必须凭检验检疫机构出具的证书方准入境的商品。

(3)有关国际条约规定须经检验检疫的商品。

(4)对外贸易合同约定须凭检验检疫机构签发的证书进行交接、结算的商品。

(5)申请签发一般原产地证明书、普惠制原产地证明书等原产地证明书的商品。

《出入境检验检疫机构实施检验检疫的进出境商品目录》以《商品分类和编码协调制度》为基础编制而成,包括了大部分法定检验检疫的货物,是检验检疫机构依法对出入境货物实施检验检疫的主要执行依据。其中海关监管条件、检验检疫类别代码的含义如下。

海关监管条件代码含义如下：A 表示对应商品须实施进境检验检疫；B 表示对应商品须实施出境检验检疫；D 表示对应商品由海关与检验检疫联合监管；

检验检疫类别代码含义如下：M 表示对应商品须实施进口商品检验；N 表示对应商品须实施出口商品检验；P 表示对应商品须实施进境动植物、动植物产品检疫；Q 表示对应商品须实施出境动植物、动植物产品检疫；R 表示对应商品须实施进口食品卫生监督检验；S 表示对应商品须实施出口食品卫生监督检验；L 表示对应商品须实施民用商品入境验证。

2）出境货物产地检验检疫原则

检验检疫机构对出口货物实行产地检验检疫原则，出口企业必须到货物的生产地所属检验检疫机构办理报检手续。如货物需要异地报关，可由产地检验检疫机构实施电子转单或出具《出境货物换证凭单》，然后持电子转单凭条或换证凭单到口岸检验检疫机构换发《出境货物通关单》办理通关手续。

3）一般贸易出境货物的检验检疫手续

供往中国香港的鲜活产品，一般在出入境检验检疫局办理检验检疫手续。其他货物由企业所在地检验检疫局（辖区局）受理报检、计收检验检疫费、实施检验检疫，并签发检验检疫证书及"出境货物通关单"。

对于企业的零星收购，在国内进行再加工、分级、包装等最后一道工序在深圳完成的一般性出口货物，货主可凭加工合同及有关报检资料在货物加工地检验检疫局办理检验检疫手续。

4）加工贸易出境货物的检验检疫手续

加工贸易企业的集中报检和逐批报检出境货物，一律由企业所在地检验检疫局（辖区局）受理报检、计收检验检疫费、实施检验检疫，并办理签证、通关手续。

企业必须把货物的出境情况逐次填写在《管理手册》上，并凭《管理手册》和《海关登记手册》、海关货物清单以及"出境货物通关单""熏蒸/消毒证书"等有关单据到辖区局办理月报核销手续。

【案例 9-3】进口方委托银行开出的信用证上规定：卖方须提交"商品净重检验证书"。进口商在收到货物后，发现除质量不符外，卖方仅提供重量单。买方立即委托开证行向议付行提出拒付，但货款已经押出。事后，议付行向开证行催付货款，并解释卖方所附的重量单即为净重检验证书。问：①重量单与净重检验证书一样吗？②开证行能否拒付货款给议付行？

【案例分析】①重量单与净重检验证书不是一样的。②开证行可以拒付货款给议付行。

5）入境报检的要求

入境货物应在入境前或入境时向入境口岸指定的或到达站的检验检疫机构办理报检手续；入境的运输工具及人员应在入境前或入境时申报。

入境报检时，应填写入境货物报检单，并提供合同、发票、提单等有关单证。

下列情况还应按要求提供有关文件。

（1）凡实施产品强制性认证、卫生注册或其他需审批审核的货物,应提供有关证明。

（2）实施品质检验的,还应提供国外品质证书或质量保证书、产品使用说明书及有关标准和技术资料;凭样成交的,须加附成交样品;以品级或公量计价结算的,应同时申请重量鉴定。

（3）报检入境废物时,应提供国家环保部门签发的《进口废物批准证书》和经认可的检验机构签发的装运前检验合格证书,以及深圳检验检疫局各分支机构签发的《入/出境废旧物品检验检疫预申报证》等。

（4）申请残损鉴定的,还应提供理货残损单、铁路商务记录、空运事故记录或海事报告等证明货损情况的有关单证。

（5）申请重（数）量鉴定的,还应提供重（数）量明细单,理货清单等。

（6）货物经收、用货部门验收或其他单位检测的,应随附验收报告或检测结果以及重量明细单等。

（7）入境的动植物及其产品,需按规定办理检疫审批手续的,应提供有效《进境动植物检疫许可证》和输出国官方出具的检疫证书正本（半制动物皮张、远洋捕捞的海产品除外）;《进境动植物检疫许可证》第二联须经本地检验检疫局动检处或植检处审核备案。

（8）过境动植物及其产品报检时,应提供货运单和输出国家或地区官方出具的检疫证书;运输动物过境时,还应提供动物过境许可证。

（9）因科研等特殊需要,输入禁止入境动植物及其产品的,必须提供国家质检总局签发的特许审批证明《进境动植物检疫许可证》。

（10）入境特殊物品的,应提供国家进口批文和有关证明、检验证书等,以及本地检验检疫局卫生检疫处签发的《入/出境特殊物品卫生检疫审批单》。

【案例9-4】2020年5月,莱芜出入境检验检疫局在对口岸检验检疫局寄到该局的进口商品"入境货物流向单"进行核查时,发现某公司进口的一批仪器设备属于法定检验商品,一直未到该局报检。经初步了解,该批设备已安装使用。根据《中华人民共和国进出口商品检验法》及其实施条例的规定,该局立案查处。经过调查,认定该企业违法事实清楚,证据确凿,对企业做出了罚款2 545元的决定。对企业做出的罚款是否合理?为什么?

【案例分析】对企业做出的罚款是合理的。该出入境检验检疫局发现某公司进口的一批仪器设备属于法定检验商品,一直未到该局报检,但设备已安装使用,违反了有关条例,出入境检验检疫局对其罚款是合理的。

2. 进出口报验的主体和必须提供的单据

1）报验主体

进出口报检的主体包括以下类型。

（1）有进出口经营权的国内企业。

（2）进口商品收货人或其代理人。

（3）出口商品生产企业。

（4）对外贸易关系人。

（5）中外合资、中外合作和外商独资企业。

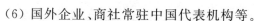

（6）国外企业、商社常驻中国代表机构等。

2）报验时必须提供的单证

（1）进口商品在报验时，报验人应提供外贸合同、国外发票、提单、装箱单和进口货物到货通知单等有关单证。

申请进口商品品质检验的还应提供国外品质证书，使用说明及有关标准和技术资料，凭样成交的，须加附成交样品。

申请残损鉴定的还应提供理货残损单、铁路商务记录、空运事故记录或海事报告等证明货损情况的有关单证。

申请重（数）量鉴定的还应提供重量明细单、理货清单等。

进口商品经收、用货部门验收或其他单位检验的，应加附有关验收记录、重量明细单或检验结果报告单等。

（2）出口商品在报验时，报验人应提供外贸合同（确认书），信用证以及有关单证函电等。凭样成交的应提供买卖双方确认的样品。申请预验的商品，应提供必要的检验依据；经本地区预验的商品需在本地区换证出口时，应加附由该局签发的预验结果单。

经其他商检机构检验的商品，必须加附发运地商检机构签发的"出口商品检验换证凭单"正本。

凡必须向商检机构办理卫生注册及出口质量许可证的商品，必须交附商检机构签发的卫生注册证书、厂检合格单或出口质量许可证。

冷冻、水产、畜产品和罐头食品等须办理卫生证时，必须交附商检机构签发的卫生注册证书及厂检合格单。

3. 申请进出口商品免验放行的基本程序

1）提出申请

凡符合免验要求的进出口商品，应由申请人向国家商检部门提出书面申请。申请时，须提交下列材料。

（1）申请书。

（2）经填写的免验申请表（表式由国家商检部门提供）。

（3）有关证件，包括获奖证书、认证证书、合格率证明、用户反映、生产工艺、内控质量标准、检测方法及对产品最终质量有影响的有关文件资料。

（4）所在地及产地商检机构的初审意见（限免验的出口商品）。

2）专家审查

国家商检部门受理申请后，组织专家审查组对申请免验的商品以及制造工厂的生产条件和有关资料进行审查，并对产品进行抽样测试。

3）批准发证

专家审查组在审查及对产品检验的基础上，提出书面审查报告，经国家商检部门批准，发给申请人免验证书，并予公布。

4）办理放行

获准免验进出口商品的申请人，凭有效的免验证书、合同、信用证及该批产品的厂检合格单和原始检验记录等，到当地商检机构办理放行手续，并交纳放行手续费。对需要出具商检证书的免检商品,商检机构可凭申请人的检验结果,核发商检证书。

对进出口一定数量限额内的非贸易性物品(注:指一定数量限额内的无偿援助物品;国际合作、对外交流和对外承包工程所需的自用物品;外交人员自用物品;主要以出境旅客为销售对象的免税店商品;进出口展品、礼品和样品),申请人可凭省、自治区、直辖市人民政府有关主管部门或者国务院有关主管部门的批件、证明及有关材料,直接向国家商检部门申请核发免验批件,并按上述规定到商检机构办理放行手续。其中,进出口展品、礼品和样品,可由当地商检机构凭申请人提供的有关证明批准免验,并办理放行手续。

4. 国际货物买卖合同中的检验条款

国际货物买卖合同中检验条款的主要内容包括检验时间和地点、检验机构、检验证书等。

1) 进出口商品检验的时间和地点

根据国际上的习惯做法和我国的业务实践,关于买卖合同中检验时间和地点的规定方法,主要有以下几种。

(1) 在出口国检验,包括在产地检验和在装运港/地检验。

① 在产地检验即货物离开生产地点(如工厂、农场或矿山)之前,由卖方或其委托的检验机构人员或买方的验收人员对货物进行检验或验收。在货物离开产地之前的责任,由卖方承担。

② 在装运港/地检验,即以离岸质量、重量(或数量)(shipping quality, weight or quantity as final)为准。货物在装运港/地装运前,由双方约定的检验机构对货物进行检验,该机构出具的检验证书作为决定交货质量、重量或数量的最后依据。按此做法,货物运抵目的港/地后,买方如对货物进行检验,即使发现质量、重量或数量有问题,也无权向卖方提出异议和索赔。

(2) 在进口国检验,包括在目的港/地检验、在买方营业处或最终用户所在地检验。

① 在目的港/地检验,即以到岸质量、重量(或数量)为准(landing quality, weight or quantity as final)。在货物运抵目的港/地卸货后的一定时间内,由双方约定的目的港/地的检验机构进行检验,该机构出具的检验证书作为决定交货质量、重量或数量的最后依据。如果检验证书证明货物与合同规定不符并确属卖方责任,卖方应予负责。

② 在买方营业处所或最终用户所在地检验。对一些需要安装调试来进行检验的成套设备、机电仪产品以及在卸货口岸开件检验后难以恢复原包装的商品,双方可约定将检验时间和地点延伸和推迟至货物运抵买方营业所或最终用户的所在地后的一定时间内进行,并以该地约定的检验机构所出具的检验证书作为决定交货质量、重量或数量的依据。

(3) 出口国检验、进口国复验。这种做法是在装运港/地的检验机构进行检验后,出具的检验证书将作为卖方收取货款的依据,当货物运抵目的港/地后由双方约定的检验机构复验,并出具证明。如发现货物不符合同规定,并证明这种不符情况系属卖方责任,则买方有权在规定的时间内凭复验证书向卖方提出异议和索赔。这一做法对买卖双方来说,比较公平合理,它既承认卖方所提供的检验证书是有效的文件,作为双方交接货物和结算货款的依据之一,并给予买方复验权。因此,我国进出口贸易中一般都采用这一做法。

近年来,在检验的时间、地点及具体做法上,国际上也出现了一些新的做法和变化,例如,在出口国装运前预检验,在进口国最终检验,即在买卖合同中规定货物在出口国装运前由买方派人员自行或委托检验机构人员对货物进行预检验,货物运抵目的港/地后,买方有最终检验权和索赔权。采用这一做法,有的还伴以允许买方或其指定的检验机构人员在产地或装运港或装运地实施监造或监装。对进口商品实施装运前预检验,这是当前国际贸易中较普遍采用的一种行之有效的质量保证措施。在我国进口交易中,对关系到国计民生、价值较高、技术又复杂的重要进口商品和大型成套设备,必要时也应采用这一做法,以保障我方的利益。

2)进出口商品检验机构

在国际货物买卖中,商品检验工作通常都由专业的检验机构负责办理。各国的检验机构,从组织性质来分,有官方的,有同业公会、协会或私人设立的,也有半官方的;从经营的业务来分,有综合性的,也有只限于检验特定商品的。

在具体交易中,确定检验机构时,应考虑有关国家的法律法规、商品的性质、交易条件和交易习惯。检验机构的选定还与检验时间、地点有一定的关系。一般来讲,规定在出口国检验时,应由出口国的检验机构进行检验;在进口国检验时,则由进口国的检验机构负责。但是,在某些情况下,双方也可以约定由买方派出检验人员到产地或出口地点验货,或者约定由双方派专员进行联合检验。

中华人民共和国国家质量监督检验检疫总局,简称国家质检总局(英文简称为AQSIQ),是主管全国出入境卫生检验、动植物检疫、商品检验、鉴定、认证和监督管理的行政执法机构。其设在各地的出入境检验检疫直属机构,即地方出入境检验检疫机构管理其所辖地区内的出入境检验检疫工作。

根据我国《商检法》,我国商检机构在进出口商品检验方面的基本任务有三项:实施法定检验,办理检验鉴定业务,对进出口商品的检验工作实施监督管理。

3)进出口商品检验证书

检验证书(inspection certificate)是商检机构对进出口商品实施检验或鉴定后出具的证明文件。

常用的检验证书有品质检验证书、重量检验证书、数量检验证书、兽医检验证书、卫生检验证书、消毒检验证书、植物检疫证书、价值检验证书、产地检验证书等。在具体业务中,卖方究竟需要提供哪种证书,要根据商品的种类、性质、贸易习惯以及政府的有关法律法规而定。

商品检验证书的主要作用如下。

(1)作为买卖双方交接货物的依据。在国际货物买卖中,卖方有义务保证所提供货物的质量、数(重)量、包装等与合同规定相符。因此,合同或信用证中往往规定卖方交货时须提交商检机构出具的检验证书,以证明所交货物与合同规定相符。

(2)作为索赔和理赔的依据。例如,合同中规定在进口国检验,或规定买方有复验权,则若经检验货物与合同规定不符,买方可凭指定检验机构出具的检验证书,向卖方提出异议和索赔。

(3)作为买卖双方结算货款的依据。在信用证支付方式下,信用证规定卖方须提交的单据中，往往包括商检证书，并对检验证书的名称、内容等做出了明确规定。当卖方向银行交单，要求付款、承兑或议付货款时，必须提交符合信用证要求的商检证书。

检验证书还可作为海关验关放行的凭证。凡属于法定检验的商品，在办理进出口清关手续时，必须提交检验机构出具的合格检验证书，海关才准予办理通关手续。

9.1.3 出口报检单

1. 出口报检单填制

出境报检单具体填制要求如下。

(1) 编号：由检验检疫机构报检受理人员填写。

(2) 报检单位：填写报检单位的全称，并加盖报检单位的印章。

(3) 报检单位登记号：填写报检单位在检验检疫机构备案或注册登记的代码。

(4) 联系人：填写报检人员的姓名。

(5) 电话：填写报检人员的联系电话。

(6) 报检日期：检验检疫机构实际受理报检的日期，由检验检疫机构受理报检的人员填写。

(7) 收货人(中/英文)：填写进口贸易合同的买方，中英文应一致。

(8) 货物名称(中/英文)填写本批货物的品名，应与进口贸易合同和国外发票的名称一致，如为废旧货物，应注明。

(9) 发货人(中/英文)填写进口贸易合同的卖方，中英文应一致。

(10) H.S.编码：填写本批货物的商品编码，以当年海关公布的商品税则编码分类为准。

(11) 产地：填写本批货物生产/加工的省、市和县的名称。

(12) 数/重量。填写本批货物的具体数量，如衣服的件数，重量填净重；有多个 H.S.编码的，要根据每个 H.S.编码对应填写数/重量。

(13) 货物价值：根据合同或发票的金额填写并注明币种，有多个 H.S.编码的，要根据每个 H.S.编码对应填写金额、币种。

(14) 包装种类及数量：填写本批货物的外包装种类(如纸箱、木箱等)及包装种类代码和具体的件数；有多个 H.S.编码的，要根据每个 H.S.编码对应填写包装种类及数量。

(15) 运输工具名称及号码：按运输工具的类别填写(如海运、空运等)及运输工具的名称(如船名等)。

(16) 合同号：填写本批货物的进口贸易合同号，或订单号码。

(17) 信用证号：填写本批货物的信用证号码。

(18) 贸易方式：按实际的贸易方式填写(如一般贸易、进料加工等)。

(19) 货物存放地点：填写本批货物存放的具体地点、厂库。

(20) 发货日期：填写本批出口货物的装运日期，预检报检可不填。

(21) 输往国家和地区：填写出口贸易合同中买方所在国家和地区的最终输往国家和地区。

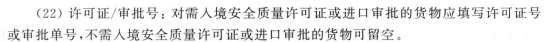

（22）许可证/审批号：对需入境安全质量许可证或进口审批的货物应填写许可证号或审批单号，不需入境安全质量许可证或进口审批的货物可留空。

（23）生产单位注册号：填写本批货物生产、加工的单位在检验检疫机构注册登记的编号，如卫生注册登记号、质量许可证号等。

（24）启运地：填写货物最终离境的交通工具的启运口岸/城市地区的名称。

（25）到达口岸：填写本批货物最终抵达目的地停靠口岸的名称。

（26）集装箱规格、数量及号码：货物若以集装箱运输，应填写集装箱的规格、数量及号码。

（27）合同订立的特殊条款以及其他要求：填写在出口贸易合同中特别订立的有关质量、卫生等条款，或报检单位对本批货物检验检疫的特别要求。

（28）标记及号码：根据所附单据上的唛头填写。如没有标记号码，则填写"N/M"。

（29）索赔有效期：根据合同约定的索赔有效期填写，特别要注明截止日期。

（30）经停口岸：填货物运输过程中停靠过的口岸，未停靠过任何口岸的可留空。

（31）目的地：填货物最终到达地。

（32）用途：填写出境货物的用途，如食用、观赏或演艺、伴侣动物、实验、药用等。

（33）随附单据：根据向检验机构提供的实际单据，在同名前的"□"内打钩，或在"□"后补填其名称。

（34）需要单证的名称：根据需要由检验检疫机构提供的实际单据，在对应的"□"内打钩，或补填，并注明所需单证的正副本数量。

（35）外商投资财产。

（36）报检人员郑重声明。

（37）检验检疫费：由检验检疫机构的计费人员填写。

（38）领取单证：报检人在领取单证时填写领证日期并签名。

2．出境货物报检单样张

出境货物报检单样张如表 9-1 所示。

表 9-1　中华人民共和国出入境检验检疫

出境货物报检单

报检单位（加盖公章）　　　　　电话　　　　　　　　　　编号

报检单位登记号　　　　　　　　报检日期

发货人	（中文）				
	（英文）				
收货人	（中文）				
	（英文）				
货物名称（中/英文）	H.S.编码	产地	数/重量	货物价值	包装种类及数量

运输工具名称及号码			合同号		
货物存放地点			输往国家和地区		
贸易方式		信用证号		许可证/审批号	
发货日期		启运地		生产单位注册号	
卸毕日期		到达口岸		入境口岸	
索赔有效期		经停口岸		目的地	
集装箱规格、数量及号码					
合同订立的特殊条款以及其他要求			货物存放地点		
			用途		

随附单据（划"√"或补填）	需要证单名称（划"√"或补填）	标记及号码	＊外商投资财产（划"√"）	是□ 否□
□合同 □发票 □信用证 □换证凭单 □装箱单 □厂验单 □包装性能结果单 □许可/审批文件	□品质证书　正　副 □重量证书　正　副 □数量证书　正　副 □兽医卫生证书　正　副 □健康证书　正　副 □卫生证书　正　副 □动物卫生证书　正　副 □植物检疫证书　正　副 □熏蒸/消毒证书　正　副		＊检验检疫费	
			总金额（人民币元）	
			计费人	
			收费人	

报检人郑重声明： 　　本人被授权报检。 　　上列填写内容正确属实。货物无伪造或冒用他人的厂名、标志、认证标志，并承担货物质量责任。 　　　　　　　　　　　签名	领取单证	
	日期	
	签名	

注：有"＊"号栏由出入境检验检疫机关填写。　　　　国家出入境检验检疫局制

9.1.4 进口报检单

1. 进口报检单填制

入境货物在报检时,应填写入境货物报检单,并随附进口贸易合同、国外发票、提单和装箱单等有关单证,以及根据检验检疫的要求提供其他特殊单证。

入境报检单的具体填制要求如下。

(1) 编号:由检验检疫机构报检受理人员填写。

(2) 报检单位:填写报检单位的全称,并加盖报检单位的印章。

(3) 报检单位登记号:填写报检单位在检验检疫机构备案或注册登记的代码。

(4) 联系人:填写报检人员的姓名。

(5) 电话:填写报检人员的联系电话。

(6) 报检日期:检验检疫机构实际受理报检的日期,由检验检疫机构受理报检的人员填写。

(7) 收货人(中/英文):填写进口贸易合同的买方,中英文应一致。

(8) 发货人(中/英文):填写进口贸易合同的卖方,中英文应一致。

(9) 货物名称(中/英文):填写本批货物的品名,应与进口贸易合同和国外发票的名称一致,如为废旧货物,应注明。

(10) H.S.编码:填写本批货物的商品编码,以当年海关公布的商品税则编码分类为准。

(11) 原产国(地区):填写本批货物生产/加工的国家或地区。

(12) 数/重量。填写本批货物的具体数量,如衣服的件数,重量填净重;有多个H.S.编码的,要根据每个H.S.编码对应填写数/重量。

(13) 货物价值:根据合同或发票的金额填写并注明币种,有多个H.S.编码的,要根据每个H.S.编码对应填写金额、币种。

(14) 包装种类及数量:填写本批货物的外包装种类(如纸箱、木箱等)及包装种类代码和具体的件数;有多个H.S.编码的,要根据每个H.S.编码对应填写包装种类及数量。

(15) 运输工具名称及号码:按运输工具的类别填写(如海运、空运等)及运输工具的名称(如船名等)。

(16) 合同号:填写本批货物进口贸易合同号,或订单号码。

(17) 贸易方式:按实际的贸易方式填写(如一般贸易、进料加工等)。

(18) 贸易国别(地区):填写本批进口货物的贸易国家或地区名称。

(19) 提单/运单号:填写本批进口货物海运提单或空运单的编号,有二程提单的应同时填写。

(20) 到货日期:按货物实际到达港口的日期填写。

(21) 启运国家(地区):填写货物启运的国家或地区。

(22) 许可证/审批号:对需入境安全质量许可证或进口审批的货物应填写许可证号或审批单号,不需入境安全质量许可证或进口审批的货物可留空。

（23）卸毕日期：填写本批货物在港口卸毕的实际日期。

（24）启运口岸：填货物出运的港口。

（25）入境口岸：填货物到达我国的港口。

（26）索赔有效期：根据合同约定的索赔有效期填写，特别要注明截止日期。

（27）经停口岸：填货物运输过程中停靠过的口岸，未停靠任何口岸的可留空。

（28）目的地：填货物最终到达地。

（29）集装箱规格、数量及号码：按实填写，不用集装箱运输的可留空。

（30）合同订立的特殊条款以及其他要求：合同上有条款或有其他要求（如在检验检疫证书上要注明信用证号码等）的应写明，没有要求的可留空。

（31）货物存放地点：填写入境货物存放的具体地点。

（32）用途：填写入境货物的用途。

（33）随附单据：根据所附单在相应的"□"内打钩，申请单上未列明的，可自己添加。

（34）标记及号码：根据所附单据上的唛头填写。

（35）外商投资财产：由检验检疫机构报验受理人员填写。

（36）报检人郑重声明：有报检人员亲笔签名。

（37）检验检疫费：由检验检疫机构的计费人员填写。

（38）领取单证：报检人在领取单证时，填写实际领证日期并签名。

2．入境货物报检单样张

入境货物报检单样张如表9-2所示。

表9-2　中华人民共和国出入境检验检疫

入境货物报检单

报检单位（加盖公章）		电话		编号	
报检单位登记号		联系人		报检日期	

发货人	（中文）	企业性质（划"√"）	□合资	□合作	□外资
	（英文）				
收货人	（中文）				
	（英文）				

货物名称（中/英文）	H.S.编码	原产国（地区）	数/重量	货物价值	包装种类及数量

运输工具名称及号码		合同号			
贸易方式		贸易国别（地区）		信用证号	
提单/运单号		到货日期			
发货日期		启运国家（地区）		许可证/审批号	
卸毕日期		启运口岸		入境口岸	

索赔有效期		经停口岸		目的地		
集装箱规格、数量及号码						
合同订立的特殊条款以及其他要求		货物存放地点				
		用途				
随附单据(划"√"或补填)		标记及号码		＊外商投资财产(划"√")	是□	
					否□	
□合同 □发票 □提/运单 □兽医卫生证书 □植物检疫证书 □动物检疫证书 □卫生证书 □原产地证 □许可/审批文件	□到货通知 □装箱单 □质保书 □理货清单 □磅码单 □验收报告			＊检验检疫费		
				总金额 (人民币)		
				计费人		
				收费人		
报检人郑重声明: 本人被授权报检。 上列填写内容正确属实。 　　　　　　　签名				领取单证		
				日期		
				签名		

注:有"＊"号栏由出入境检验检疫机关填写。　　国家出入境检验检疫局制

说明:

① 报检单编号前 6 位为检验检疫机构代码,第 7 位为报检类代码,第 8、9 位为年代码,第 10 至 15 位为流水号。

② 商品代码为 8 位数或 10 位数编码。

③ 在贸易方式栏,根据实际情况选填一般贸易、来料加工、进料加工、易货贸易、补偿贸易、边境贸易、无偿贸易、外资投资、对外承包工程进出口货物、出口加工区进出境货物、退运货物、过境货物、保税区进出境仓储与转口货物、保税区进出区货物、暂时进出口货物、暂时进出口留购货物、展览品、样品、其他非贸易性物品、其他贸易性货物等。

④ 在"用途"栏,根据实际情况选填种用或繁殖、食用、奶用、观光或演艺、伴侣动物、实验、药用、饲用、其他。

9.1.5　报检后的报关

1. 报关的基本概念

报关就是报关员向海关申报。它是指进出口货物收发货人、进出境运输工具的负责人、进出境物品的所有人或者他们的代理人向海关办理货物、物品或运输工具的进出境手续及相关海关事务的过程。报关不等于通关,也不等同于报检。

报关涉及的对象可分为进出境的运输工具和货物、物品两大类。由于性质不同,其报关程序也各异。运输工具如船舶、飞机等通常应由船长、机长签署到达、离境报关单,交验载货清单、空运、海运单等单证向海关申报,并将其作为海关对装卸货物和上下旅客实施监管的依据。而货物和物品则应由其收发货人或其代理人,按照货物的贸易性质或物品的类别,填写报关单,并随附有关的法定单证及商业和运输单证报关。如属于保税货物,应按"保税货物"方式进行申报,海关对应办事项及监管办法与其他贸易方式的货物有所区别。

2. 进出口报关的具体操作流程

1) 法律依据

进出口申报应依据《中华人民共和国海关法》及相关的法律法规。

2) 地点

进出口报关申报规定的地点:①进口货物应当在进境地海关申报;②出口货物应当在出境地海关申报。

3) 期限

进出口报关申报规定的期限:①进口货物:运载进口货物的运输工具在申报进境之日起14天内(期限的最后 天是法定节假日或休息日的,顺延到节假日或休息日后的第一个工作日);②出口货物:货物运抵海关监管区后、装货的24小时以前;③经海关批准允许集中申报的进口货物,在运输工具申报进境之日起一个月内办理申报;④特殊货物,经电缆、管道或其他方式(网络)进出境的货物,按照海关规定定期申报。

4) 进出口报关的申报步骤

(1) 准备申报单证(主要单证、随附单证)。

主要单证即报关单。

随附单证即随附单证,包括基本单证、特殊单证、预备单证。其中,基本单证是指进出口货物的货运单据和商业单据;特殊单证是指进出口许可证、加工贸易登记手册、特定减免税证明、原产地证明书、出口收汇核销单等;预备单证是指贸易合同、进出口企业的有关证明文件。预备单证是海关在审单、征税的时候需要调阅或者收取备案的。

主要单证的填制必须真实、准确、完整;随附单证必须齐全、有效、合法。

(2) 申报前看货取样(仅对于进口货物而言)。

申报前看货取样的目的是准确确定进口货物的品名、规格、型号,了解货物的状况,以便于正确申报。其方法是由收货人提出申请,海关同意并派人现场监管。海关开具取样记录和取样清单,取样后要正确填写。

(3) 申报。电子数据申报方式包括:①终端申报方式;②委托 EDI 申报方式;③自行 EDI 方式;④网上申报方式。

(4) 申报结果包括:①接受申报;②不接受申报。

其中,接受申报是报关企业收到海关反馈的"接受申报"的报文和"现场交单"或"放行交单"通知,表示申报成功。

海关接受申报以后,接下来就是提交纸质报关单和随附单证,即收到"现场交单"或

"放行交单"通知之日起10日内,报关单位持打印的纸质报关单及随附单证并签名盖章,到货物所在地海关提交书面单证并办理相关手续。申报日期是指申报数据被海关接受的日期。也可以修改申报内容或取消申报,但须注意海关接受申报后,申报内容不得修改,报关单证不得撤销。下列情况经批准可以进行修改或撤销。

① 由于计算机或网络系统等方面的原因导致数据错误。

② 原申报货物全部或部分退关。

③ 因报关员操作或书写错误造成申报差错,但未造成危害的。

④ 海关审价或归类后需对原数据进行修改的。

⑤ 根据国际惯例采用暂时价格先行成交,实际结算时按商品品质或国际市场价格付款方式需要修改原申报单。

不接受申报是报关企业收到海关反馈的"不接受申报"的报文后,表示申报不成功,应根据报文提示的问题进行修改,并重新申报。如果申报成功,就进入查验阶段。

申报当事人要配合查验。配合查验包括:①负责搬运货物、开箱、封箱;②回答提问,提供有关单证;③需要做进一步检验、化验或鉴定的货样,收取海关开具的取样清单;④确认查验结果,在《海关进出境货物查验记录单》上签字。

海关对进出口货物的报关,经过审核报关单据、查验实际货物,并依法办理了征收货物税费手续或减免税手续后,在有关单据上签盖放行章,货物的所有人或其代理人才能提取或装运货物。此时,海关对进出口货物的监管才算结束。另外,进出口货物因各种原因需海关特殊处理的,可向海关申请担保放行。海关对担保的范围和方式均有明确的规定。

9.2 索赔

1. 索赔的概念

【案例9-5】上海DHF食品公司向新加坡SWX公司以CIF新加坡条件出口一批土特产,新加坡SWX公司又将该批货物转给马来西亚的KKW公司。货到新加坡后,新加坡SWX公司发现货物的质量有问题,但新加坡SWX公司仍将原货转销至马来西亚。其后,新加坡SWX公司在合同规定的索赔期限内凭马来西亚商检机构签发的检验证书,向上海DHF食品公司提出退货要求。上海DHF食品公司应如何处理?为什么?

【案例分析】上海DHF食品公司应拒绝理赔。因为新加坡SWX公司发现货物有质量问题仍将原货转销至马来西亚。其后,新加坡SWX公司在合同规定的索赔期限内凭马来西亚商检机构签发的检验证书提出退货要求,是有悖常理的。而且合同中对商品质量检验的机构没有做明确的规定,所以我方拒绝理赔。

索赔(claim)是受到损失的一方当事人向违约的一方当事人提出损害赔偿的要求,相对而言,违约的一方受理另一方的索赔要求,即称为理赔(settlement of claim)。索赔和理赔是一个问题的两个方面,在受害方是索赔,在违约方是理赔。

【案例9-6】上海某公司向某国出口一批冻鸡,到货后买方在合同规定的索赔有效期内向我方提出品质索赔,索赔金额约占合同金额的半数以上。买方附来的证件有:①法定商品检验证,注明该商品有变质现象(表面呈乌黑色,实际上为一小部分乌皮鸡),但未注明货物的详细批号,也未注明变质货物的数量与比例。②官方化验机构根据当地某食品零售商店送验的食品而做出的品质变质证明,我方未经详细分析就复函对方同意赔偿。试分析我方对此处理的不当之处。

【案例分析】我方未经详细分析就复函对方同意赔偿是不妥当的。买方附来的证件未注明货物的详细批号,也未注明变质货物的数量与比例,且官方化验机构是根据当地某食品零售商店送验的食品而做出的品质变质证明。以上让我方赔偿的理由是不充分的。

2. 国际合同中的索赔条款

索赔条款是指双方当事人在国际货物买卖合同中约定,当发生违约情况时,一方应承担什么责任,一方可享有什么权利以弥补损失。

在索赔条款中应明确下列三项内容。

1) 索赔期限

索赔须在准据法规定的期限或合同约定的期限内作出,逾期则可以被认为是受损害人放弃要求对方赔偿损失。违约方也有权依据对方逾期未提出赔偿损失请求的事实拒绝其过后提出的任何请求。

2) 索赔依据

该依据须有两个。即事实上的依据和法律上的依据。所谓事实上的依据就是指当事人在提出索赔请求时须提供对方违约的证据,此证据须是确凿有效,一般双方在合同中明确规定;所谓法律上的依据是指受害方在提出索赔的时间、举证、要求补救的方法或要求赔偿的金额等方面都必须符合责任方国家法律的规定或国际公约的规定,或者符合国际贯彻的精神。

3) 索赔方式

(1) 异议与索赔(discrepancy and claim)条款是针对卖方交货的品质、数量或包装不符合同规定而订立的,例如,买方对于装运货物的任何异议,必须于货物运抵提单所列明的目的港 30 天内提出,并且须提供经卖方认可的公证机构出具的检验报告。如果货物已经过加工,买方即丧失索赔权利。此外,属于保险公司或轮船公司责任范围的索赔,卖方不予受理。

(2) 罚金(penalty)条款与"异议与索赔"条款的不同之处在于,罚金条款仅适用于卖方延期交货或买方延期接货,并在条款中规定了罚金的计算方法。例如,若卖方不能如期交货,在卖方同意由付款行从议付的货款中或从买方直接支付的货款中扣除罚金的条件下,买方可同意延期交货。延期交货的罚金不得超过延期交货部分金额的 5%。罚金按每 7 天收取延期交货部分金额的 0.5%,不足 7 天按 7 天计算。例如,卖方未按合同规定的装运期交货超过 10 周时,买方有权撤销合同,并要求卖方支付上述延期交货罚金。

3. 签订索赔条款时应注意的事项

国际贸易过程中的争议和索赔情况经常发生,直接关系到贸易双方的经济利益,国际贸易合同中的索赔条款签订的完善与否,是受损方获得理赔成功的关键。在签订国际贸易合同时,除订好以上两种索赔条款外,同时还应充分考虑融入不可抗力、仲裁条款,附带写明合同双方产生纠纷时申请仲裁的机构。

1) 明确索赔期限,包括索赔有效期和品质保证期

索赔有效期是指买方对卖方未按合同约定要求提供商品时,买方向卖方提出赔偿要求的时间期限。索赔有效期的约定应根据进口商品的特点、运输、检验检疫条件等情况而定,一般商品为 40 天、60 天、90 天。针对数量较多,技术较复杂,检测时间较长的商品,索赔有效期可适当延长,可订为 120 天、160 天、180 天。明确索赔期限另一个重要的问题是索赔期开始计算的时间。根据国际贸易惯例,开始计算的时间分为装货日期、进口日期、抵岸日期、卸毕日期。以卸毕日期最为合理,对买方也最为有利。

品质保证期是指买方接受卖方货物后,在保存或使用中发现进口商品品质问题而向卖方提出索赔要求的时间期限。一般情况为一年或一年半。起始日期最好订为"从买方收货后检验、验收、启用之日起计算"或"安装调试完毕之日起计算"。

【案例 9-7】 某年某月中国某地粮油进出口公司 A 与欧洲某国一商业机构 B 签订出口大米若干公吨的合同。该合同规定:规格为水分最高 20％,杂质最高为 1％,以中国商品检验局的检验证明为最后依据;单价为每公吨××美元,FOB 中国某港口,麻袋装,每袋净重××公斤,买方须于××××年××月派船只接运货物。B 并没有按期派船前来接运,其一直延误了数月才派船来华接货,当大米运到目的地后,买方 B 发现大米生虫。于是委托当地检验机构对其进行了检验,并签发了虫害证明,买方 B 据此向卖方 A 提出索赔 20％货款的损失赔偿。当 A 接到对方的索赔后,不仅拒赔,而且要求对方 B 支付延误时期 A 方支付的大米仓储保管费及其他费用。另外,保存在中国商品检验局的检验货样至争议发生后仍然完好,未生虫害。

问题:A 要求 B 支付延误时期的大米仓储保管费及其他费用能否成立,为什么?B 的索赔要求能否成立,为什么?

【案例分析】 A 要求 B 支付延误时期的大米仓储保管费及其他费用是合理的。因为 B 并没有按期派船前来接运,其一直延误了数月才派船来华接货,是 B 自己造成延误的。

当大米运到目的地后,买方 B 发现大米生虫。买方委托当地检验机构进行了检验,并签发了虫害证明,提出索赔理由是在仓储保管不善造成的,如果是我方仓储保管不善,我方 A 公司应该赔偿 B 商业机构。

2) 罚金条款

罚金条款包括赔偿损失的办法、金额等,如规定所有退货或索赔所引起的一切费用(包括检验费)及损失均由卖方负担等。在买卖大宗商品机械设备的合同中,一般还会签订罚金条款。其内容主要规定,一方如未履行合同所规定的义务时,应向对方支付一定数量的约定罚金,以补偿对方的损失。这种一般适用于卖方延期交货等。双方还可根据延误时间的长短预先约定补偿的金额,同时规定最高罚金额。

9.3 不可抗力

1. 不可抗力的概念

不可抗力(force majeure)又称人力不可抗拒,是指不能预见、不能避免并不能克服的客观情况。不可抗力的来源既有自然现象,如地震、台风,也包括社会现象,如军事行动。作为人力所不可抗拒的强制力,具有客观上的偶然性和不可避免性,主观上的不可预见性以及社会危害性。世界各国均将不可抗力作为免责的条件,中国民法也不例外。中国法律认为,不可抗力是指不能预见、不能避免并不能克服的客观情况,因不可抗力不能履行合同或者造成他人损害的,不承担民事责任,法律另有规定的除外。凡发生不可抗力,当事人已尽其应尽责任仍未能避免债务不履行或财物毁损时,可不负赔偿责任。但不可抗力发生在债务迟延之后时,债务人仍应负责。不可抗力是相对而言的,随着科技的发达,不可抗力的含义、范围都有可能发生变化。

按《联合国国际货物销售合同公约》解释,是指非当事人所能控制,而且没有理由预期其在订立合同时所能考虑到或能避免或克服它或它的后果而使其不能履行合同义务的障碍。据此,不可抗力是指在合同成立以后所发生的,不是由于当事人一方的故意行为或过失所造成的,对其发生以及造成的后果是当事人不能预见、不能控制、不能避免并不能克服的。

不可抗力是一项免责条款,是指买卖合同签订后,不是由于合同当事人的过失或疏忽,而是由于发生了合同当事人无法预见、无法预防、无法避免和无法控制的事件,以致不能履行或不能如期履行合同,发生意外事件的一方可以免除履行合同的责任或者推迟履行合同。

不可抗力可以是自然原因酿成的,也可以是人为的、社会因素引起的。前者如地震、水灾、旱灾等,后者如战争、政府禁令、罢工等。不可抗力所造成的是一种法律事实。当不可抗力事故发生后,可能会导致原有经济法律关系的变更、消失,如必须变更或解除经济合同;也可能导致新的经济法律关系的产生,如财产投保人在遇到因不可抗力所受到的在保险范围内的财产损失时,与保险公司之间产生出赔偿关系。当不可抗力事故发生后,遭遇事故的一方应采取一切措施,使损失减少到最低限度。

在订立买卖合同时,一般都订有不可抗力条款,其内容包括:不可抗力内容;遭到不可抗力事故的一方,向另一方提出事故报告和证明文件的期限和方式;遭遇不可抗力事故一方的责任范围。如因不可抗力使合同无法履行,则应解除合同。如不可抗力只是暂时阻碍合同履行,则一般采取延期履行合同的方式。凡发生不可抗力事故,当事方已尽力采取补救措施但仍未能避免损失的情况下,可不负赔偿责任。

2. 不可抗力的类型和特点

1) 不可抗力的类型

(1) 自然灾害,如台风、洪水、地震等。

（2）政府行为，如征收、征用。

（3）社会异常事件，如罢工、骚乱。

2）不可抗力的特点

（1）不可抗力是当事人不能预见的事件。

（2）不可抗力是当事人不能控制的事件。

（3）不可抗力是独立于当事人意志和行为以外的事件。

（4）不可抗力是阻碍合同履行的客观事件。

3）不可抗力的认定

某一情况是否属不可抗力，应从以下几个方面综合加以认定。

（1）不可预见性。法律要求构成不可抗力的事件必须是有关当事人在订立合同时，对这个事件是否会发生是不可能预见到的。在正常情况下，对于一般合同当事人来说，判断其能否预见到某一事件的发生有两个不同的标准：一个是客观标准，就是在某种具体情况下，一般理智正常的人能够预见到的，合同当事人就应预见到；如果对该种事件的预见需要有一定专门知识，那么只要具有这种专业知识的一般正常水平的人所能预见到的，则该合同的当事人就应该预见到。另一个是主观标准，就是在某种具体情况下，根据行为人的主观条件如年龄、智力发育状况、知识水平、教育和技术能力等来判断合同的当事人是否应该预见到。这两种标准，可以单独运用，但在多种情况下应结合使用。

（2）不可避免性。合同生效后，当事人对可能出现的意外情况尽管采取了及时合理的措施，但客观上并不能阻止这一意外情况的发生，这就是不可避免性。如果一个事件的发生完全可以通过当事人及时合理的作为而避免，则该事件就不能认定为是不可抗力。

（3）不可克服性。不可克服性是指合同的当事人对于意外发生的某一个事件所造成的损失不能克服。如果某一事件造成的后果可以通过当事人的努力而得到克服，那么这个事件就不是不可抗力事件。

以上不可抗力的不能预见、不能避免并不能克服性的客观情况，构成不可抗力偶然性。不可抗力所指的事件必须是当事人在订立合同时不可预见的事件，它在合同订立后的发生纯属偶然。当然，这种预料之外的偶然事件，并非是当事人完全不能想象的事件，有些偶然事件并非当事人完全不能预见。但是由于它出现的概率极小，而被当事人忽略不计，把它排除在正常情况之外，但结果这种偶然事件真的出现了，这类事件仍然属于不可预见的事件。

不可抗力事件的不可预见性和偶然性决定了人们不可能列举出它的全部外延，不能穷尽人类和自然界可能发生的种种偶然事件。所以，尽管世界各国都承认不可抗力可以免责，但是没有一个国家能够确切地规定不可抗力的范围，而且由于习惯和法律意识的不同，各国对不可抗力的范围理解也不同。根据中国实践、国际贸易惯例和多数国家有关法律的解释，不可抗力事件的范围主要由两部分构成：一是由自然原因引起的自然现象，如火灾、旱灾、地震、风灾、大雪、山崩等；二是由社会原因引起的社会现象，如战争、动乱、政府干预、罢工、禁运、市场行情等。一般来说，把自然现象及战争、严重的动乱看成不可抗力事件在各国都是一致的，而对上述事件以外的人为障碍，如政府干预、不颁发许可证、罢工、市场行情的剧烈波动，以及政府禁令、禁运及政府行为等归入不可抗力事件常引起争议。因此,当事人在签订合同时应具体约定不可抗力的范围。事实上,各国都允许当事人在签订合同时自行约定不可抗力的范围。自行约定不可抗力的范围实际上等于自订免责条款。当事人订立这类条款的方法一般有三种:第一种是概括式。即在合同中只概括地规定不可抗力事件的含义,不具体罗列可能发生的事件。如果合同签订后,客观情况发生了变化,双方对其含义发生争执,则由受理案件的仲裁机关或法院根据合同的含义解释发生的客观情况是否构成不可抗力;第二种是列举式。即在合同中把属于不可抗力的事件一一罗列出来,凡是发生了所罗列的事件即构成不可抗力,凡是发生了合同中未列举的事件,即不构成不可抗力事件;第三种是综合式,即在合同中既概括不可抗力的具体含义,又列举属于不可抗力范围的事件。

不可抗力条款是一种免责条款,即免除由于不可抗力事件而违约的一方的违约责任。一般应规定的内容包括:不可抗力事件的范围,事件发生后通知对方的期限,出具证明文件的机构以及不可抗力事件的后果。

(4) 不可控制的客观性。不可抗力事件必须是该事件的发生是因为债务人不可控制的客观原因所导致的,债务人对事件的发生在主观上既无故意,也无过失,主观上也不能阻止它的发生。债务人对于非因为可归责于自己的原因而产生的事件,如果能够通过主观努力克服它,就必须努力去做,否则就不足以免除其债务。

(5) 履行期间性。对某一个具体合同而言,构成不可抗力的事件必须是在合同签订之后、终止以前,即合同的履行期间内发生的。如果一项事件发生在合同订立之前或履行之后,或在一方履行延迟而又经对方当事人同意时,则不能构成这个合同的不可抗力事件。

构成一项合同的不可抗力事件,必须同时具备上述五个要件,缺一不可。

3. 不可抗力的注意事项

在不可抗力的使用上,应注意以下几个问题。

(1) 合同中是否约定不可抗力条款,不影响直接援用法律规定。

(2) 不可抗力条款是法定免责条款,约定不可抗力条款如小于法定范围,当事人仍可援用法律规定主张免责;如大于法定范围,超出部分应视为另外成立了免责条款。

(3) 不可抗力作为免责条款具有强制性,当事人不得约定将不可抗力排除在免责事由之外。

(4) 不可抗力的免责效力。因不可抗力不能履行合同的,根据不可抗力的影响,部分或全部免除责任。但有以下例外:金钱债务的迟延责任不得因不可抗力而免除;迟延履行期间发生的不可抗力不具有免责效力。

4. 不可抗力的处理

发生不可抗力事故后,应按约定的处理原则及时进行处理。不可抗力的后果有三种:第一种是解除合同,第二种是部分履行,部分不履行,第三种是延期履行合同。究竟如何处理,应视事故的原因、性质、规模及其对履行合同所产生的实际影响程度而定。

【案例 9-8】上海日出公司与澳大利亚商人签订小麦进口合同 200 万公吨,交货期为某年 5 月,但澳大利亚在交货期年度遇到干旱,不少项目产区欠收 2%,而且当年由于苏联严重缺粮,从美国购买大量小麦,导致世界小麦价格上涨,澳商提出推迟到下年度履行合同,中方是否可以同意?为什么?

【案例分析】中方可以不同意。澳大利亚在交货期年度遇到干旱,不少项目产区欠收2%,澳大利亚可以考虑从其他国家,如美国进口小麦,以执行与上海日出公司的合同。

5. 不可抗力的通知和证明

中国法律规定,当不可抗力发生后,当事人一方因不能按规定履约要取得免责权利,必须及时通知另一方,并在合理时间内提供必要的证明文件,以减轻可能给另一方造成的损失。按《联合国国际货物销售合同公约》,如果当事人一方未及时通知而给对方造成损害的,仍应负赔偿责任。在实践中,为防止争议发生,不可抗力条款中应明确规定具体的通知和提交证明文件的期限和方式。

关于不可抗力的出证机构,我国一般由中国国际贸易促进委员会中国国际商会出具。如由对方提供时,则大多数由当地的商会或登记注册的公证机构出具。另一方当事人在收到不可抗力的通知及证明文件后,无论同意与否,都应及时回复。

9.4 仲裁

9.4.1 仲裁概述

1. 仲裁的概念

仲裁(abitration)一般是指当事人根据他们之间订立的仲裁协议,自愿将其争议提交由非司法机构的仲裁员组成的仲裁庭进行裁判,并受该裁判约束的一种制度。仲裁活动和法院的审判活动一样,关乎当事人的实体权益,是解决民事争议的方式之一。仲裁是舶来品,源于日本词汇,对仲裁的通俗理解就是让大家来评评理。

仲裁是一个法律术语,是指由双方当事人协议将争议提交(具有公认地位的)第三者,由该第三者对争议的是非曲直进行评判并作出裁决的一种解决争议的方法。仲裁异于诉讼和审判,仲裁需要双方自愿,也异于强制调解,它是一种特殊调解,是自愿型公断,区别于诉讼等强制型公断。

商业仲裁是指买卖双方在纠纷发生之前或发生之后,签订书面协议,自愿将纠纷提交双方所同意的第三者予以裁决,以解决纠纷的一种方式。仲裁协议有两种形式:一种是在争议发生之前订立的,它通常作为合同中的一项仲裁条款出现;另一种是在争议之后订立的,它是把已经发生的争议提交给仲裁的协议。这两种形式的仲裁协议,其法律效力是相同的。

民事争议通常可以采取向法院起诉和申请仲裁机构审理两种方法。

仲裁机构和法院不同。法院行使国家所赋予的审判权,向法院起诉不需要双方当事人在诉讼前达成协议,只要一方当事人向有审判管辖权的法院起诉,经法院受理后,另一方必须应诉。仲裁机构通常是民间团体的性质,其受理案件的管辖权来自双方协议,没有协议就无权受理。

2. 仲裁的发展历程

在投资过程中,仲裁对于解决投资者纠纷比法律诉讼更快捷更经济。与法官判决和陪审制度不同,仲裁制度在判定违规行为时使用改正和赔偿。在仲裁结束后,仲裁员的裁定是最终的,如果任何一方不满,都不能反悔或提起诉讼。只有很少的情况可能改变。

进入 20 世纪以后,各国已普遍把仲裁作为解决国际贸易争议的一种方式。1923 年由国际联盟主持,在日内瓦签订了一项《仲裁条款议定书》,缔约国承认当事人签订的仲裁协议是有效的。1927 年又签订了一项《关于执行外国仲裁裁决的公约》,承认在缔约国国境内作出的仲裁裁决在其他缔约国都应当承认有效,并且可以执行,这两个公约的签订有利于国际商事仲裁工作的开展。在第二次世界大战前后,许多国家相继成立了常设的仲裁机构。

1958 年联合国通过了《承认和执行外国仲裁裁决的公约》(中国已参加)。联合国国际贸易法委员会又于 1976 年制定了《仲裁规则》,推荐给各国经济贸易界使用。仲裁作为解决国际商事争议的一种方式,已在国际上得到普遍承认和广泛使用。不仅大多数商品买卖的合同中订有仲裁条款,其他经济贸易合同,如经济合作、技术转让、国际信贷、合营企业等合同也普遍采用仲裁方式来解决争议。

3. 中国的仲裁

中国现有两种仲裁。一种是国内企业之间有关经济合同争议的仲裁;另一种是涉外经济贸易和海事合同争议的仲裁。

相关法律规定,国内企业间签订的经济合同发生争议时,任何一方当事人均可向国家规定的合同管理机关申请调解或仲裁,也可以直接向人民法院起诉。中国统一管理经济合同的部门是中央和地方各级工商行政管理局。按照国内的仲裁制度,经济合同争议的当事人在申请仲裁时,不需要事先签订仲裁协议,当事人也没有选择仲裁员的自由,仲裁员由仲裁机构指定。仲裁机构对双方当事人首先进行调解,调解不成时,再行仲裁。仲裁机构做出的裁决,当事人不服的,可以在收到裁决书之日起 15 日内向人民法院起诉;期满不起诉的,即发生法律效力。

此外,经济合同当事人向合同管理机关申请调解或仲裁,应从其知道或应当知道权利被侵害之日起一年内提出,超过期限的一般不予受理。

为了适应中国对外贸易发展的需要,中央人民政府政务院 1954 年作出《关于在中国国际贸易促进委员会内设立对外贸易仲裁委员会的决定》。中国国际贸易促进委员会于 1956 年制定了对外贸易仲裁程序规则,成立了对外贸易仲裁委员会。对外贸易仲裁委员会受理对外贸易合同和交易中发生的争议,包括由于有关商品的运输、保险、保管等方面所发生的争议。

1958 年国务院又作出《关于在中国国际贸易促进委员会内设立海事仲裁委员会的决定》。中国国际贸易促进委员会于 1959 年制定了海事仲裁程序规则,成立了海事仲裁委员会。海事仲裁委员会受理下列三方面的海事争议:①关于海上救助报酬的争议。②关于海上船舶碰撞所发生的争议。③关于海上船舶租赁业务、海上船舶代理业务和根据运输合同、提单或者其他运输文件而办理的海上运输业务以及海上保险等所发生的争议。

为了适应对外经济贸易不断发展的需要,国务院于 1980 年决定将对外贸易仲裁委员会改称为对外经济贸易仲裁委员会,其受理案件的范围也扩大到有关中外合资经营企业,外国人来华投资建厂,中外银行相互信贷等各种对外经济合作方面所发生的争议。组织机构也相应扩大。

国内知名度最高的仲裁机构是北京仲裁委员会、中国国际经济贸易仲裁委员会等。

仲裁是独立于政府机构的民间性争议解决机构,但是中国国内的仲裁机构中能够坚持民间性的并不是很多。

中国涉外仲裁机构处理案件的原则是贯彻执行独立自主的方针,平等互利的政策,并参照国际习惯的做法进行工作。处理案件时,既要遵守中国的法律,又要尊重双方签订的合同条款,同时还要参考国际上长期以来在业务实践中所形成的一些合理的做法,把这三方面有机地结合起来。总的精神是要求做到公平合理、实事求是。

重视通过调解来解决对外贸易和海事争议,是中国仲裁工作的一个特点。

仲裁委员会处理涉外经济贸易和海事争议,不仅是为了使争议得到合理解决,而且是要通过争议的解决使争议双方的贸易关系得到进一步的发展,促进中国同各国人民间的友好相处。因此,仲裁委员会在受理争议案件时,应发扬中国采用调解来解决民事争议这一行之有效的传统做法,使调解和仲裁相结合。在分清是非、明确责任的前提下,在当事人双方自愿的基础上,凡能调解解决的案件,尽量调解解决。但调解并不是仲裁的必经程序,只要有一方当事人不同意调解,就不进行调解。实践证明,绝大多数案件可以以调解方式解决,并且受到中外当事人的欢迎。

中国涉外仲裁委员会又发展了原有的调解方式,和国外有关仲裁机构举办联合调解。对外贸易仲裁委员会曾和美国仲裁协会联合调解解决了几个中美贸易合同的争议问题,取得了良好的效果。中国国际贸易促进委员会和法国工业产权局签订的《关于解决中法工业产权贸易争议的议定书》中,规定可以由双方联合调解解决有关工业产权贸易的争议。对外经济贸易仲裁委员会和意大利仲裁协会签订的仲裁合作协议也有联合调解的规定。

采用调解办法解决国际商事争议,已得到国际仲裁界的重视。美国仲裁协会过去不采用调解办法,现在不仅采用,而且在积极宣传调解的优越性。英国自1979年修改仲裁法后也允许调解解决商事争议。联合国国际贸易法委员会继1976年制定仲裁规则之后,又在1980年制定了调解规则,推荐给各国使用。1982年6月国际商事仲裁委员会在联邦德国汉堡举行的第七届国际仲裁大会上,把调解作为会议的一个重要议题。

4. 外国的仲裁制度

世界上许多国家都制定了仲裁法规并设立了仲裁机构。各国仲裁机构有的附设在商会性质的社会团体内,有的则独立存在。

瑞典的仲裁院设在斯德哥尔摩商会内,没有设置仲裁员名册。仲裁庭由3人组成,双方当事人可任意选任一人为仲裁员。仲裁员不受国籍的限制。另一名仲裁员则由仲裁院指定,并担任仲裁庭主席。如果一方当事人不指定仲裁员,则由仲裁院代为指定。奥地利的仲裁庭的组成和瑞典相似。

美国和日本的仲裁制度相似。美国仲裁协会和日本商事仲裁协会的仲裁规则,都规定如果当事人在仲裁协议中规定了仲裁员的人数和指定仲裁员的办法,可以按双方当事

人指定的仲裁员组成仲裁庭。如果协议对仲裁员的产生没有具体规定,美国仲裁协会将分别向双方当事人提供合格的仲裁员名单,当事人可以将其不愿意选任的仲裁员姓名划去,把名单送还仲裁协会,由协会在双方愿意的人选中选定一人担任。日本商事仲裁协会制定了一个包括200多人的仲裁员名册。当事人可按照仲裁协议规定的人数指定仲裁员。

5. 国际上主要的仲裁组织

(1) 国际商事仲裁委员会

国际商事仲裁委员会是国际仲裁界最大的民间性国际组织。其宗旨是促进国际仲裁合作和统一化,交流仲裁工作经验。1961年举行了第一届国际仲裁大会,国际商事仲裁委员会是国际仲裁大会的常设机构。国际商事仲裁委员会1976年在维也纳召开的期中会议,1978年在墨西哥召开的第六届大会,中国都派了观察员前往参加。1982年6月在汉堡召开的第七届大会,中国仲裁委员会派代表参加并应邀在会上介绍了中国以调解方式解决争议的经验。

(2) 国际海事仲裁员大会

国际海事仲裁员大会是1972年在莫斯科举行的国际仲裁大会后成立。该会主要是交流经验,讨论海事仲裁的专门问题。参加大会的有近30个国家和地区的海事仲裁员、律师、大学教授、船舶制造商、船东、运输代理及经纪人等160多人,主要来自英、美、法、意等国家,来自第三世界国家的占1/10。中国海事仲裁委员会曾派观察员参加第二届以后的各届大会。

(3) 解决投资争端国际中心

解决投资争端国际中心是一个在国际复兴开发银行支持下成立的仲裁机构。1965年国际复兴开发银行执行董事会通过了《关于解决各国和其他国家的国民之间的投资争端的公约》。根据公约的规定,1966年成立了解决投资争端国际中心。它受理案件必须符合以下3项条件:①争议当事人一方必须是缔约国,另一方是另一缔约国的国民;②争议应当是直接由于投资引起的;③必须当事人各方同意,投资中心才能取得管辖权。投资中心受理案件后可以进行调解。调解建议不具有法律拘束力。

6. 涉外争议的仲裁协议和仲裁程序

(1) 仲裁协议

根据各国仲裁法律的规定,仲裁协议是涉外仲裁机构或仲裁庭(员)受理争议案件的根据。如果双方当事人没有达成仲裁协议,即使一方当事人申请仲裁,仲裁机构也无权受理。凡订有仲裁协议的争议,各国法律通常规定不允许再向法院起诉。

仲裁协议应当是书面的,有两种形式:①在合同中规定仲裁条款;②用其他形式规定的仲裁协议,如有关仲裁的特别协议、往来函电,以及其他有关文件内的特别约定等。

仲裁协议的主要内容一般应包括仲裁地点、仲裁机构、仲裁程序和仲裁裁决的效力等四点。中国对外经济贸易和海事合同中对仲裁协议主要采用以下几种方式:①在中国的涉外仲裁机构,即中国国际贸易促进委员会对外经济贸易仲裁委员会或海事仲裁委员会,根据中国的仲裁程序规则进行仲裁;②在被诉人所在国家的仲裁机构进行仲裁,如果中国当事人是被诉人,应在中国仲裁机构根据中国的仲裁规则进行仲裁,如果外国当事人是被诉人,则应在对方国家的仲裁机构根据该仲裁机构的规则进行仲裁;③在双方商定的第三国的仲裁机构,根据该机构的仲裁规则进行仲裁;④采取组织临时仲裁庭的办法,仲裁庭的组成和仲裁程序可以由双方当事人自行商定,也可以在双方当事人同意的情况下,按照《联合国国际贸易法委员会仲裁规则》进行。

（2）仲裁程序

对于订有仲裁协议合同的,双方发生争议而又不能自行协商解决时,任何一方当事人都可以向仲裁机构提出仲裁申请。仲裁申请书要说明:①申诉人和被诉人的名称和地址;②案情经过;③申诉人的要求和所根据的事实和证据。仲裁员一般可以由当事人各自选定一人。按照中国的仲裁规则,申诉人和被诉人应当在中国国际贸易促进委员会仲裁委员会委员中各自指定一人为仲裁员,再由两个被指定的仲裁员在委员中选定一人为首席仲裁员组成仲裁庭共同审理。双方当事人也可以共同选定一人为独任仲裁员,单独审理。

中国仲裁庭审理案件一般公开进行。如果有当事人双方或一方申请,仲裁庭也可决定不公开进行。案件的审理日期,由仲裁委员会主任和首席仲裁员或独任仲裁员会商决定。决定后,应及时通知双方当事人。当事人可以亲自,也可委派代理人,向仲裁委员会办理有关仲裁事项,代表当事人出庭。

仲裁庭由 3 人组成时,裁决由多数仲裁员决定。裁决书必须说明理由。仲裁裁决是终局裁决,双方当事人都不可以向法院或其他机关提出变更要求。当事人应依照裁决所规定的期限自动履行。应在中国履行的裁决,如果一方当事人逾期不履行,对方当事人可向仲裁机构所在地或财产所在地的中级人民法院申请依法执行。中国和某些国家签订的双边贸易、航海和经济合作条约或协定中,订有相互保证仲裁裁决执行的条款,对于需要到外国去执行的裁决可根据这些条约或协定的规定,向对方国家的法院或执行机构申请执行。

9.4.2　仲裁的适用范围

仲裁的适用范围是指哪些纠纷可以通过仲裁解决,哪些纠纷不能以仲裁来解决,这就是我们通常讲的"争议的可仲裁性"。

《中华人民共和国仲裁法》(简称《仲裁法》)第 2 条规定,平等主体的公民、法人和其他组织之间发生的合同纠纷和其他财产权益纠纷,可以仲裁。这里明确了三条原则:一是发生纠纷的双方当事人必须是民事主体,包括国内外法人、自然人和其他合法的具有独立主体资格的组织;二是仲裁的争议事项应当是当事人有权处分的;三是仲裁范围必须是合同纠纷和其他财产权益纠纷。

合同纠纷是在经济活动中,双方当事人因订立或履行各类经济合同而产生的纠纷,包括国内、国外平等主体的自然人、法人以及其他组织之间的国内外各类经济合同纠纷、知识产权纠纷、房地产合同纠纷、期货和证券交易纠纷、保险合同纠纷、借贷合同纠纷、票据纠纷、抵押合同纠纷、运输合同纠纷和海商纠纷等,还包括涉外的、涉及香港、澳门和台湾地区的经济纠纷,以及涉及国际贸易、国际代理、国际投资、国际技术合作等方面的纠纷。

其他财产权益纠纷,主要是指由侵权行为引发的纠纷,这在产品质量责任和知识产权领域的侵权行为见之较多。

根据《仲裁法》的规定,有以下两类纠纷不能仲裁。

(1) 婚姻、收养、监护、扶养、继承纠纷不能仲裁。这类纠纷虽然属于民事纠纷,也不同程度地涉及财产权益争议,但这类纠纷往往涉及当事人本人不能自由处分的身份关系,需要法院作出判决或由政府机关做出决定,不属仲裁机构的管辖范围。

(2) 行政争议不能仲裁。行政争议,亦称行政纠纷,行政纠纷是指国家行政机关之间,或者国家行政机关与企事业单位,社会团体以及公民之间,由于行政管理而引起的争议。外国法律规定这类纠纷应当依法通过行政复议或行政诉讼解决。

《仲裁法》还规定,劳动争议和农业集体经济组织的内部的农业承包合同纠纷的仲裁,由国家另行规定,也就是说解决这类纠纷不适用《仲裁法》。这是因为,劳动争议,农业集体经济组织内部的农业承包合同纠纷虽然可以仲裁,但它不同于一般的民事经济纠纷,因此只能另作规定予以调整。

从字面上来看,"仲"就是居于中间,"裁"就是裁定解决,合起来"仲裁"的含义就是居中裁决。这很形象地说明了仲裁的特点。法律意义上的仲裁,就是指争议双方的当事人自愿将他们之间的纠纷提交仲裁机关,由仲裁机关以第三者的身份进行裁决。仲裁并不是一种法定的诉讼程序,仲裁机构也不是国家机关,但仲裁裁决具有法律效力,当事人必须执行。

仲裁与诉讼有很大的不同。仲裁只适用于民事纠纷,行政案件特别是刑事案件不适用仲裁的方式。进入仲裁程序必须以双方当事人自愿为前提。一般来说,进入仲裁程序的双方当事人都是事先在合同中订立了仲裁条款,或者是在争议发生后,经双方协商同意以仲裁方式解决纠纷。如果只是一方当事人单方面提起仲裁,仲裁机构不能受理。此外,仲裁机构专业性强,仲裁程序比较简单,不像审判程序那么严格复杂,而且中国民事仲裁采取"一裁终局"制,解决争议比较迅速。不过,仲裁机构对自己做出的裁决,无权强制执行,若当事人不履行,另一方当事人只能请求人民法院强制执行。根据仲裁的这些特点,当事人可以选择以何种方式解决争议。

仲裁是由双方当事人自愿选择的解决纠纷的途径,一般来说,当事人经过仲裁程序后,即使对仲裁裁决不服,也不能再提起诉讼。但是,中国的劳动仲裁有些特殊的地方,依照劳动法的规定,劳动争议要先经过劳动仲裁委员会仲裁,对劳动争议仲裁裁决不服的,才可以向人民法院提起诉讼。

仲裁制度是指民(商)事争议的双方当事人达成协议,自愿将争议提交选定的第三者根据一定程序规则和公正原则作出裁决,并有义务履行裁决的一种法律制度。

仲裁通常为行业性的民间活动,是一种私人行为,即私人裁判行为,而非国家裁判行为,它与和解、调解、诉讼并列为解决民(商)事争议的方式。但仲裁依法受国家监督,国家通过法院对仲裁协议的效力、仲裁程序的制定以及仲裁裁决的执行和遇有当事人不自愿执行的情况时可按照审判地法律所规定的范围进行干预。因此,仲裁活动具有司法性,是中国司法制度的一个重要组成部分。

9.4.3　仲裁时效

1. 仲裁时效的定义

仲裁时效是指权利人向仲裁机构请求保护其权利的法定期限,若权利人在法定期限内没有行使权利,即丧失提请仲裁以保护其权益的权利。仲裁分为商事仲裁和劳动仲裁两个大类。《中华人民共和国仲裁法》第 74 条规定:"法律对仲裁时效有规定的,适用该规定。法律对仲裁时效没有规定的,适用诉讼时效的规定。"

2. 商事仲裁的时效

纵观中国现行法律的相关规定,并未见涉及商事仲裁时效的特别规定,由此,依照《仲裁法》第 74 条的规定,商事仲裁时效适用相关诉讼时效的规定,具体包括:

《中华人民共和国民法典》第 594 条规定,因国际货物买卖合同和技术进出口合同争议提起诉讼或者申请仲裁的期限为四年。

《中华人民共和国劳动争议调解仲裁法》第 27 条规定,劳动争议申请仲裁的时效期间为一年。

3. 仲裁时效的计算

仲裁时效期间应从权利人知道或者应当知道权利被侵害时起计算,有关诉讼时效中止及中断的规定也应适用于商事仲裁时效和劳动仲裁时效。在仲裁时效期间的最后 6 个月内,权利人因不可抗力或者其他障碍不能行使请求权的,仲裁时效中止,从中止的原因消除之日起,仲裁时效期间继续计算;权利人提出要求或者义务人同意履行的行为可构成仲裁时效中断,从中断时起,仲裁时效期间得以重新计算。

4. 仲裁的类型

1) 国内仲裁和涉外仲裁

根据所处理的纠纷是否具有涉外因素,仲裁可分为国内仲裁和涉外仲裁。前者是该国当事人之间为解决没有涉外因素的国内民商事务纠纷的仲裁;后者是处理涉及外国或外法域的民商事务争议的仲裁。

2) 临时仲裁和机构仲裁

根据是否存在常设的专门仲裁机构,仲裁可以分为临时仲裁和机构仲裁。临时仲裁是当事人根据仲裁协议,将他们之间的争议交给临时组成的仲裁庭而非常设性仲裁机构进行审理并作出裁决意见的仲裁。机构仲裁是当事人根据其仲裁协议,将他们之间的纠纷提交给某一常设性仲裁机构所进行的仲裁。

3) 依法仲裁和友好仲裁

根据仲裁裁决的依据不同,仲裁可分为依法仲裁和友好仲裁。依法仲裁是指仲裁庭依据一定的法律规定对纠纷进行裁决。友好仲裁则是指仲裁庭依当事人的授权,依据当事人所认为的公平的标准作出对当事人有约束力的裁决。

5. 仲裁的特点

1) 自愿性

当事人的自愿性是仲裁最突出的特点。仲裁以双方当事人的自愿为前提,即当事人之间的纠纷是否提交仲裁,交与谁仲裁,仲裁庭如何组成,由谁组成,以及仲裁的审理方式、开庭形式等都是在当事人自愿的基础上,由双方当事人协商确定的。因此,仲裁是最能充分体现当事人意思自治原则的争议解决方式。

2）专业性

民商事纠纷往往涉及特殊的知识领域,会遇到许多复杂的法律、经济贸易和有关的技术性问题,故专家裁判更能体现专业权威性。

因此,由具有一定专业水平和能力的专家担任仲裁员对当事人之间的纠纷进行裁决是保证仲裁公正性的重要保障。根据中国仲裁法的规定,仲裁机构都备有专业的,由专家组成的仲裁员名册供当事人进行选择,专家仲裁由此也成为民商事仲裁的重要特点之一。

3）灵活性

由于仲裁充分体现了当事人的意思自治,仲裁中的诸多具体程序都是由当事人协商确定与选择的,因此,与诉讼相比,仲裁程序更加灵活,更具有弹性。

4）保密性

仲裁以不公开审理为原则。有关的仲裁法律和仲裁规则也同时规定了仲裁员及仲裁秘书人员的保密义务。因此当事人的商业秘密和贸易活动不会因仲裁活动而泄露。仲裁表现出极强的保密性。

5）快捷性

仲裁实行一裁终局制,仲裁裁决一经仲裁庭作出即发生法律效力。这使当事人之间的纠纷能够迅速得以解决。

6）经济性

仲裁的经济性主要表现在:时间上的快捷性使得仲裁所需费用相对减少;仲裁无须多审级收费,使得仲裁费往往低于诉讼费;仲裁的自愿性、保密性使当事人之间通常没有激烈的对抗,且商业秘密不必公之于世,对当事人之间今后的商业机会影响较小。

7）独立性

仲裁机构独立于行政机构,仲裁机构之间也无隶属关系。在仲裁过程中,仲裁庭独立进行仲裁,不受任何机关、社会团体和个人的干涉,亦不受仲裁机构的干涉,显示出最大的独立性。

8）国际性

随着现代经济的国际化,当事人进行跨国仲裁已屡见不鲜。仲裁案件的来源、当事人、仲裁庭的组成以及裁决的执行,包含的国际性因素越来越多。

6. 协议仲裁

协议仲裁是仲裁中当事人自愿原则的最根本体现,也是自愿原则在仲裁过程中得以实现的最基本的保证,仲裁法规定仲裁必须有书面的仲裁协议,仲裁协议可以是合同中写明的仲裁条款,也可以是单独书写的仲裁协议书（包括可以确认的其他书面方式）。仲裁协议的内容应当包括请求仲裁的意思表示,约定的仲裁事项,以及选定的仲裁委员会。

1）或裁或审

或裁或审是尊重当事人选择解决争议途径的制度。其含义是,当事人达成书面仲裁协议的,应当向仲裁机构申请仲裁,不能向法院起诉。人民法院也不受理有仲裁协议的起诉。如果一方当事人出于自身的利益或者其他原因，没有信守仲裁协议或者有意回避仲裁而将争议起诉到法院，那么被诉方当事人可以依据仲裁协议向法院提出管辖权异议，并要求法院驳回起诉，法院按照仲裁法的规定，将对具有有效仲裁协议的起诉予以驳回并让当事人将争议交付仲裁。

2）一裁终局

《仲裁法》第 9 条规定，仲裁实行一裁终局的制度，裁决作出后，当事人就同一纠纷再申请仲裁或者向人民法院起诉的，仲裁委员会不予受理。

一裁终局的基本含义在于，裁决作出后，即产生法律效力，即使当事人对裁决不服，也不能就同一案件向法院提出起诉。一裁终局不仅排除了我国沿用多年的一裁二审的可能性，同时也排除了一裁一复议和二裁终局的可能性。

7. 仲裁的基本程序

1）受理

仲裁程序是以当事人向仲裁机构申请仲裁为起始。仲裁委员会收到当事人提交的仲裁申请书后，认为符合受理条件的，在收到仲裁申请书之日起五日内向申请人发出受理通知书，同时向被申请人发出仲裁通知书及附件。双方当事人在收到受理通知书或仲裁通知书后，应当做好以下几项工作。

申请人须在规定的期限内预交仲裁费用，否则将视为申请人撤回仲裁申请；被申请人可在仲裁通知书规定的期限内向仲裁委员会提交书面答辩书；双方当事人分别做好证据材料的核对及整理工作，必要时可提交补充证据；及时提交仲裁员选定书、法定代表人证明书、详细写明委托权限的授权委托书等有关材料；在被申请人下落不明的情况下，申请人应主动查找其下落，并向仲裁委员会提交被申请人的确切住所，否则将影响仲裁程序的进行；被申请人若要提出仲裁反请求，则必须在仲裁规则规定的期限内提出。

此外，双方当事人均有权向仲裁委员会申请财产保全和证据保全，有权委托律师和其他代理人进行仲裁活动。

2）组庭

双方当事人应当在规定的期限内约定仲裁庭的组成方式并选定仲裁员。若当事人在规定的期限内未能约定仲裁庭的组成方式或者选定仲裁员的，则由仲裁委员会主任指定。仲裁庭组成后，仲裁委员会向双方当事人发出组庭通知书。

当事人在收到组庭通知书后，对仲裁员的公正性有怀疑时，可以在首次开庭前提出回避申请，同时应当说明理由。若回避事由在首次开庭后知道的，可以在最后一次开庭终结前提出。因回避而重新选定或指定仲裁员后，当事人可以请求已进行的仲裁程序重新进行，而是否准许，由仲裁庭决定。

3）开庭审理

仲裁委员会应当在仲裁规则规定的期限内将开庭日期通知双方当事人。当事人在收到开庭通知书后，应当注意以下几个问题。

（1）当事人若确有困难，不能在所定的开庭日期到庭，则可以在仲裁规则规定的期限内向仲裁庭提出延期开庭请求，是否准许，由仲裁庭决定。申请人经书面通知，无正当理由不到庭或未经仲裁庭许可中途退庭的，视为撤回仲裁申请。被申请人经书面通知，无正

当理由不到庭或者未经仲裁庭许可中途退庭的,仲裁庭可以缺席裁决。

（2）在庭审过程中,当事人享有进行辩论和表述最后意见的权利。

（3）双方当事人应当严格遵守开庭纪律。

当事人申请仲裁后,有自行和解的权利。达成和解协议的,可以请求仲裁庭根据和解协议作出裁决书,也可撤回仲裁申请。在庭审过程中,若双方当事人自愿调解的,可在仲裁庭主持下先行调解。调解成功的,仲裁庭依据已达成的调解协议书制作调解书,当事人可以要求仲裁庭根据调解协议制作裁决书。

调解不成的,则由仲裁庭及时作出裁决。仲裁庭对专门性问题认为需要鉴定的,可以交由当事人共同约定的鉴定部门鉴定,也可以由仲裁庭指定的鉴定部门鉴定,鉴定费用由当事人预交。

4）裁决

仲裁庭在将争议事实调查清楚、宣布闭庭后,应进行仲裁庭评议,并按照评议中的多数仲裁员的意见作出裁决。若仲裁庭不能形成多数意见时,则按照首席仲裁员的意见作出裁决。在裁决阶段,双方当事人享有以下权利。

（1）有权根据实际情况,要求仲裁庭就事实已经清楚的部分先行裁决。

（2）在收到裁决书后的三十日内,当事人有权对裁决书中的文字、计算错误或者遗漏的事项申请仲裁庭补正。

双方当事人在收到裁决书后,应当自觉履行仲裁裁决。

8. 仲裁条款

国际货物买卖合同中,仲裁条款一般应包括仲裁地点、仲裁机构、仲裁规则、裁决的效力及费用的负担等内容。

1）仲裁地点

仲裁地点乃是仲裁条款的核心所在。一般而言,在哪个国家仲裁,就适用哪个国家的法律和仲裁法规。由此可见,仲裁地点不同,所适用的法律可能不同,对双方当事人的权利、义务的解释也会有差异,仲裁结果也就可能不同。因此,买卖双方当事人在协商仲裁地点时,都力争在自己国家或比较了解和信任的地方仲裁。

2）仲裁机构

国际贸易中的仲裁机构有两类,即常设仲裁机构和临时仲裁机构。中国的常设涉外商事仲裁机构是中国国际经济贸易仲裁委员会。该委员会隶属于中国国际贸易促进委员会,总会设在北京,在深圳和上海设有分会。此外,在一些省市还相继设立了一些地区性的仲裁机构。

3）仲裁规则

仲裁规则即进行仲裁的手续、步骤和做法。各仲裁机构都有自己的仲裁规则。按国际仲裁的一般做法,原则上采用仲裁所在地的仲裁规则,但也允许按双方当事人的约定,并经仲裁机构同意,采用仲裁地点以外的其他仲裁机构的仲裁规则进行仲裁。

4）裁决的效力

一般而言,仲裁裁决是终局性的,对争议双方都有约束力,任何一方都不允许向法院起诉要求变更。

5）费用的负担

合同中应明确规定仲裁费用的负担问题。一般规定由败诉方承担,也有的规定为由仲裁庭酌情决定。

9. 仲裁需要提交的准备材料

申诉人向仲裁委员会申请劳动争议仲裁时,应当提交申诉书,并按照被诉人数提交副本。申诉书应当载明申诉人的姓名、职业、住址、工作单位、邮政编码以及联系电话和被诉人(企业)的名称、地址和法定代表人的姓名、职务、联系电话;申诉书应当着重阐明仲裁请求和所根据的事实和理由,并且提供相应的证据材料。仲裁当事人可以委托一至二名律师或者其他人代理参加仲裁活动。委托他人参加仲裁活动时,必须向仲裁委员会提交有委托人签名或者盖章的委托书,且委托书中应当具体明确委托权限有无代为提出、承认、放弃和变更申诉请求、代为进行和解的权利。

除此之外,还需要提供仲裁协议或附有仲裁条款的合同(必须携带原件供核对);身份证明文件(个人提供身份证或其他身份证明文件,法人或其他组织提供企事业证照或批件,以及法定代表人或负责人证明书)。

10. 仲裁地点

仲裁地点是买卖双方磋商仲裁时的一个重点。这主要是因为,仲裁地点与仲裁所适用的程序法,以及合同适用的实体法关系至为密切。中国对合同中的仲裁地点,视对象和情况的不同,一般采用下述三种规定之一。

（1）力争规定在中国仲裁。

（2）可以规定在被告所在国仲裁。

（3）规定在双方认同的第三者国仲裁。

11. 仲裁机构选择

国际中的仲裁,可由双方当事人在仲裁协议中规定在常设的仲裁机构进行,也可以由当事人双方共同指定仲裁员组成临时仲裁庭进行仲裁。当事人双方选用哪个国家(地区)的仲裁机构审理争议,应在合同中做出具体说明。

本 章 小 结

进出口贸易的争议和纠纷的处理就是要解决好商品检验、索赔、理赔、不可抗力的处理、仲裁等方面的问题。

商品检验(commodity inspection)是指商品的产方、买方或者第三方在一定条件下,借助于某种手段和方法,按照合同标准或国内外有关法律、法规、惯例,对商品的质量、规格、重量、数量、包装、安全及卫生等方面进行检查,并做出合格与否或是否通过验收的判定。

进出口商品检验是指由专门的商品检验机构,依照法律、法规和合同的规定,对进出口商品的品质、规格、数量、包装和安全性能等进行各种分析和测量,并出具检验证书的活动。

出口商或出口商代理在报检时要注意出口报检的要求流程、出境检验检疫的报检范围,要了解出口报检单的内容和格式,要了解报检时所要提交的相关单证。

出口货物时,出口商应在办理好报检手续后,再委托相关的报关公司代理报关。进口货物时,进口商办理好报关手续后,根据海运提单的有关内容填写进口报关单,在海关规定的时间内,及时办理进口货物报关手续。由此可见,只有在完成报检后,才能申请进出口报关。

索赔(claim)就是受到损失的一方当事人向违约的一方当事人提出损害赔偿的要求,相对而言,违约的一方受理另一方的索赔要求,即称为理赔(settlement of claim)。索赔应明确三个内容:索赔期限、索赔依据和索赔方式。

不可抗力又称人力不可抗拒。不可抗力,各国对其的解释不尽一致。按《联合国国际货物销售合同公约》解释,不可抗力是指非当事人所能控制,而且没有理由预期其在订立合同时所能考虑到或能避免或克服它或它的后果而使其不能履行合同义务的障碍。不可抗力的认定包括:不可预见、不可避免和不可克服等方面。

仲裁是一个法律术语,是指由双方当事人协议将争议提交(具有公认地位的)第三者,由该第三者对争议的是非曲直进行评判并作出裁决的一种解决争议的方法。仲裁异于诉讼和审判,仲裁需要双方自愿,也异于强制调解,是一种特殊调解,是自愿型公断,区别于诉讼等强制型公断。

练习思考题

一、单项选择题

1. ( )的目的是运用科学的检验技术和方法,正确地评定商品质量。
   A. 商品检验　　B. 装船检查　　C. 商品测试　　D. 商品鉴定

2. 按检验目的的不同,通常可分为( )、验收检验和第三方检验三种。
   A. 入库检验　　B. 生产检验　　C. 商业检验　　D. 第三方检验

3. ( )是商检机构对进出口商品实施检验或鉴定后出具的证明文件。
   A. 检验证书　　B. 质检证书　　C. 包装证书　　D. 卫生检验证书

4. 国际货物买卖合同中检验条款的主要内容有( )、检验机构以及检验证书等。
   A. 检验时间和方式　　　　　B. 检验时间和检验机构
   C. 检验时间和地点　　　　　D. 检验时间和检验标准

5. ( )是指双方当事人在国际货物买卖合同中约定,当发生违约情况时,一方应承担什么责任,一方可享有什么权利以弥补损失。
   A. 索赔条款　　B. 理赔条款　　C. 赔偿条款　　D. 赔偿建议

6. 我国国内市场上的商品质量,有( )进行检验。生产企业为第一方检验;商业企业及用户、消费者是第二方检验;技术监督部门是第三方检验。
   A. 四支力量从三个方面　　　B. 四支力量从两个方面

C. 四支力量从一个方面　　　　　　　D. 三支力量从三个方面

7. 按接受检验商品的数量不同,可分为(　　)、抽样检验和免于检验。

　　A. 部分检验　　　B. 局部检验　　　C. 全数检验　　　D. 少数检验

8. 违约的一方受理另一方的索赔要求称为(　　)。

　　A. 索赔　　　　　B. 理赔　　　　　C. 赔偿　　　　　D. 补偿

9. (　　)的来源既有自然现象,如地震、台风,也包括社会现象,如军事行动。

　　A. 人为力量　　　B. 社会力量　　　C. 不可抗力　　　D. 自然力量

10. (　　)活动和法院的审判活动一样,关乎当事人的实体权益,是解决民事争议的方式之一。

　　A. 判决　　　　　　B. 仲裁　　　　　C. 审判　　　　　D. 裁决

二、多项选择题

1. 根据《中华人民共和国进出口商品检验法》,我国商检机构在进出口商品检验方面的基本任务有(　　)。

　　A. 实施法定检验

　　B. 办理检验鉴定业务

　　C. 对进出口商品的检验工作实施监督管理

　　D. 实施个人鉴定检验

2. 按检验是否具有破损性,可分为(　　)。

　　A. 破损性检验　　　B. 非破损性检验　　　C. 损失性检验　　　D. 非损失性检验

3. 关于买卖合同中商品检验时间和地点的规定方法,主要有(　　)。

　　A. 在出口国检验　　　　　　　　　　B. 在产地检验

　　C. 在进口国检验　　　　　　　　　　D. 出口国检验、进口国复验

4. (　　)可分为出境一般报检、出境换证报检、出境预检报检三类。

　　A. 出境货物报检　　B. 出境货物报关　　C. 出境货物申报　　D. 出境货物检查

5. 国际合同中的索赔条款应明确的内容包括(　　)。

　　A. 索赔期限　　　　B. 索赔依据　　　　C. 索赔方式　　　　D. 索赔期限

6. 不可抗力主要包括的情形有(　　)。

　　A. 自然灾害,如台风、洪水、地震等　　　B. 政府行为,如征收、征用

　　C. 社会异常事件,如罢工、骚乱　　　　　D. 因为人为失误

7. 不可抗力的特点包括(　　)。

　　A. 不可抗力是当事人不能预见的事件

　　B. 不可抗力是当事人不能控制的事件

　　C. 不可抗力是独立于当事人意志和行为以外的事件

　　D. 不可抗力是阻碍合同履行的客观事件

8. 国际上主要的仲裁组织包括(　　)。

　　A. 国际商事仲裁委员会　　　　　　　B. 国际海事仲裁员大会

　　C. 解决投资争端国际中心　　　　　　D. 斯德哥尔摩商会

9. 仲裁的特点包括(　　)。

    A. 自愿性和专业性　　　　　　　　B. 灵活性和保密性

    C. 快捷性和经济性　　　　　　　　D. 独立性和国际性

10. 仲裁法规定,(　　)的内容应当包括请求仲裁的意思表示,约定的仲裁事项,以及选定的仲裁委员会。

    A. 仲裁协议　　　　B. 仲裁过程　　　　C. 仲裁机构　　　　D. 仲裁委员会

11. 仲裁的基本程序包括(　　)。

    A. 受理　　　　　　B. 组庭　　　　　　C. 开庭审理　　　　D. 裁决

12. 国际货物买卖合同中,仲裁条款一般应包括(　　)。

    A. 仲裁地点

    B. 仲裁机构

    C. 仲裁的程序规则

    D. 仲裁裁决的效力及仲裁费用的负担等内容

13. (　　)是指权利人向仲裁机构请求保护其权利的法定期限,也即权利人在法定期限内没有行使权利,即丧失提请仲裁以保护其权益的权利。

    A. 仲裁地点　　　　　　　　　　　B. 仲裁机构

    C. 仲裁的程序规则　　　　　　　　D. 仲裁时效

三、判断题

1. 在国际货物买卖中,商品检验工作通常都由专业的检验机构负责办理。(　　)

2. 商检工作是使国际贸易活动能够顺利进行的重要环节。即商品检验是进出口货物交接过程中不可缺少的一个重要环节。(　　)

3. 商品检验任务是从商品的用途和使用条件出发,分析和研究商品的成分、结构、性质及其对商品质量的影响,确定商品的使用价值。(　　)

4. 商品检验的依据主要以买卖合同(包括信用证)中所规定的有关条款为准。

(　　)

5. 出境货物检验检疫的一般工作程序是:先报检,后进行检验检疫,再通关。(　　)

6. 索赔有效期是指买方对卖方未按合同约定要求提供商品时,买方向卖方提出赔偿要求的时间期限。索赔有效期的约定应根据进口商品的特点、运输、检验检疫条件等情况而定。(　　)

7. 仲裁通常为行业性的民间活动,是一种私行为,即私人裁判行为,而非国家裁判行为,它与和解、调解、诉讼并列为解决民(商)事争议的方式。(　　)

8. 仲裁地点是买卖双方在磋商仲裁时的一个重点。仲裁地点与仲裁应力争规定在中国仲裁。(　　)

9. 仲裁制度是指民(商)事争议的双方当事人达成协议,自愿将争议提交选定的第三者根据一定程序规则和公正原则做出裁决,并有义务履行裁决的一种法律制度。(　　)

10. 关于不可抗力的范围,国际上并无统一的解释,当事人在合同订立时可自行商定。

(　　)

四、简答题

1. 什么是商品检验？商品检验的目的是什么？

2. 进出口商品检验？进出口商品检验有什么意义？

3. 进出口商品检验有什么作用？进出口商品检验检疫的法律法规有哪些？

4. 什么是仲裁？中国仲裁包括哪些？

5. 什么是不可抗力？不可抗力如何认定？

6. 进出口商品的报检范围有哪些？

7. 申请进出口商品免验放行的基本程序有哪些？

8. 什么是索赔？国际合同中的索赔条款包括哪些？

9. 仲裁有哪些特点？

10. 仲裁的基本流程有哪些？

五、案例分析题

1. 2020 年 11 月，A 工厂公司与国外 B 公司签订了一个进口香烟生产线合同。设备是二手货，共 18 条生产线，由 B 公司出售，价值 100 多万美元。合同规定，出售商保证设备在拆卸之前均在正常运转，否则更换或退货。设备运抵目的地后发现，这些设备在拆运前早已停止使用，在目的地装配后也因设备损坏、缺件根本无法马上投产使用。但是，由于合同规定如要索赔需商检部门在"货到现场后 14 天内"出证，而实际上货物运抵工厂并进行装配就已经超过 14 天，无法在这个期限内向外索赔。这样，A 工厂只能依靠自己的力量进行加工维修。经过半年多时间，花了大量人力物力，也只开出了 4 套生产线。请对该案例进行分析。

2. 日本 A 公司出售一批电视机给中国香港 B 公司，B 公司又把这批电视机转口给泰国 C 公司。在日本货物到达香港时，B 公司已发现货物质量有问题但 B 公司将这批货物转船直接运往泰国。泰国 C 公司收到货物后，经检验，发现货物有严重的缺陷，要求退货。于是 B 公司转向 A 公司提出索赔，但遭日本 A 公司的拒绝。问日方有无权利拒绝？为什么？

3. 合同中的检验条款规定："以装运地检验报告为准。"但货到目的地后，买方发现货物与合同规定不符，经当地商品检验机构出具检验证书后，买方可否向卖方索赔？为什么？

4. 上海 A 公司与美国纽约某商人签订一项买卖机械设备零件的合同，合同背面有仲裁条款。其后在履约的过程中，双方发生争议，美国商人遂向美国法院起诉上海 A 公司。该法院受理此案后，即向中方发出传票，上海 A 公司以合同背面载明的仲裁条款为证，提出抗辩，要求美方法院不予受理。美方法院核实材料后，承认对此案无管辖权。本争议案仍按双方约定的仲裁条款执行，通过仲裁途径解决。美方法院做法是否合理？为什么？

5. 上海 B 进出口公司与国外一家公司签订一笔进口精密机床合同，该国外公司在欧盟区内共有三家工厂生产这种机床。临近装运日期时，对方一工厂突然发生火灾，机床被烧毁，该公司以不可抗力为由要求撤销合同。在此情况下，该公司可否撤销合同？说明理由。

6.某年10月,A公司与日本商人签订引进二手设备合同,合同规定,出口商设备在拆卸之前均在正常运转,符合正常生产要求,同时规定,如果有卸件损坏,货到A方工厂后14天内出具检验证明,办理更换或退货。设备运抵后,因A方的工厂的土建工程尚未完工,三个月后才将运进厂房打开检验,结果发现几乎全是报废设备,只是对方刷了油漆,表面难以识别。A方是否可以退货或索赔?

六、课堂小组单证缮制(由教师指导下进行课堂分组,集体填写,每组对填写结果小结,交给教师评议。)

(一)出口货物报检单缮制

1.资料

上海 H 贸易公司(Shanghai H Trading Co., Ltd.)是一家茶叶贸易公司,坐落于上海市静安区的繁华地段,其经营范围包括全国不同产地的红茶和绿茶等。2020 年 10 月公司业务员黄莉与日本横滨一客户签订了一份出售中国绿茶(chinese green tea)的合同,合同中规定通过中华人民共和国上海浦东出入境检验检疫局进行出境货物报检,报检单位为:上海 H 贸易公司(Shanghai H Trading Co., Ltd.),登记号为 1234987;报检人是黄莉,报检编号为 896541231,报检日期是 2021 年 3 月 3 日,这批绿茶是浙江杭州所产,H.S.编码是 0902.1090。毛重 416 千克,净重 330 千克,货物总价值是 32 800 美元,数量是 66 箱,货物是通过 TUO HE V.144 号船负责运送。通过一般的贸易方式进行贸易,货物存放的地点是武定路 540 号,这批货物的合同号是 TXT264,信用证编号是 TX173,货物是作为自营自销用途。该批货物的许可证号是 06AB122433,生产单位注册号是 190045,集装箱规格是 20 尺柜,拼箱 GATU0506118,标记及号码是 T. C TXT264 OSAKA C/NO. 1-66,该批货物重量证书有一份正本和两份副本。检验检疫费用为 2 000 元人民币。计费人是张大鹏,收费人是吴刚。日本公司全称(英文)为 TKAMLA CORPORATION 6-7,KAWARA MACH OSAKA,JAPAN。

2.单据(要求集体填写)

中华人民共和国出入境检验检疫

出境货物报检单

报检单位(加盖公章)　　　　电话　　　　　　　　编号

报检单位登记号　　　　　　报检日期

发货人	(中文)				
	(英文)				
收货人	(中文)				
	(英文)				
货物名称(中/英文)	H.S.编码	产地	数/重量	货物价值	包装种类及数量
运输工具名称及号码			合同号		
货物存放地点			输往国家和地区		

贸易方式		信用证号		许可证/审批号	
发货日期		启运地		生产单位注册号	
卸毕日期		到达口岸		入境口岸	
索赔有效期		经停口岸		目的地	

集装箱规格、数量及号码	

合同订立的特殊条款以及其他要求		货物存放地点	
		用途	

随附单据（划"√"或补填）	需要证单名称（划"√"或补填）	标记及号码	*外商投资财产（划"√"）	是□
				否□

随附单据（划"√"或补填）	需要证单名称（划"√"或补填）		*检验检疫费	
□合同	□品质证书			
□发票	正　副		总金额（人民币元）	
□信用证	□重量证书			
□换证凭单	正　副		计费人	
□装箱单	□数量证书			
□厂验单	正　副		收费人	
□包装性能结果单	□兽医卫生证书			
□许可/审批文件	正　副			
	□健康证书			
	正　副			
	□卫生证书			
	正　副			
	□动物卫生证书			
	正　副			
	□植物检疫证书			
	正　副			
	□熏蒸/消毒证书			
	正　副			

报检人郑重声明： 本人被授权报检。 上列填写内容正确属实。货物无伪造或冒用他人的厂名、标志、认证标志，并承担货物质量责任。 　　　　　　　　　签名	领取单证	
	日期	
	签名	

注：有"＊"号栏由出入境检验检疫机关填写。　　　　　国家出入境检验检疫局制

（二）出口货物报检单缮制

1. 资料

上海 T 纺织进出口公司（Shanghai T Textile Imp. and Exp. Co.）是一家纺织品贸易公司，坐落于上海中山西路 223 号 6 楼，经营范围包括各种纺织品。2020 年 10 月公司业务员李小明与法国一客户签订了一份进口牛津布料（BLUE CVC OXFORD CLOTH）的合同，合同中规定通过中华人民共和国上海浦东出入境检验检疫局进行入境货物报检，报检单位为上海 T 纺织进出口公司（Shanghai T Textile Imp. and Exp. Co.），登记号为

1234987；报检人是李小明，报检编号为8664771215，报检日期是2021年3月3日，合同号是TX200523，合同中规定通过 COSCO V.861 船负责运输货物。提单号是 XY05111，这批货物数量为 6000SETS，共60箱，总价值是95 000美元，编码是4204.1100，产地法国。货物到岸日期为2021年2月28日，卸毕日期为2021年2月28日，索赔有效期为2022年2月28日，该批货物审批号为06-JZ5661168，入境口岸为吴淞海关，货物存放地点是上海逸仙路5号，用途是企业自营内销。该批货物无标记及号码，不属于外商投资财产。该批货物有发票、到货通知、装箱单等单据，检验检疫费用为9 000元人民币。法国公司全称（英文）为 FRENCH NICE Cloth Imp. and Exp. Co. 853 SixiemeRue Nice France。

2. 单据（要求集体填写）

中华人民共和国出入境检验检疫

入境货物报检单

报检单位（加盖公章）　　　　　　　　电话　　　　　　　　编号

报检单位登记号　　　　　　　　　　　联系人　　　　　　　报检日期

发货人	（中文）	企业性质（划"√"）		□合资	□合作	□外资
	（英文）					
收货人	（中文）					
	（英文）					
货物名称（中/英文）	H.S.编码	原产国（地区）	数/重量	货物价值	包装种类及数量	
运输工具名称及号码		合同号				
贸易方式		贸易国别（地区）		信用证号		
提单/运单号		到货日期				
发货日期		启运国家（地区）		许可证/审批号		
卸毕日期		启运口岸		入境口岸		
索赔有效期		经停口岸		目的地		
集装箱规格、数量及号码						
合同订立的特殊条款以及其他要求		货物存放地点				
		用途				
随附单据（划"√"或补填）		标记及号码		＊外商投资财产（划"√"）	是□ 否□	

			* 检验检疫费	
□合同	□到货通知		总金额（人民币）	
□发票	□装箱单			
□提/运单	□质保书		计费人	
□兽医卫生证书	□理货清单		收费人	
□植物检疫证书	□磅码单			
□动物检疫证书	□验收报告			
□卫生证书				
□原产地证				
□许可/审批文件				
报检人郑重声明： 本人被授权报检。 上列填写内容正确属实。 签名			领取单证	
			日期	
			签名	

注：有"＊"号栏由出入境检验检疫机关填写。　　国家出入境检验检疫局制

国际贸易合同履行

学习目标

(1) 理解备货、报检、催证、审证、改证、安排货物装运、制单结汇、出口退税等步骤。

(2) 理解申请开立信用证、租船订舱和催装、办理保险、审单付汇、报关检验、提货拨交、索赔等程序。

素质目标

(1) 明白进出口双方签订合同的重要意义,遵守法律法规。

(2) 培养契约精神,维护国际合同的公平性和严肃性。

本章关键词

出口合同的履行　进口合同的履行　备货　报验　催证　审证　改证　制单结汇　出口退税　信用证开立申请　审单付汇

引入案例

中国南方某公司与丹麦 AS 公司在 2021 年 9 月按 CIF 条件签订了一份出口圣诞灯具的商品合同,支付方式为不可撤销即期信用证。AS 公司于 7 月通过丹麦日德兰银行开来信用证,经审核与合同相符,其中保险金额为发票金额的 110%。就在我方正在备货期间,丹麦商人通过通知行传递给我方一份信用证修改书,内容为将保险金额改为发票金额的 120%。我方没有理睬,仍按原证规定投保、发货,并于货物装运后在信用证交单期和有效期内,向议付行议付货款。议付行审单无误,于是放款给受益人,后将全套单据寄丹麦开证行。开证行审单后,以保险单与信用证修改书不符为由拒付。开证行拒付是否有道理,为什么?

【案例分析】按照国际惯例《跟单信用证统一惯例》的相关规定,信用证经过修改后,银行即受该修改后的信用证的约束。出口商可自行决定修改内容或拒绝修改,但其应发出是否同意修改的通知。当出口商告知其接受修改之前,原证对开证行继续有效,即原证的条款对出口商仍具有约束力。但如果出口商未发出接受或拒绝的通知,而其提交的单据与原证的条款相符,则视为出口商拒绝其修改;如果出口商提交的单据与经修改后的信用证条款相符,则视为出口商接受了其修改。从这时起,信用证就被视为已经修改。总之,出口商是否同意修改的信用证可以用在结汇提交单据时来表示。在本案中,我公司在收到有关信用证修改的通知后,并未发出接受或拒绝修改的通知,而且在交单时向银行提交了符合原信用证规定的单据,受益人以其行为作出拒绝信用证修改的表示,原信用证的条款对受益人仍然有效,信用证的修改因未获得受益人的同意而无效。因此,开证行审单后,以保险单与信用证修改书不符为由拒付是不合理的。

出口合同的履行是指出口人按照合同的规定履行交货义务直至收回货款的整个过程。出口合同的履行是外贸出口工作的"最后"也是最重要的阶段,其工作特点是工作环节多,涉及面广,时间性强,手续复杂,技术性、知识性突出。出口合同履行工作的好坏关系到国家、企业的声誉和利益,因此,出口人必须重视出口合同的履行。

进口合同签订以后,我国大多数进口业务采用 FOB 价格条件和信用证支付方式成交。按此种进口合同,外贸进口公司履行合同的基本程序是申请开立信用证、租船订舱和催装、办理保险、审单付汇、报关检验、提货拨交、索赔等。

10.1 出口合同的履行

出口合同的履行包括备货、报检、催证、审证、改证、安排货物装运、制单结汇、出口退税等步骤。

10.1.1 备货、报检

1. 备货

备货是指出口商按合同和信用证的要求,向生产加工或物流企业组织货源,核实货物加工、整理、包装和刷制唛头等工作,对应交的货物及时做好验收、清点及处理相关事宜,做到按时、保质、保量交货。

出口方在备货工作中应注意以下几个问题。

1) 货物的品质、规格

出口公司在准备货源时应严格地按照合同和信用证的规定,对货物的品质、规格及花色、品种等认真审查,高于或低于规定均属于违约,违约就可能遭到拒付。

2) 货物的数量

交付货物的数量,必须符合合同和信用证的规定,如有可能备货数量应比合同规定的略有富余,以备在运输及装运时发生意外损伤。

3）货物的包装与唛头

所交货物的包装，除按合同或信用证规定认真核对包装材料、方式是否相符外，还应注意包装是否牢固、有无破漏，如发现包装不牢固或有松包、破漏等损坏，应及时修整或更换。同时，对于货物的唛头，如合同和信用证中已有规定，那么其刷制必须符合合同和信用证的规定。

4）备货的时间

备货的时间应严格按合同和信用证规定的装运期限，同时要结合船期妥善安排，以利于船、货衔接，也可在待对方开来信用证之后再备货。

2. 报检

1）出口报检的基本概念

2018 年 4 月 20 日起，原中国出入境检验检疫部门正式并入中国海关。2018 年 6 月 1 日起，海关总署全面取消通关单。

出口检验是指出口国政府机构依法所做的强制性商品检验，以确保出口商品能符合政府法规的规定。其目的在于提高商品质量，建立国际市场信誉，促进对外贸易，保障国内外消费者的利益。目前我国的进出口商品检验机构为海关。

凡列入《出入境检验检疫机构实施检验检疫的进出境商品目录表》的出口商品和其他法律、法规规定须经检验的出口商品，或合同规定必须经由海关检验出证的商品，在完成备货后，应在规定地点和期限内向检验机构申请检验。

2）出口报检的程序

我国出口商品报检的程序，主要包括 3 个环节：申请报检、检验、签证与放行。

（1）申请报检。对施行出口检验的商品，报检人应于出口前，详细填写出境货物检验检疫申请（Application for Certificate of Export Inspection）。此外，还应同时提交有关的单证和资料，如双方签订的外贸合同与合同附件、信用证、商业发票、装箱单以及厂检单、出口商品运输包装性能检验等必要的单证，向商品存放所在地的检验机构申请检验，缴交检验费。

（2）检验。检验机构在审查上述单证符合要求后，受理该批商品的报检。

检验机构接受报检之后，及时派员赴货物堆存地点进行现场检验、鉴定。现场检验一般采取国际贸易中普遍使用的抽样法（个别特殊商品除外），抽样时，要根据不同的货物形态，按照规定的方法和一定的比例，在货物的不同部位抽取一定数量的、能代表全批货物质量的样品（标本）供检验之用。报验人应提供存货地点的情况，并配合检验人员做好抽样工作。

检验机构首先应当认真研究申报的检验项目，确定检验内容，仔细审核合同（信用证）中关于品质、规格、包装的规定，弄清检验的依据，确定检验标准、方法；然后使用从感官到化学分析、仪器分析等各种技术手段，对出口商品进行检验。检验的形式有商检、自验、共同检验、驻厂检验和产地检验等。

（3）签证与放行。海关对检验合格的商品签发相应的检验检疫证书，出口企业即凭此在规定的有效期内报关出口。

10.1.2　催证、审证和改证

在履行以信用证方式收付货款的合同时,出口方必须在收到信用证,且其条款完全可以接受的条件下,才能办理货物装运手续。信用证这一环节一般包括催证、审证和改证等项内容。

1. 催证

催证是指以某种通信方式催促买方办理开证手续,以便卖方履行交货义务。及时开证是买方的主要义务,因而在正常情况下,不需要催证。但是在实际业务中,有时国外进口方遇到国际市场发生变化或资金短缺的情况时,往往拖延开证或不开证。为了保证按时交货,要在适当时候催促对方办理开证手续,必要时,也可请我方驻外机构或有关银行协助代为催证。

催证函示例

Dear Sirs, We regret to inform you that we have not received your L/C covering the Sales Confirmation No. 12345 up to now. It is clearly stipulated that the relevant L/C should reach US by the end of October.

Although the time limit for the arrival of your L/C has been exceeded, we are still prepared to ship your order in view of the long—term friendly relations between US. Please do your utmost to expedite its establishment, so that we may execute the order within the prescribed time.

In order to avoid subsequent amendments, please see to it that the L/C stipulations are in exact accordance with the terms of the contract.

We look forward to receiving your favorable response at an early date.

Sincerely yours (Signature)

2. 审证

在实际业务中,由于工作疏忽、电文传递错误、贸易习惯不同、市场行情的变化或进口商故意等原因,常常会出现信用证条款与合同的规定不符。为了确保收汇安全,应对外国银行开来的信用证进行审核。

在实际业务中,银行和出口单位共同承担审证任务。银行着重审核开证行的政治背景、资信能力、付款责任和索汇路线等,出口单位则着重审核信用证与合同是否一致。

1) 银行审证的要点

银行着重审核信用证的真实性、开证行的政治态度、资信情况、付款责任和索汇路线等内容。

(1) 从政策上审核。来证各项内容应该符合我国的政治与经济方针政策,不得有歧视性内容,否则应根据不同的具体情况向有关方交涉。

(2) 开证行资信的审核。为了保证安全收汇,对开证行所在国家的政治经济情况、开证行的资信,以及经营作风等必须进行审查,对于资信不佳的银行,应酌情采取适当措施。

(3) 信用证真实性的审核。检查国外来证的印鉴或密押是否真实,从而判断信用证的真伪,特别是当国外的开证行直接将信用证寄给出口企业时,要将信用证拿到银行鉴定真伪。

2)出口单位审证的要点

信用证的内容与原订合同是否一致。比如开证申请人和受益人的名称及地址,信用证的金额、币种、付款期限、品名、货号、规格、数量,信用证中的装运条款,信用证交单日、到期日和到期地点,信用证中要求提供的单据种类、份数及填制方法,银行费用条款、其他特殊条款以及信用证上的软条款等的审核。

(1)对信用证本身说明的审核。这其中包括信用证金额应与合同金额相一致。如合同订有溢短装条款,信用证金额也应包括溢短装部分的金额。信用证金额中单价与总值要填写正确。来证所采用的货币应与合同规定相一致。

(2)对信用证有关货物记载的审核。信用证中有关商品的货名、规格、数量、包装、单价等项内容必须与合同规定相符,特别是要注意有无另外的特殊条件。另外,还应注意装运期、装卸港口、运输方式、可否分批装运转船等内容的审查。

(3)对单据的审核。单据中主要包括商业发票、提单、保险单等。对于来证中要求提供的单据种类和份数及填制方法等,要进行仔细审核,如发现有不正常规定,例如要求商业发票或产地证明须由国外第三者签证等字样,都应慎重对待。

(4)对信用证有关时间说明的审核。装运期必须与合同规定一致,如国外来证晚,无法按期装运,则应及时电请国外买方延展装运期限。信用证有效期一般应与装运期有一定的合理间隔,以便在装运货物后有足够时间办理制单结汇工作。关于信用证的到期地点,通常要求在中国境内到期。

3. 改证

对信用证进行了认真仔细的审核后,对证中不能接受或不能执行或不能按期执行的条款,应及时要求国外客户通过开证行进行修改或展延。在收到信用证修改通知书后方能办理装运货物。在要求改证时,应将需修改的各项内容一次提出,避免多次提出修改要求。修改信用证可由开证申请人提出,也可由受益人提出。如由开证申请人提出修改,经开证银行同意后,由开证银行发出修改通知书通过原通知行转告受益人,修改书经各方接受后,修改方为有效;如由受益人提出修改要求,则应首先征得开证申请人同意,再由开证申请人按上述程序办理修改。即修改的一般程序是受益人—开证申请人—开证银行—通知银行—受益人。

10.1.3 安排货物装运

进出口公司在出运货物之前,还须做好租船订舱、投保、报检与报关等工作。

1. 租船订舱

按 CIF 或 CFR 条件成交时,卖方应及时办理租船订舱工作。如系大宗货物,需要办理租船手续;如系一般杂货则需洽订舱位。各外贸公司洽订舱位需要填写托运单(shipping note),船方根据托运单内容,并结合航线、船期和舱位情况,如认为可以承运,即在托运单上签单,留存一份,退回托运人一份。船公司或其代理人在接受托运人的托运申请之后,即发给托运人装货单(shipping order),凭以办理装船手续。货物装船以后,船长或大副则应该签发收货单,即以大副收据(mates receipt)作为货物已装妥的临时收据,托运人凭此收据即可向船公司或其代理人交付运费并换取正式提单。

2. 投保

按 CIF 价格成交的出口合同,出口方要在货物装运前,根据合同和信用证向保险公司办理投保手续,填制投保单。出口商品的投保手续,一般都是逐笔办理的,投保人在投保时,应将货物的名称、保额、运输路线、运输工具、开航日期、投保险别等一一列明。保险公司接受投保后,即可签发保险单或保险凭证。

3. 报检与报关

1) 报检

报检即验关,它是指海关在接受报关单位的报关员的申报后,依法为确定进出境货物、运输工具和物品的性质、原产地、货物状况、数量和价值是否与报关单上已填报的内容相符,对货物实施检查的行政执法行为。通过对货物的查验可防止以次充好,非法进出及走私、违规、逃漏关税,保证关税依率计征,维护对外贸易的正常开展。进出口的货物,除因特殊原因经海关总署特准免验的以外,均应接受海关的查验,查验进出口货物,应当在海关规定的时间和场所进行,一般在海关监管区的进出口岸码头、车站、机场、邮局或海关的其他监管场所。对进出口大宗散货、危险品、鲜活品,经申请可在作业现场予以查验。在特殊情况下,经申请,海关审核同意,也可派员按规定的时间到规定场所以外的工厂、仓库或施工工地查验货物,并按规定收取相应费用。

2) 报关

货物或运输工具进出境时,其收发货人或其代理人必须按规定将货物送进海关指定的集装箱场、集装箱集散站或码头仓库,并向进出境口岸海关请求申报,交验规定的证件和单据,接受海关人员对其所报货物和运输工具的查验,依法缴纳海关关税和其他由海关代征的税款,然后才能由海关批准货物和运输工具的放行。放行后,出口人方可办理货物出口装船事宜。

货物通关的程序,就出口商而言,可分为申报、查验货物、缴纳税费、放行装运四个步骤;而就海关立场而言,可分为收单、验货、估价、放行四个步骤。以出口商的立场为例,出口通关程序如下。

(1) 申报。申报是指进出境运输工具的负责人、进出口货物和物品的收发货人或者他们的代理人,在进出口货物通过海关监管的口岸时,在海关规定的期限内,以书面或者电子数据交换(EDI)的方式向海关报告其进出口货物的情况,并随附有关货运和商业单据,申请海关审查放行,并对所报告内容的真实性、准确性承担法律责任的行为。出口货物在出境时,其发货人应在装货的 24 小时之前,向海关申报。具体地说,一般在出口货物运到码头、车站、机场、邮局等仓库、场地后,应在海关规定的 24 小时以前,向海关申报。申报内容包括进出口货物的经营单位、收发货单位、申报单位、运输方式、贸易方式、贸易国别以及货物的实际状况(主要包括名称、规格型号、数量、重量、价格等内容)。

(2) 验查货物。验查货物是指出口企业向有关检验公司申请查验货物,以取得出口检验合格证书,获得出口允许。

（3）缴纳税费。出口关税是海关根据国家的有关政策、法规对出口货物征收的税费，主要目的是控制一些商品的盲目出口。目前除少数商品外，大部分货物出口是免征关税的。

（4）放行装运。放行是海关接受出口货物的申报，经过审核报关单据、查验货物、依法征收税费后，对出口货物做出结束海关现场监管决定的行为。放行的手续一般是签印放行。对于一般出口货物，在发货人或其代理人如实向海关申报，并如数缴纳应缴税款和有关规费后，海关在货物的出口货运单据或特制的放行条上签盖"海关放行章"，出口货物的发货人凭以装船启运出境。海关放行后，出口商即可办理货物装运。

10.1.4　制单结汇

结汇是将出口货物销售所获得的某种币制的外汇按售汇之日中国银行外汇牌价的买入价卖给银行。出口货物装运之后，出口企业应按信用证的规定，缮制各种单据，并在信用证规定的有效期内，送交银行办理议付结汇手续。这些单据主要是发票、汇票、提单、保险单、装箱单、商品检验证书、产地证明书等。开证行只有在审核单据与信用证规定完全相符时，才承担付款的责任，为此，各种单据的缮制是否正确完备，与安全迅速地收汇有着十分重要的关系。

在信用证项下我国出口结汇的办法有收妥结汇、买单结汇和定期结汇三种。

1. 收妥结汇

收妥结汇是指议付行在收到出口单据后，审查无误，将单据寄交国外付款行索取货款，待收到付款行将货款拨入议付行账户的贷记通知书（credit note）时，即按当日外汇牌价，折算成人民币拨给出口单位。

2. 买单结汇

买单结汇是议付行在审单无误的情况下，按信用证条款买入出口单位的汇票和单据，从票面金额中扣除从议付日至收到票款之日的利息，将余款按议付日外汇牌价折算成人民币，拨给出口单位。

3. 定期结汇

定期结汇是指议付行根据向国外付款行索偿所需的时间，预先确定一个固定的结汇期限，并与出口企业约定在该期限到期后，无论是否已经收到国外付款行的货款，都将主动将票款金额折算成人民币拨交给出口企业。

10.1.5　外汇监测系统网上申报和出口退税

1. 外汇监测系统网上申报

国家外汇管理局、海关总署、国家税务总局决定，自 2012 年 8 月 1 日起在全国实施货物贸易外汇管理制度改革。取消出口收汇核销单，企业不必再办理出口收汇核销手续，只需进行网上申报。国家外汇管理局分支局对企业的贸易外汇管理方式由现场逐笔核销改为非现场总量核查。外汇局通过货物贸易外汇监测系统，全面采集企业货物进出口和贸易外汇收支的逐笔数据,定期比对、评估企业货物流与资金流的总体匹配情况,便于合规企业的贸易外汇收支;对存在异常的企业进行重点监测,必要时实施现场核查。

2. 出口退税

凡是办理了出口企业退税登记的出口公司或企业,在完成国际收支网上申报后,即可持有关证明文件到当地主管退税业务的税务机关办理出口退税。

出口退税是指国家为帮助出口企业降低成本,增强出口产品在国际市场上的竞争能力,鼓励出口创汇而实行的,由国内税务机关将在出口前的生产和流通的各环节中已经缴纳的国内增值税或消费税等间接税税款退还给出口企业的一项税收制度。

出口退税主要是通过退还出口产品的国内已缴纳税款来平衡国内产品的税收负担,使本国产品以不含税成本进入国际市场,与国外产品在同等条件下进行竞争,从而增强竞争能力,扩大出口创汇。

出口退税产品的条件包括:必须属于增值税、消费税征税范围内的产品;必须已报关离境及必须在财务上做出口销售;必须是已完成国际收支网上申报的货物。

10.2 进口合同的履行

10.2.1 申请开立信用证

在采用信用证支付方式的进口业务中,履行合同的第一个环节就是进口商向银行申请开立信用证。

1. 开立信用证的步骤

1) 开证申请

进口合同签订后,进口商按照合同规定填写开立信用证申请书向银行办理开证手续。该开证申请书是开证银行开立信用证的依据。进口商填写好开证申请书,连同进口合同一并交给银行,申请开立信用证。

2) 开证行审核

开证行要审核开证申请人的申请,由开证人向开证行做出声明和保证。如,开证人承认在其付清款项前,开证行对其单据及其所代表的货物拥有所有权;必要时,开证行可以出售货物,以抵付进口人的欠款;申请人保证在单证表面相符的情况下对外付款或承诺,否则,开证行有权没收开证人所交付的押金和抵押品,以充当开证人应付货款的一部分等。

3) 对外开证

开证行向申请人开立信用证时,要求申请人向开证行交付一定比率的押金,并按规定向开证银行支付开证手续费后对外开证。

2. 开立信用证应注意的问题

1) 信用证的内容必须符合进口合同的规定

如货物的名称、品质、数量、价格、装运日期、装运条件、保险险别等,均应以合同为依

据,在信用证中明确记载。

2) 信用证的开证时间应按合同规定办理

如果买卖合同中规定有开证日期,进口商应在规定的期限内开立信用证;如果合同中只规定了装运期而未规定开证日期,进口商应在合理时间内开证,一般掌握在合同规定的装运期前 30～45 天申请开证,以便出口方收到信用证后在装运期内安排装运货物。

3) 单据条款要明确

信用证的特点之一是单据买卖,因此进口商在申请开证时,必须列明需要出口人提供的各项单据的种类、份数及签发机构,并对单据的内容提出具体要求。

4) 文字力求完整明确

进口商要求银行在信用证上载明的事项,必须完整,明确,不能使用含混不清的文字。尤其是信用证上的金额,必须具体明确,文字与阿拉伯数字的表示应一致,应避免使用"约""近似"或"类似"的词语。这样,一方面可使银行在处理信用证时或卖方履行信用证的条款时有所遵循;另一方面可以此保护自己的权益。

3. 修改信用证

对方在收到信用证后,如提出修改信用证的请求,经我方同意后,即可向银行办理改证手续。一般受益人在发现问题后,会直接与开证申请人联系,开证申请人如果认为有修改的必要,通常应该用电证或传真等及时通知受益人,然后按照信用证开立的程序,向开证银行申请修改信用证。开证申请人到原开证行填写一张信用证修改书,由原开证行通过原通知行向受益人转递正式信用证修改书,当受益人接受信用证修改内容以后,修改书即成为原信用证不可分割的组成部分,这时,信用证正式生效,当事人必须坚决执行。

4. 信用证修改应注意的问题

在信用证修改的过程中,要力争一次看彻底、全面,不可反复多次地修改。如果信用证修改书中仍有不能接受之处,可以再次或多次进行修改,直到完全接受为止。但是要注意:多次修改必然有多张修改书,这时要注意修改书的编号,避免漏号情况出现。

10.2.2 办理运输和保险

1. 订立运输合同

按 FOB 条件成交,采用海洋运输,由买方负责办理租船订舱手续。如合同规定,卖方在交货前一定时间内,应将预计装运日期通知买方。买方在接到上述通知后,应及时向运输公司办理租船订舱手续,在办妥租船订舱手续后,应按规定的期限将船名及船期及时通知对方,以便对方备货装船。同时,为了防止船货脱节和出现"船等货"的情况,注意催促对方按时装运。对数量大或重要物资的进口,如有必要,也可请驻外机构就地了解、督促对方履约,或派人员前往出口地点检验监督。

进口公司对租船还是订舱的选择,应视进口货物的性质和数量而定。凡需整船装运的,则需洽租合适的船舶承运;小批量的或零星杂货,则大都采用洽订班轮轮位。

2. 办理保险合同

按 FOB 或 CFR 条件成交的进口合同,由买方办理保险手续、支付保险费。进口货物的保险一般都是与保险公司签订预约保险合同。根据预约保险合同,保险公司对有关进口货物负自动承保的责任,即货物一旦装船,保险就开始生效。买方在收到国外出口方发来的装运通知后,将船名、提单号、开船日期、商品名称、数量、装运港、目的港等项内容通知保险公司,即办妥了保险手续。

若外贸公司没有与保险公司签订预约保险合同,则需对进口货物逐笔办理投保手续。在买方接到卖方的发货通知后必须立即向保险公司办理保险手续。如果进口公司没有及时向保险公司投保,则货物在投保之前的运输途中,所发生的一切由于自然灾害和意外事故而造成的损失,保险公司不负赔偿责任。

10.2.3　审单付汇

在信用证支付条件下,卖方提交的单据必须与买方开立的信用证条款完全符合。由于开证行或其指定付款行的审单是终局性的,也就是经审定付款后即无追索权,因此审单工作必须慎重。审单工作一般由买方和银行共同来做。

开证行在收到国外寄来的汇票和单据后,经审定无误对外付款的同时,即通知进口企业向银行付款赎单。进口公司凭银行出具的"付款通知"到银行结算,在认真审查卖方提供的单据符合信用证要求后,即付款赎单。

如审核国外单据发现证、单不符时,应做出适当处理。处理办法有很多,例如停止对外付款;相符部分付款,不符部分拒付;货到检验合格后再付款;凭卖方或议付行出具的担保付款;要求国外改正;在付款的同时,提出保留索赔权等。

10.2.4　进口报关

进口货物到货后,由进口公司或委托货运代理公司或报关行根据进口单据填具进口货物报关单向海关申报,并随附发票、提单、装箱单、保险单、进口许可证及审批文件、进口合同、产地证和所需的其他证件。如属法定检验的进口商品,还须随附商品检验证书。货、证经海关查验无误后,才能放行。

进口货物在运达港口卸货时,港务局要进行卸货核对。如发现短缺,应及时填制短缺报告交由船方签认,并根据短缺情况向船方提出保留索赔权的书面声明。卸货时如发现残损,货物应存放于海关指定的仓库,待保险公司会同海关检验后做出处理。

在办完上述手续后,进出口公司可自行或由货运代理提取货物并拨交给订货部门,货运代理通知订货部门在目的地办理收货手续,同时,通知进出口公司代理手续已办理完毕。

10.2.5　进口索赔

进口货物在运输途中,由于各种原因可能导致货物的品质、数量、包装等受到损害,或由于卖方交付的货物不符合同规定致使买方遭受损失。买方收到货物后要根据货损原因

的不同,向有关责任方提出索赔要求。

1. 进口索赔的对象

1) 向卖方索赔

凡属下列情况者,均可向卖方索赔。例如:原装数量不足;货物的品质、规格与合同规定不符;包装不良致使货物受损;未按期交货或拒不交货,等等。

2) 向轮船公司索赔

凡属下列情况者,均可向轮船公司索赔。例如:货物数量少于提单所载数量;提单是清洁提单,而货物有残缺情况,并且属于船方过失所致;货物所受的损失,根据租船合约的有关条款应由船方负责,等等。

3) 向保险公司索赔

凡属下列情况者,均可向保险公司索赔。例如:由于自然灾害、意外事故或运输中其他事故的发生致使货物受损,并且属于承保险别范围以内的;凡轮船公司不予赔偿或赔偿金额不足以抵补损失的部分,并且属于承保险别范围以内的。

2. 办理索赔时应注意的问题

1) 办理索赔应提供的证据

在提出索赔时,应制作"索赔清单"并随附商品检验检疫局的检验证书、发票、装箱单、提单副本等。对不同的索赔对象,所附的证件也有所不同。

2) 索赔的金额

根据国际贸易惯例,买方向卖方索赔的金额,应与卖方违约所造成的实际损失相等,即根据商品的价值和损失程度计算,还应包括支出的各项费用,如商品检验费、装卸费、银行手续费、仓储费、利息等。向承运人和保险公司索赔的金额,须根据有关规定计算。

3) 索赔的期限

索赔必须在合同规定的索赔期限内提出。逾期索赔,责任方有权不受理。如果因为商检工作需要较长时间的,可在合同规定的索赔期限内向对方要求延长索赔期限。买方在向责任方提出索赔要求后,仍有责任按情况采取合理措施,保全货物。

本 章 小 结

本章主要介绍了出口方和进口方履约的步骤。出口方履约的步骤主要包括:出口方出口备货、报检、在信用证支付条件下出口方催证、审证、改证,出口方安排货物装运、制单结汇、出口退税等程序,进口方合同履行的程序包括信用证开立、在 FOB、CFR 术语条件下运输保险、进口报关、审单付汇等。本章还介绍了进口方在出口方违约时应如何索赔等。

出口方履约和进口方履约是国际贸易实践中的最后一环,进出口双方都应该认真履行合同,按国际贸易合同中的各项条款去执行。

练习思考题

一、单项选择题

1. 出口报关的时间应是（　　）。
   A. 备货前　　　　　B. 装船前　　　　　C. 装船后　　　　　D. 货到目的港后

2. 新加坡一公司于8月10日向我方发盘欲购某货物一批，要求8月16日复到有效，我方8月11日收到发盘后，未向对方发出接受通知，而是积极备货，于8月13日将货物运往新加坡。不巧，市场行情变化较大，该货滞销，此时，（　　）。
   A. 因合同未成立，新加坡客商可不付款
   B. 因合同已成立，新加坡客商应付款
   C. 我方应向新加坡客商发出接受通知后才发货
   D. 我方应赔偿该批货物滞销给新加坡客商带来的损失

3. 审核信用证的依据是（　　）。
   A. 合同及 UCP 600 的规定　　　　　B. 一整套单据
   C. 开证申请书　　　　　D. 商业发票

4. 审核信用证和审核单据的依据分别是（　　）。
   A. 开证申请书　　　　　B. 合同及 UCP 600 的规定
   C. 一整套单据　　　　　D. 信用证

5. 在交易过程中，卖方的基本义务是（　　）。
   A. 提交货物　　　　　B. 提交与货物有关的单据
   C. 转移货物的所有权　　　　　D. 支付货款

6. 按惯例规定，银行开立信用证所产生的费用由（　　）。
   A. 受益人　　　　　B. 申请人　　　　　C. 出口公司　　　　　D. 第三方

7. 按 UCP 600 规定，在全额、数量和单价前有"约"的词语，应解释为有（　　）的增减幅度。
   A. 5%　　　　　B. 7%　　　　　C. 10%　　　　　D. 8%

8. 按 UCP 600 规定，银行有权拒收于装运期后（　　）天提交的单据。
   A. 21　　　　　B. 15　　　　　C. 30　　　　　D. 60

9. 在信用证支付方式下，开证行对受益人履行责任，是以（　　）。
   A. 卖方将货物装运完毕为条件的
   B. 买方收到货物为条件的
   C. 按时收到与信用证相符的全套单据为条件的
   D. 收到卖方提供的代表货物所有权的提单为条件的

10. 买卖合同中规定买方最基本的义务是（　　）。
    A. 通知卖方已收到货物　　　　　B. 按合同规定支付货款
    C. 收取货物　　　　　D. 租船订舱，派船接货

二、多项选择题

1. 所谓单证相符的原则,是指受益人必须做到(　　)。

    A. 单据与合同相符　　　　　　　　　　B. 单据和信用证相符

    C. 信用证和合同相符　　　　　　　　　　D. 单据与单据相符

2. 在实际业务中,由(　　)作为当事人承担审证任务。

    A. 银行　　　　　　　　　　　　　　　B. 银行和出口公司

    C. 出口公司　　　　　　　　　　　　　D. 第三方

3. 办理退税的基本程序是(　　)。

    A. 申请　　　　　B. 核销　　　　　C. 上报

    D. 批复　　　　　E. 买单

4. 采用信用证付款方式签订的 CIF 合同,卖方履约所包括的环节很多,其中主要环节有(　　)。

    A. 备货　　　　　　　　　　　　　　　B. 催证、审证、改正

    C. 投保　　　　　　　　　　　　　　　D. 租船订舱

    E. 制单结汇

5. 买卖合同中规定买方的基本义务有(　　)。

    A. 开立信用证　　　　　　　　　　　　B. 按合同规定支付货款

    C. 收取货物　　　　　　　　　　　　　D. 租船订舱,派船接货

6. 所有的买卖合同都规定了交易双方的基本义务,其中卖方的基本义务为(　　)。

    A. 按照合同规定交付货物　　　　　　　B. 移交一切与货物有关的单据

    C. 转移货物的所有权　　　　　　　　　D. 办理租船订舱,派船接货

7. 对于下列单据,(　　)是银行有权拒收的。

    A. 迟于信用证到期日提交的单据　　　　B. 迟于装运期 15 日提交的单据

    C. 内容与信用证不相符合的单据　　　　D. 单据之间有差异的单据

8. 外贸单证常用的发票有(　　)。

    A. 商业发票　　　　B. 银行发票　　　　C. 海关发票

    D. 购销发票　　　　E. 领事发票

9. 违约救济有(　　)。

    A. 损害赔付　　　　B. 实际履行　　　　C. 保全货物

    D. 解除合同　　　　E. 延迟履行

10. 根据 UCP 600 的规定,信用证中汇票上不是付款人的如下(　　)。

    A. 申请人　　　　B. 开证行　　　　C. 议付行　　　　D. 受益人

三、判断题

1. 如果卖方违约,根据国际贸易惯例,买方向卖方索赔的金额,应与卖方违约所造成的实际损失相等。　　　　　　　　　　　　　　　　　　　　　　　　　　(　　)

2. 按 FOB 条件成交,如果采用海洋运输,由买方负责办理租船订舱手续。　　(　　)

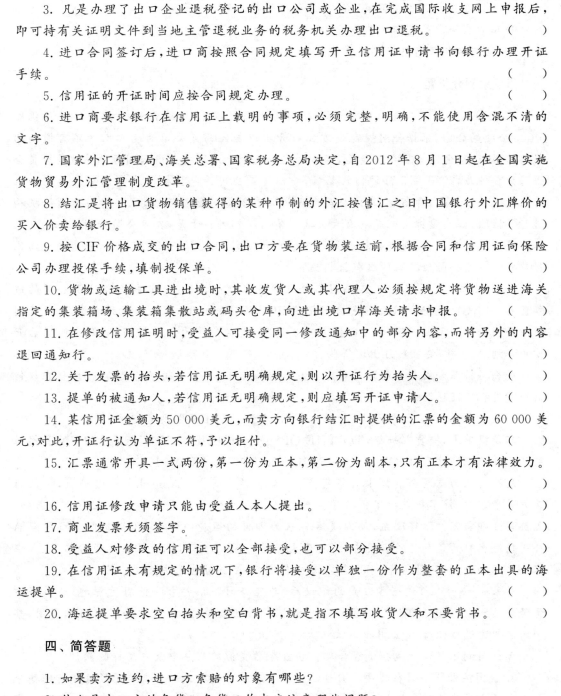

3. 凡是办理了出口企业退税登记的出口公司或企业,在完成国际收支网上申报后,即可持有关证明文件到当地主管退税业务的税务机关办理出口退税。（　　）

4. 进口合同签订后,进口商按照合同规定填写开立信用证申请书向银行办理开证手续。（　　）

5. 信用证的开证时间应按合同规定办理。（　　）

6. 进口商要求银行在信用证上载明的事项,必须完整,明确,不能使用含混不清的文字。（　　）

7. 国家外汇管理局、海关总署、国家税务总局决定,自2012年8月1日起在全国实施货物贸易外汇管理制度改革。（　　）

8. 结汇是将出口货物销售获得的某种币制的外汇按售汇之日中国银行外汇牌价的买入价卖给银行。（　　）

9. 按CIF价格成交的出口合同,出口方要在货物装运前,根据合同和信用证向保险公司办理投保手续,填制投保单。（　　）

10. 货物或运输工具进出境时,其收发货人或其代理人必须按规定将货物送进海关指定的集装箱场、集装箱集散站或码头仓库,向进出境口岸海关请求申报。（　　）

11. 在修改信用证明时,受益人可接受同一修改通知中的部分内容,而将另外的内容退回通知行。（　　）

12. 关于发票的抬头,若信用证无明确规定,则以开证行为抬头人。（　　）

13. 提单的被通知人,若信用证无明确规定,则应填写开证申请人。（　　）

14. 某信用证金额为50 000美元,而卖方向银行结汇时提供的汇票的金额为60 000美元,对此,开证行认为单证不符,予以拒付。（　　）

15. 汇票通常开具一式两份,第一份为正本,第二份为副本,只有正本才有法律效力。（　　）

16. 信用证修改申请只能由受益人本人提出。（　　）

17. 商业发票无须签字。（　　）

18. 受益人对修改的信用证可以全部接受,也可以部分接受。（　　）

19. 在信用证未有规定的情况下,银行将接受以单独一份作为整套的正本出具的海运提单。（　　）

20. 海运提单要求空白抬头和空白背书,就是指不填写收货人和不要背书。（　　）

四、简答题

1. 如果卖方违约,进口方索赔的对象有哪些?

2. 什么是出口方的备货? 备货工作中应注意哪些问题?

3. 什么是出口检验? 出口报检的程序是怎样的?

4. 出口通关程序是怎样的?

5. 什么是结汇? 在信用证项下我国出口结汇的方法有哪些?

6. 什么是出口退税? 出口企业为什么要出口退税?

7. 出口方在信用证方式下审证的要点包括哪些方面?

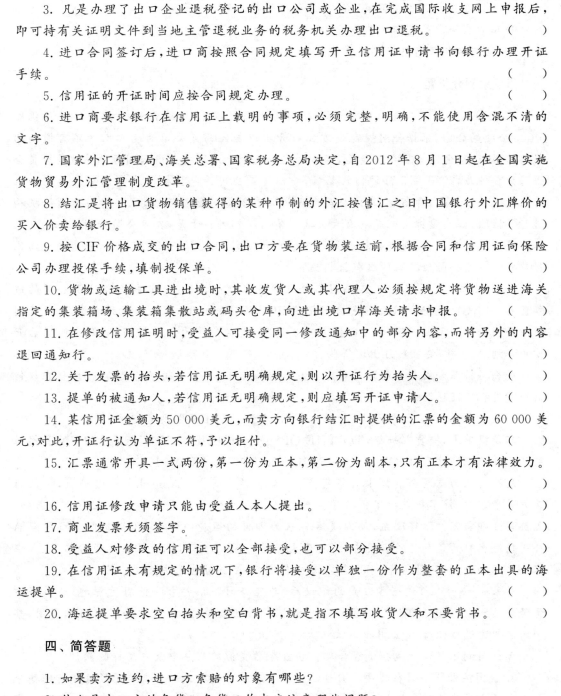
第10章
国际贸易合同履行

8. 银行在信用证方式下审证的要点包括哪些方面？

9. 出口合同履行包括哪些步骤？

10. 进口合同履行包括哪些步骤？

五、案例分析题

1. 我国北方某化工进出口公司与美国马克公司以 CFR 青岛条件订立了进口化肥 5 000 公吨的合同，根据合同规定我方公司开出以美国马克公司为受益人的不可撤销的跟单信用证，总金额为 280 万美元，双方约定如发生争议则提交中国国际贸易政策委员会上海分会仲裁，2020 年 5 月货物装船后，美国马克公司持包括提单在内的全套单据在银行议付了货款，货到青岛后，我方公司发现化肥有严重的质量问题，立即请当地商检机构进行了检验，证实该批化肥是没有太大实用价值的饲料。于是，我方公司持商检证明要求银行追回已付款项，否则将拒绝向银行支付货款，根据上述情况，试问：银行是否应追回已付货款？我方公司应采取什么补救措施？

2. 2020 年 4 月广交会上 A 公司与科威特 B 客户签订合同，客户欲购买 A 公司的玻璃餐具（名：GLASSWARES），A 公司报价 FOBWENZHOU，温州出运科威特，海运费到付。合同金额达 USD 25 064.24，共 1×40′高柜，支付条件为金额信用证，客户回国后开信用证到 A 公司，要求 6 月出运货物。

A 公司按照合同与信用证的规定在 6 月份按期出了货，并向银行交单议付，但在议付行审核过程中发现两个不符点。

一是发票上，GLASS WARES 错写成 GLASSWARES，即没有空。

二是提单上，提货人一栏，TO THE ORDER OF BURGAN BANK，KUWAIT 错写成了 TO THE ORDER OF BURGAN BANK。即漏写 KUWAIT。

A 公司认为这两个是极小的不符点，根本不影响提货。A 公司本着这一点，又认为客户是老客户，就不符点担保出单了。但 A 公司很快就接到由议付行转来的拒付通知。A 公司立即与客户取得联系，原因是客户认为到付的运费（USD 2 275.00）太贵（原来 A 公司报给客户的是 5 月的海运费，到付价大约是 USD 2 275.00，6 月海运费价格上涨，但客户并不知晓）拒绝付运费，因此货物滞留在码头，A 公司也无法收到货款。

后来 A 公司人员进行各方面的协议后，与船公司联系要求降低海运费，船公司将运费降到 USD 2 100.00，客户才勉强接受，到银行付款赎单，A 公司被扣了不符点费用，整个解决纠纷过程使得 A 公司推迟收汇大约 20 天。

A 公司到银行议付被拒是否合理？应在今后类似的业务中吸取怎样的教训？

3. 我国某外贸公司在某年 8 月通过中国银行某分行收到一份英国 GKM 银行约翰分行名义开立的跟单信用证，金额为 125 万美元。中国银行该分行和外贸公司在审核时，审证员分别发现以下几点可疑之处。

（1）信用证的格式很陈旧，信封无寄件人地址，且邮戳模糊不清，无法辨认从何地寄出。

（2）该证没有加押证实，仅在来证上注明"本证将由 TBS 银行来电证实"。

（3）信用证的签名为印刷体，而非手签，且无法核对。

（4）来证要求受益人发货后，速将一套副本单随同一份正本提单用 DHL 快邮寄给申请人。

（5）该证装运期与有效期在同一天，且距离开证日还不到五天。

（6）中国银行和外贸公司，经过研究，决定调查。中国银行业务人员一方面告诫公司"此证密押不符，请暂缓出运"；另一方面赶紧向总行有关部门查询，回答"查无此行"。稍后，却收到署名"巴西 TBS 银行"的确认电，但该电文没有加押证实。于是，中行又设法与 TBS 银行驻香港代表处联系，请求协助调查，最后得到答复：该行从未发出确认电，且与开证行无任何往来。至此，终于证实这是一起盗用第三家银行密押的诈骗案。

通过以上案例，说说出口方银行审证的要点有哪些？

4. 中方某公司与美国商人在 2020 年 8 月按 CIF 条件签订了一份出口合同，支付方式为不可撤销即期信用证。美国商人于 10 月通过银行开来了一份不可撤销的信用证，经审核与合同相符。我方正在备货期间，美国商人通过银行传递给我方一份信用证修改书，内容为将保险金额由原来发票金额的 110% 改为发票金额的 120%。我方没有理睬，按原证规定投保、发货，并于货物装运后在信用证有效内，向议付行议付货款。议付行议付货款后将全套单据寄开证行，开证行以保险单与信用证修改书不符为由拒付，开证行拒付是否有理由？为什么？

5. 某年我方某出口公司与南亚某国成交某商品一批，以 CFR 价成交。国外开来信用证，虽列明 CFR，但要求我公司提供保险单且投水渍险，在国内某银行议付时，议付行发现险别不符，但我公司认为一切险的承包责任范围大于水渍险，对买方有利，可不必改正，但国外开证行收到单据后，来电表示拒付。经与国内保险公司商量同意用批单方式将险别改为水渍险和战争险。待更正单据寄出后，我公司虽收到货款，但已延迟收汇一个月，损失利息若干美元。我方已延迟收汇一个月，损失利息若干美元，应吸取什么教训？

第11章

出口退税和外汇核销

学习目标

(1) 了解出口退税和出口退税率的定义、出口退税率的种类、出口退税的流程。

(2) 了解出口收汇核销的定义,掌握出口收汇核销单的填制方法。

(3) 理解进口付汇核销的定义、进口付汇核销的流程及单证样张的内容。

素质目标

(1) 出口退税和外汇核销过程切合实际,不能任意编造。

(2) 操作符合有关法规条例,梳理法律意识。

本章关键词

出口退税　出口退税率　出口收汇核销　出口收汇核销单　进口付汇核销　进口付汇核销单

引入案例

上海某进出口公司出售一批化肥至英国,出口单价为每袋 USD 350 CIF 伦敦,其中运费为每袋 17 美元,保险费为每袋 8 美元。进货单价为每袋人民币 2 600 元(含增值税 13%),费用定额率为 8%,出口退税率 10%。当时银行美元卖出价为人民币 6.612 元。该公司完成报关结汇后,估算这笔出口交易的退税金额是每袋人民币 330 元。该公司对这批化肥退税金额的估算是否正确?为什么?

【案例分析】 这笔出口交易的退税金额=[2 600÷(1+13%)]×10%=230.1(元/袋),而估算这笔出口交易的退税金额是每袋人民币 330 元,所以该公司对这批化肥退税金额的估算是不正确的。

11.1 出口退税

出口退税是一国政府为鼓励出口,对出口企业进行的价格贴补。

1. 出口退税的定义

出口退税是指在国际贸易业务中,退还我国报关出口的货物在国内各生产环节和流转环节按税法规定缴纳的增值税和消费税,即出口环节免税且退还以前纳税环节的已纳税款。

出口退税一般分为两种:一是退还进口税,即退还出口产品企业用进口原料或半成品,加工制成产品出口时所纳的进口税;二是退还已纳的国内税款,即退还企业在商品报关出口时,生产该商品所纳的国内税金。出口退税,有利于增强本国商品在国际市场上的竞争力,因此为世界各国所采用。

2. 出口退税率的定义

出口退税率是指出口产品应退税额与计算退税的价格比例,它反映了出口产品在国内已纳的税收负担。在我国现行出口产品的退税中,由于出口产品所属的税种和实际税负不同,因此分别运用以下六种不同的退税率来计算退税额:①产品税的税率;②核定的产品税的综合退税率;③增值税的税率;④核定的增值税退税率;⑤核定的营业税的综合退税率;⑥特别消费税的单位退税额。退税率是计算出口产品退税额的关键,如出口企业将适用不同退税率的出口产品放在一起申报退税时,一律按从低退税率计算退税额。

出口退税率是出口退税的中心环节,体现出国家在一定时期的经济政策,反映了出口货物的实际征税水平,退税率是根据出口货物的实际整体税负确定的,同时,也是零税率原则和宏观调控原则相结合的产物。

3. 出口退税率的种类

现行的增值税出口退税率为16%、13%、10%、6%和0,共五档。

出口企业从小规模纳税人购进货物出口准予退税的,规定出口退税率为5%的货物,按5%的退税率执行,规定出口退税率高于5%的货物一律按6%的退税率执行。

4. 出口货物税收政策

退税是将出口货物在国内生产、流通环节缴纳的增值税、消费税,在货物报关出口后退还给出口企业的一种税收管理制度,是一国政府对出口货物采取的一项免征或退还国内间接税的税收政策。

我国的出口货物税收政策主要有以下三种形式。

1)出口免税并退税

出口免税是指对货物在出口环节不征增值税、消费税,这是把货物在出口环节与出口前的销售环节都同样视为一个征税环节;出口退税是指对货物在出口前实际承担的税收负担,按规定的退税率计算后予以退还。

2)出口免税不退税

出口免税与上述含义相同。出口免税不退税是指适用这个政策的出口货物因在前一

道生产、销售环节或进口环节是免税的,因此,出口时该货物本身就不含税,也无须退税。出口免税有一般贸易出口免税、来料加工贸易免税和间接出口免税三种情况。

3)出口不免税也不退税

出口不免税是指对国家限制或禁止出口的某些货物的出口环节视同内销环节,照常征收税款,出口不退税是指对这些货物出口不退还出口前其所负担的税款,出口退税率为零的货物适用这一政策。

出口货物退税率为零和出口免税同样是企业商品出口以后得不到退税款,但是二者之间存在着很大的区别,出口免税主要适用于生产企业的小规模纳税人自营出口货物、来料加工货物、间接出口货物和一些特定的商品如油画等。即企业首先应将出口收入计入主营业务收入,不计算应收的退税款,因为出口免税,应将该出口商品耗用的国内采购材料的进项税额进行进项转出,计入主营业务成本。如果该企业是生产企业,除了有出口免税收入之外,还有出口退税收入、内销收入等,需按一定的比例将出口免税耗用的国内采购材料的进项税额计算并转出。

退税率每年都会发生变化,且变化的时间不定,跟踪最新的退税率变化内容可到中国出口退税咨询网查询税率速查栏目,可进行多年度、多时间段的查询,包含增值税、消费税税率。

5. 先征后退

"先征后退"是指收购货物出口或委托其他外贸企业出口(免抵退法适用于生产企业自营出口或委托代理出口)的货物,一律先按照增值税暂行条例规定的征税率征税,然后由主管出口退税业务的税务机关在国家出口退税计划内按规定的退税率审批退税。"先征后退"办法按照当期出口货物离岸价乘以外汇人民币牌价计算应退税额。

当期应纳税额=当期内销货物的销项税额+当期出口货物离岸价
×外汇人民币牌价×征税率-当期全部进项税额
当期应退税额=出口货物离岸价格×外汇人民币牌价×退税税率

6. 出口退税流程

出口退税流程主要包括以下内容。

1)有关证件的送验及登记表的领取

企业在取得有关部门批准其经营出口产品业务的文件和工商行政管理部门核发的工商登记证明后,应于30日内办理出口企业退税登记。

2)退税登记的申报和受理

企业领到"出口企业退税登记表"后,即按登记表及有关要求填写,加盖企业公章和有关人员印章后,连同出口产品经营权批准文件、工商登记证明等证明资料一起报送税务机关,税务机关经审核无误后,即受理登记。

3)填写出口退税登记证

税务机关接到企业的正式申请,经审核无误并按规定的程序批准后,核发给企业"出口退税登记"。

4)出口退税登记的变更或注销

当企业经营状况发生变化或某些退税政策发生变动时,应根据实际需要变更或注销退税登记。

7. 出口退税的申请条件

（1）必须经营出口产品业务，这是企业申办出口退税登记最基本的条件。

（2）必须持有工商行政管理部门核发的营业执照。营业执照是企业法人营业执照的简称，是企业或组织有合法经营权的凭证。

（3）必须是实行独立经济核算的企业单位，具有法人地位，有完整的会计工作体系、独立编制的财务收支计划和资金平衡表，并在银行开设独立账户，可以对外办理购销业务和货款结算。

凡不同时具备上述条件的企业单位，一般不予以办理出口企业退税登记。

8. 出口退税申请货物的范围

出口产品申请退税，一般在下列货物范围内。

（1）必须是属于产品税、增值税和特别消费税范围的产品。

（2）必须报关离境。所谓出口，即是输出关口。这是区分产品是否属于应退税出口产品的主要标准之一，以加盖海关验讫章的出口报关单和出口销售发票为准。

（3）必须在财务上做出口销售。

（4）必须是出口创汇并已核销的货物。

一般来说，出口产品只有在同时属于上述 4 种货物范围才予以退税。但是国家对退税的产品也做了特殊规定，特准某些产品视同出口产品予以退税。

9. 特准退税的产品

特准退税的产品主要包括以下几种。

（1）外轮供应公司销售给外轮、远洋货轮和海员的产品。

（2）对外修理、修配业务中所使用的零配件和原材料。

（3）对外承包工程公司购买国内企业生产的机械设备和原材料。这些货物在运出境外后，凭承包单位出具的购货发票、报关单办理退税。

（4）国际招标、国内中标的机电产品。

国家同时也明确规定了少数出口产品即使具备上述 3 个条件，也不予以退税。

11.2 出口收汇核销

1. 出口收汇核销的定义

出口收汇核销是指国家外汇管理部门在每笔出口业务结束后，对出口是否安全、是否及时收取外汇以及其他有关业务情况进行监督管理的业务。

2. 出口收汇核销单的填制方法

1）出口收汇核销单的定义

出口收汇核销单是由外汇局制发、出口单位凭以向海关出口报关、向外汇指定银行办理出口收汇、向外汇局办理出口收汇核销、向税务机关办理出口退税申报的有统一编号及使用期限的凭证。

2）出口收汇核销单的内容

出口收汇核销单的内容较多，主要有以下几个项目。

（1）出口单位名称。该栏填写对外签订合同或执行出口贸易合同的有出口经营权的我国外贸公司或企业名称的全称。委托报关时，应填写委托单位的名称；委托出口，以代理出口单位名义签订出口合同并负责收汇时，应填写代理单位的名称，两个或两个以上出口单位联合出口时，应填写负责办理报关手续的出口单位的名称。

（2）编号。该栏由发放空白核销单的当地外汇管理部门预先编号。

（3）寄单日期。寄单日期是指在信用证或托收项下银行寄单的日期。该栏由受托行或解付行根据对外实际寄单日期填写；自寄单据的，由出口企业自填对外寄单索汇的实际日期。

（4）BP/OC 号（bill purchased/out ward collection）。BP 号是指在信用证项下议付通知书的编号，OC 号是指在托收项下托收委托书的编号，该栏由受托行或解付行根据信用证项下的议付通知书编号或托收项下的托收委托书编号填写。

如为自寄单据出口，则在 BP/OC 号栏中填写"自寄单据"。

（5）结汇/收账日期。该栏由解付行填写从国外银行或进口商处收妥货款的实际日期。

（6）有关费用及货款的处理方式。有关费用及货款的处理方式是指出口项下从属费用及经批准保留现汇的货款金额，填写时，在所列的项目中如发生一项，即在项目前"□"内划"√"，并填写费用金额，如未发生该项，则不填。

（7）海关核放情况。海关审核报关单与出口收汇核销单核对无误后，在此栏内加盖"验讫"章放行。

（8）受托行/解付行备注。该栏由受托行或解付行根据收款情况在必要时填写。

（9）出口单位备注。该栏由出口单位根据实际情况在必要时填写。

（10）外汇管理部门核销意见。该栏由当地外汇管理部门根据核销的实际情况填写。

（11）出口货物数量、总价。该栏根据报关单填报的内容，填写出口商品的品种、数量、成交条件、总价及应收汇的币种。

（12）收汇方式。该栏必须严格按合同内容填写，每种收汇方式应列明即期或远期及远期天数。

（13）预计收款日期。该栏根据合同规定的财务付款日期或根据合同推算的收款日期填写。

（14）出口收汇核销单的申领。出口单位到外汇局领取核销单前，应当根据业务的实际需要先通过"中国电子口岸出口收汇系统"向外汇局提出领取核销单的申请，然后凭本企业操作员 IC 卡及其他规定的凭证到外汇局领取核销单。

外汇局根据出口单位申请的核销单份数和出口收汇核销的考核等级向出口单位发放核销单，并将核销单电子底账数据传送至"中国电子口岸"数据中心。

出口单位在核销单正式使用前，应当加盖单位名称及组织机构代码条形章，并在骑缝处加盖单位公章。

3）出口收汇核销单样张

出口收汇核销单如图 11-1 所示。

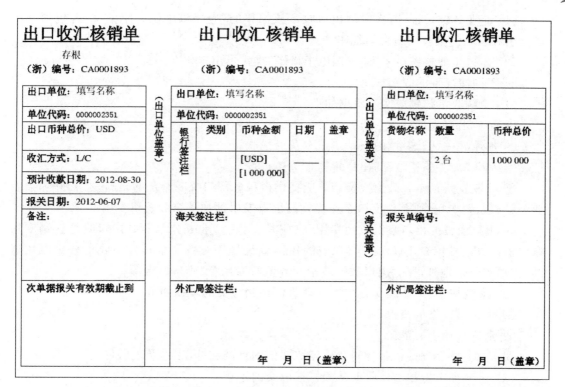

1. 出口单位名称

该栏填写对外签订合同或执行出口贸易合同的有出口经营权的我国外贸公司或企业名称的全称。委托报关时，应填写委托单位名称；委托出口，以代理出口单位名义签订出口合同并负责收汇时，应填写代理单位名称，两个或两个以上出口单位联合出口时，应填写负责办理报关手续的出口单位的名称。

2. 编号

图 11-1　出口收汇核销单

3. 出口收汇核销的流程

出口收汇核销的流程是指出口单位对出口收汇进行核销的过程。

出口收汇核销的流程如下。

1）核销开户

出口单位在申请办理"中国电子口岸"IC卡及办理出口收汇核销开户登记手续时应提供以下材料。

（1）单位介绍信、开户申请书，核销员身份证及复印件。

（2）经贸部门批准的经营进出口业务批件正本及复印件。

（3）工商营业执照副本及复印件。

（4）企业法人代码证书及复印件。

（5）海关注册登记证明书复印件。

（6）出口企业为外商投资企业的须提供外汇登记证。

2）申领核销单

出口单位申领出口收汇核销单时应提供以下材料。

（1）企业核销员证（首次申领出口收汇核销单的，应提供单位介绍信，内容包括核销员姓名和领单份数及出口合同复印件）。

（2）出口企业核销员本人"中国电子口岸"操作员 IC 卡。

3）不同情况下的收汇核销

（1）全额收汇核销应交的单据如下。

① 企业出口收汇核销手册。

② 加盖海关"验讫章"的核销单正本及退税联。

③ 加盖海关"验讫章"的出口货物报关单正本。

④ 商业发票正本。外商投资企业应提供由税务部门统一制定的出口发票，并加盖企业公章或发票专用章；其他出口企业提供的出口发票须加盖企业发票专用章。

⑤ 银行出具的出口收汇核销专用联（应具备银行"业务公章"和"出口收汇核销专用章""出口收汇核销专用联"字样、相应的核销单编号等必备要素），异地收汇核销专用联的，应加盖收汇地外汇局"出口收汇核销业务监管专用章"确认的水单。

（2）来料加工、来件装配方式下办理收汇核销应交的单据如下。

① 企业出口收汇核销手册。

② 全额核销中的单据。

③ 海关登记手册、企业合同及外经贸部门的批准文件（正本及复印件）。

（3）进料加工抵扣出口收汇差额核销应交的单据。

（仅适用于外商投资企业）企业每次申请办理抵扣差额核销时，应提供以下材料。

① 外经贸主管部门签发的加工贸易业务批准证、海关进出口登记手册、进出口合同（须经外经贸主管部门、海关审批备案）。

② 全额收汇核销中的单据。

③ 进口货物报关单正本及企业外汇核销 IC 卡。

④ 其他特殊贸易方式出口的，按照实施细则要求办理出口收汇核销。

4. 企业货物报关出口后发生退货办理核销应提交的单据：

（1）出口收汇核销手册。

（2）加盖海关"验讫章"的核销单正本。

（3）加盖海关"验讫章"的出口货物报关单正本。

（4）加盖企业公章或发票专用章的出口发票正本。

（5）加盖海关"验讫章"的退运进口货物报关单正本。

（6）进口发票正本（应为红字）。

（7）企业外汇核销 IC 卡。

5. 出口收汇核销与报关、银行的关系

（1）出口企业提前到外汇管理部门领取出口收汇核销单。

（2）出口企业在报关时，应向海关提交事先从外汇管理部门领取的有顺序编号的外汇核销单，经海关审核无误后，在核销单和与核销单有相同编号的报关单上盖"验讫章"。

（3）报关后，出口企业在规定期限内将核销单存根送回外汇管理局接受外汇管理部门对企业出口收汇情况的监督。

（4）货物出口后，出口企业将海关退给的核销单、报关单和有关单据送交银行收汇。

（5）货款汇交至出口地银行以后，银行向出口单位出具结汇水单或收账通知并在结汇水单或收账通知上填写有关核销单编号。

（6）出口单位凭出口收汇核销单和出口收汇核销专用联的结汇水单或收账通知及其他规定的单据，到国家外汇管理部门办理核销手续。

（7）国家外汇管理部门按规定办理核销后，在核销单上加盖"已核销"章，并将其中的出口退税专用联退还给出口单位作为日后退税的依据。

11.3 进口付汇核销

1. 进口付汇核销的定义

进口付汇核销是为了进一步完善货物贸易进口付汇（以下简称进口付汇）管理，推进贸易的便利化，促进涉外经济的发展，所制定的有关职责、流程、服务监督机制和制度改革条例等。

2. 进口付汇核销的流程

1）进口付汇核销的办理规定

进口单位需要办理对外付汇时应当按照规定如实填写贸易进口付汇核销单（一式三联），属于货到汇款的还应当填写有关进口货物报关单编号和报关币种金额，将核销单连同其他付汇单证一并送外汇指定银行审核。

外汇指定银行在审核进口单位提供的各种单据内容相符无误后，填写核销单下方的内容，并加盖印章，将第二联退还给进口单位。

进口单位应当在有关货物进口报关后的一个月内向外汇管理局办理核销报审手续。在办理核销报审时，对已到货的，进口单位应当将正本进口货物报关单等核销单证附在相应核销单后（凭备案表付汇的还应当将备案表附在有关核销单后），并如实填写贸易进口付汇到货核销表，对未到货的，填写贸易进口付汇未到货核销表。

2）进口付汇核销须提供的单据

进口单位在办理到货报审手续时，须提供下列单据。

（1）进口付汇核销单（如核销单上的结算方式为"货到付款"，则报关单号栏不得为空）。

（2）进口付汇备案表（如核销单的付汇原因为"正常付汇"，则企业可不提供该单据）。

（3）进口货物报关单正本（如核销单上的结算方式为"货到付汇"，则企业可不提供该单据）。

（4）进口付汇到货核销表（一式两份，均为打印件并加盖公司印章）。

（5）结汇水单及收账通知单（如核销单的付汇原因不为"境外工程使用物资"及"转口贸易"，则企业可不提供该单据）。

（6）外汇局要求提供的其他凭证、文件。

上述单据的内容必须真实、完整、清晰、准确。

3）进口付汇核销业务的手续

（1）进口单位须备齐上述单据，一并交由外汇管理局进口核销业务人员初审。

（2）初审人员对于未通过审核的单据，应在向企业报审人员明确不能报审的原因后退还给进口单位。

（3）初审结束后，经办人员签字并转交给其他业务人员复核。

（4）复核人员对于未通过审核的单据，应在向企业报审人员明确不能报审的原因后退还给进口单位。

（5）复核无误，则复核员签字并将企业报审的全部单据及 IC 卡留存并留下企业名称、联系电话、联系人。

（6）外汇管理局将留存的报关单及企业 IC 卡通过报关单联网核查系统检验报关单的真伪。如无误，则将 IC 卡退还给进口单位，并在到货报审表和报关单上加盖"已报审"章；如报关单未通过检查，则将有关材料及情况转给检查部门。

外汇管理局在检查企业各项进口付汇业务内容无误后，为企业办理核销手续，允许进口企业继续进行进口付汇业务。

如果企业对外付汇的内容违反有关规定，外汇管理部门将采取相关措施对进口企业的进口付汇情况进行专门的严格监督管理。

3. 进口付汇核销单

进口付汇核销单是指由国家外汇管理局制定格式、进口单位填写、外汇指定银行审核并凭以办理进口付汇的凭证。一份核销单只可凭以办理一次付汇。

进口付汇核销单证样张如图 11-2 所示。

贸易进口付汇核销单（代申报单）

| 印单购代码： | | 核销单编号： | STICA001428 |

单位代码 00000481-8	单位名称 Hamo Trade Company	所在地外汇局名称
付汇银行名称 Bank of China	收汇人国别 China	交易编码 0101
收款人是否在保税区：是□ 否☑	交易附言	

对外付汇币种 EUR　　对外付汇总额 4 250 000

其中：购汇金额 4 250 000　　现汇金额 0　　其他方式金额 0

人民币账号 0　　外汇账号 0

付汇性质

☑ 正常付汇

□ 不在名录　　□ 90天以上信用证　　□ 90天以上托收　　□ 异地付汇

□ 90天以上到货　　□ 转口贸易

备案表编号

预计到货日期 2010-01-09　　进口授件号　　合同/发票号 2010

结算方式

信用证　90天以内 □　90天以上 □　承兑日期 n/n/n　付汇日期 n/n/n　期限 n 天

托收　90天以内 ☑　90天以上 □　承兑日期 n/n/n　付汇日期 n/n/n　期限 n 天

预付货款 □　　货到付汇（凭报关单付汇）□　　付汇日期 n/n/n

	报关单号	报关日期 n/n/n	报关单币种	金额 n
汇	报关单号	报关日期 n/n/n	报关单币种	金额 n
	报关单号	报关日期 n/n/n	报关单币种	金额 n
	报关单号	报关日期 n/n/n	报关单币种	金额 n
款	报关单号	报关日期 n/n/n	报关单币种	金额 n

（若报关单填写不完，可另附纸。）

图 11-2　进口付汇核销单

本章小结

出口退税影响出口企业出口商品价格的制定,一国政府为提高出口企业在国际市场的竞争力,往往提高出口产品的退税力度,如在2020年年初的新型冠状病毒肺炎疫情期间,我国和世界其他国家在贸易额度下滑的情况下,纷纷上调了多种出口产品的出口退税率,加强本国企业的国际市场竞争力。

出口退税是指在国际贸易业务中,对我国报关出口的货物退还其在国内各生产环节和流转环节按税法规定缴纳的增值税和消费税,即出口环节免税且退还以前纳税环节的已纳税款。

出口退税率指出口产品应退税额与计算退税的价格比例,它反映了出口产品在国内已纳的税收负担。

出口收汇核销是指国家外汇管理部门在每笔出口业务结束后,对出口是否安全、是否及时收取外汇以及其他有关业务情况进行监督管理的业务。

出口收汇核销单是由外汇局制发、出口单位凭以向海关出口报关、向外汇指定银行办理出口收汇、向外汇局办理出口收汇核销、向税务机关办理出口退税申报的有统一编号及使用期限的凭证。

进口付汇核销是为了进一步完善货物进口付汇的管理,推进贸易的便利化,促进涉外经济的发展而制定的关系职责、流程、服务监督机制和制度改革条例等。

进口付汇核销单指由国家外汇管理局制定格式、进口单位填写、外汇指定银行审核并凭以办理进口付汇的凭证。一份核销单只可凭以办理一次付汇。

练习思考题

一、单项选择题

1. (　　)是指在国际贸易业务中,对我国报关出口的货物退还在国内各生产环节和流转环节按税法规定缴纳的增值税和消费税,即出口环节免税且退还以前纳税环节的已纳税款。

　　A. 出口退税　　　　B. 进口退税　　　　C. 出口退税率　　　D. 进口退税率

2. (　　)是指国家外汇管理部门在每笔出口业务结束后,对出口是否安全、及时收取外汇以及其他有关业务情况进行监督管理的业务。

　　A. 出口收汇核销　　　　　　　　B. 出口收汇核销单

　　C. 进口收汇核销　　　　　　　　D. 进口收汇核销单

3. (　　)是指由国家外汇管理局制定格式、进口单位填写、外汇指定银行审核并凭以办理进口付汇的凭证。一份核销单只可凭以办理一次付汇。

　　A. 进口付汇核销单　　　　　　　B. 进口付汇核销

C. 出口收汇核销单   D. 出口收汇核销

4. ( )办法按照当期出口货物离岸价乘以外汇人民币牌价计算应退税额。

     A."先征后退"   B."先征先退"   C."后征后退"   D."后征先退"

5. 出口收汇核销单中收汇方式栏必须严格按合同内容填写,每种收汇方式应列明
( )及远期天数。

     A. 即期或远期   B. 即期   C. 远期   D. 即期和远期

6. 出口退税申请条件包括下列几项,除了( )。

     A. 必须是国家控股的企业

     B. 必须经营出口产品业务,这是企业申办出口退税登记最基本的条件

     C. 必须持有工商行政管理部门核发的营业执照

     D. 必须是实行独立经济核算的企业单位,具有法人地位

7. 出口收汇核销流程包括如下,除了( )。

     A. 核销开户   B. 申领核销单

     C. 全额收汇核销   D. 退领核销单

8. 出口外汇核销流程是指出口单位对出口收汇进行核销的过程。出口单位应先申
请办理( )IC卡。

     A."中国电子口岸"   B."中国门店口岸"

     C."海关口岸"   D."检验检疫部门"

9. 海关审核报关单与出口收汇核销单核对无误后,在此栏内加盖( )章放行。

     A."验讫"   B. 通行   C. 过关   D. 验毕通过

10. 进口单位应当在有关货物进口报关后( )个月内向外汇管理局办理核销报审
手续。

     A. 1   B. 0.5   C.2   D. 3

二、多项选择题

1. 我国的出口货物税收政策主要有以下三种形式,除了( )。

     A. 出口免税并退税   B. 出口免税不退税

     C. 出口不免税也不退税   D. 出口不免税但退税

2. 出口产品申请退税,一般应在以下的产品范围( )。

     A. 必须是属于产品税、增值税和特别消费税范围的产品

     B. 必须报关离境货物

     C. 必须在财务上做出口销售

     D. 必须是出口创汇并已核销的货物

3. 特准退税的产品主要有( )。

     A. 外轮供应公司销售给外轮,远洋货轮和海员的产品

     B. 对外修理、修配业务中所使用的零配件和原材料

     C. 对外承包工程公司购买国内企业生产的机械设备和原材料

     D. 国际招标、国内中标的机电产品

4.出口退税流程包括(   )。

    A.有关证件的送验及登记表的领取   B.退税登记的申报和受理

    C.填发出口退税登记证   D.出口退税登记的变更或注销

5.来料加工、来件装配方式办理收汇核销应交单据包括(   )。

    A.企业出口收汇核销手册

    B.全额核销中的单据

    C.海关登记手册、企业合同及外经贸部门批准件(正本及复印件)

    D.商业发票

6.出口退税是指对货物在出口前实际承担的税收负担,按规定的退税率计算后予以退还,现行的出口退税率有(   )。

    A.17%、14%   B.13%、11%   C.9%   D.5%

7.企业办理出口退税必须提供(   )。

    A.购进出口货物的增值税专用发票(税款抵扣联)或普通发票和税收(出口产品专用)缴款书

    B.出口货物销售明细账

    C.盖有海关验讫章的出口货物报关单(出口退税联)

    D.出口收汇单证

8.外贸企业申报退税时,必须报送下列(   )申报报表。

    A.出口货物退税进货凭证申报明细表

    B.出口货物退税申报明细表

    C.外贸企业出口退税汇总申报表

    D.外贸企业资产负债表

9.全额收汇核销应交单据包括(   )。

    A.企业出口收汇核销手册

    B.加盖海关"验讫章"的核销单正本及退税联

    C.加盖海关"验讫章"的出口货物报关单正本

    D.商业发票正本和银行出具的出口收汇核销专用联

10.出口退税一般分为(   )。

    A.退还进口税和退还已纳的国内税款

    B.退还出口税和退还已纳的国内税款

    C.退还出口税和退还已纳的国外税款

    D.退还进口税和退还已纳的国外税款

三、判断题

1.出口退税有利于增强本国商品在国际市场上的竞争力,为世界各国所采用。(   )

2.出口退税率是出口退税的中心环节,体现国家在一定时期的经济政策,反映出口货物实际征税水平。(   )

3.一般而言,对小规模的企业来说,出口退税率为5%的货物,按5%的退税率执行,

规定出口退税率高于 5% 的货物一律按 6% 的退税率执行。（　　）

4. 出口退税要求提供的单据一般是由海关、商检、外汇管理部门管理和核发的。（　　）

5. 出口退税凭证是企业或个人申办出口退税事宜过程中不可或缺的证明文件，也是税务机关办理出口退税的重要依据。（　　）

6. 企业必须经营出口产品业务，这是企业申办出口退税登记最基本的条件之一。（　　）

7. 出口不退税是指对这些货物出口不退还出口前其所负担的税款，出口退税率为零适用这一政策。（　　）

8. 退税率每年都会发生变化，变化时间不确定，跟踪最新的退税率变化内容可到中国出口退税咨询网查询税率。（　　）

9. 退税是一国政府对出口货物采取的一项免征或退还国内间接税的税收政策。（　　）

10. 企业在取得有关部门批准其经营出口产品业务的文件和工商行政管理部门核发的工商登记证明后，应于 30 日内办理出口企业退税登记。（　　）

四、简答题

1. 什么是出口退税？出口退税是怎样分类的？
2. 什么是出口退税率？出口退税率是怎样分类的？
3. 出口退税流程是怎样的？
4. 什么是出口退税凭证？出口退税凭证有哪些？
5. 什么是出口收汇核销？什么是出口收汇核销单？
6. 出口收汇核销单的内容有哪些？
7. 出口收汇核销流程是怎样的？
8. 什么是进口付汇核销？什么是进口付汇核销单？
9. 进口付汇核销单内容有哪些？
10. 进口付汇核销流程是怎样的？

五、案例分析

出口企业骗取出口退税的形式多种多样，最近 F 公司又出现一种新型的骗取出口退税形式。在有真实的货物出口的情况下，虚构出口货物的价格，以低报高出口。F 公司通过国外接单、国内下单、向外贸公司买单、虚抬单价高报出口、压低数量抬高单价虚开专用发票、将压低开票数量部分的货物通过有进出口经营权的生产厂家直接高报出口等一系列操作，魔术般地将货值虚抬至三倍骗取国家出口退税款。F 公司骗术主要通过以下几个方面体现。

（1）货物流方面，F 公司向国外客户接单，谈妥业务后与国外客户签订"成交确认书"，同时取得国外客户传真的货物样单和品质要求，后下单给国内 79 家生产企业进行生产，签订"内购合同"，派跟单员监督生产厂家的整个生产过程，监督货物的品质是否合乎要求,出货时间是否及时等,生产完毕后生产厂家把货物送到"内购合同"上指定的F公司设在深圳的仓库,由仓管员验收合格通知F公司,由单证员向海运公司办理货物出口海运,向保险公司办理出口货物保险,海运公司开具"提单"、保险公司开具"保单"给F公司。

(2) 利用外贸企业获取空白报关资料和外汇核销单。苏某在完成与国外客户签订订单即国外接单、安排国内生产厂家生产即国内下单后,以F公司的身份与外贸公司签订购销合同,取得外贸公司已盖好公章的空白报关资料和外汇核销单、装箱单,以高于真实成交价近三倍的金额(略低于海关手套出口指导价)自行委托报关行高报出口。

(3) 指使生产企业虚开增值税专用发票。要取得退税款还必须取得增值税专用发票和6.8%出口专用缴款书,F公司苏某开具"开票通知书"(开票通知书上注明受票单位名称,货物的品名、单价、数量、金额,开票注意事项等内容)指使生产企业按"开票通知书"的内容以略低于报关价的金额虚开增值税专用发票,其虚开形式归纳起来有:抬高单价、数量不变、抬高总金额;抬高单价、降低数量,总金额不变,无货虚开等。

(4) 将已盖好章的海关报关单、外汇核销单、虚开的专用发票、专用缴款书等"两单两证"提供给外贸公司向税务机关申报出口退税。

(5) 通过生产厂家退税款回流到苏某手中。F公司将"提单"一联交给国外客户提货,将"提单""保单"、自制出口发票提供给招商银行离岸部向国外客户银行托收货款,收到国外客户外汇后,按海关单上的高报金额将外汇通过F公司离岸账户汇给外贸公司核销外汇,外贸公司收到汇款后按生产厂家虚开的增值税专用发票金额(含退税款)将款项付给厂家,厂家在扣除了真实成交价和开票费用后将余额汇还给苏某及其指定的家人户头。

(6) 串通有进出口经营权的生产企业直接高报出口共同骗取出口退税。F公司将虚开发票压低开票数量部分的货物串通有进出口经营权的生产企业直接高报出口,生产企业按出口货物的数量或收汇的一定比例将获取的骗税款分成给苏某。

(7) 取得虚开的进项发票。查实虚开的进项发票是核实已纳税款,确定骗税额的关键。虚开增值税专用发票的生产厂家为了少交税、保持正常的税负率,必然要在进项发票上做文章,取得虚开的进项发票进行抵扣。而废旧物资发票和收购业发票由于享有免税等税收优惠和在税务控管上存在相当大的难度,理所当然地成为他们选择。生产厂家或采取自己成立废品回收公司一套人马两块牌子,自己为自己虚开发票,或采取到当地废品公司缴纳0.2%手续费虚开发票,或为自己虚开收购业发票,查实,生产厂家取得虚开的废旧物资发票和虚开收购业发票2 868份,价税合计26 167万元,已抵扣税款3 263万元。

从表面上看,F公司并未直接从国家取得出口退税款,但退税款通过外贸企业付给生产企业,又从生产企业回流到其手中,或直接从有进出口经营权的生产厂家取得骗税款分成,因此从整个案件的后果看,F公司是骗取出口退税的直接操纵者和骗税款的最大得利者。

骗取出口退税是一种严重的犯罪,其后果主要有:第一,造成税款流失,使国家蒙受经济损失;第二,严重扰乱了正常的经济秩序,给其他合法的出口企业造成损失。骗取出口退税的犯罪分子将所骗取的退税款作为自己的利润,将出口货物的价格压低到正常价格之下,与其他合法的出口企业争夺国外客户,使其处于不公平的竞争状态;第三,滋生虚开发票的市场。骗取出口退税必然伴随着虚开发票,为了取得退税款,犯罪分子必然要指使生产企业虚构出口商品的货名、数量、单价等要素,以低报高虚开增值税专用发票,同时生产企业为保持较低的税负率必然要取得虚开的进项发票进行抵扣,从而形成虚开发票的恶性循环和需方市场,这也是虚开发票之所以屡禁不止的一个原因。

问题:

(1) F公司骗税的方法有哪些?相关部门如何堵漏和防范?

(2) F公司骗税案给我们以什么启示?

六、计算题

1. 某进出口公司 2020 年 3 月出口美国平纹布 2 000 米,进货增值税专用发票列明单价 20 美元/平方米,计税金额为 40 000 美元,退税率 15%,问:该公司可向税务部门申请退税额是多少?

2. 某进出口公司 2020 年 4 月购进某小规模纳税人抽纱工艺品 2 000 打,全部出口,普通发票注明金额 6 000 美元;购进另一小规模纳税人西服 500 套,也全部出口,取得税务机关代开的增值税专用发票,发票注明金额 5 000 美元,问该企业的应退税额是多少?

参 考 文 献

[1] 柯晶莹.国际贸易实务[M].长沙:湖南师范大学出版社,2016.

[2] 潘维琴,吕宏晶.外贸基础[M].北京:机械工业出版社,2009.

[3] 刘文广,张晓明.国际贸易实务[M].5版.北京:高等教育出版社,2019.

[4] 黎孝先,王健.国际贸易实务[M].7版.北京:对外经济贸易大学出版社,2020.

[5] 余素芳,黄福高,吴兰.国际贸易基础与实务[M].西安:西北工业大学出版社,2010.

[6] 傅龙海,吴慧君,陈剑霞.国际贸易实务[M].4版.北京:对外经济贸易大学出版社,2021.

[7] 韩常青.国际贸易实务[M].2版.北京:清华大学出版社,2015.

[8] 庞红,尹继红,沈瑞年.国际结算[M].北京:中国人民大学出版社,2019.

[9] 贾建华,阚宏.新编国际贸易理论与实务[M].3版.北京:对外经济贸易大学出版社,2012.

[10] 邱继洲.国际贸易理论与实务[M].3版.北京:机械工业大学出版社,2017.

[11] 吴百福,徐小薇,聂倩.进出口贸易实务教程[M].8版.上海:格致出版社,2021.

[12] 刘治国,李远辉,吴一敏.国际贸易实务[M].重庆:重庆大学出版社,2022.

[13] 姚新超.国际贸易实务[M].3版.北京:对外经济贸易大学出版社,2015.

[14] 华欣,张雪莹.新编国际贸易实务(英文版)[M].2版.北京:清华大学出版社,2020.

[15] 冷柏军,段秀芳.国际贸易实务[M].3版.北京:北京大学出版社,2017.

[16] 吴国新,毛小明.国际贸易实务[M].4版.北京:清华大学出版社,2021.

[17] 鲁丹萍.国际贸易实务[M].北京:清华大学出版社,2013.